深层排(蓄)水隧道

| 主编 |

周质炎

| 副主编 |

高陆令　孟元龙

上海科学技术出版社

内 容 提 要

深层排（蓄）水隧道具有城市防洪排涝、截流污染初小雨和传输污水等功能，被国外许多发达国家城市用于解决城市内涝和水体污染工程，深层排（蓄）水隧道工程建设在我国处于起步阶段，很多技术问题需要通过研究和工程实践加以深入认识。本书结合国内外深层排（蓄）水隧道工程建设案例和研究成果，对城市水体污染与水文特征、深层排（蓄）水隧道功能和分类、深层排（蓄）水隧道系统工艺设计、深层排（蓄）水隧道工程结构设计、深层排（蓄）水隧道运营与维护、国内外典型深层排（蓄）水隧道工程应用等进行了系统总结和阐述，可供从事深层排（蓄）水隧道工程规划、设计、施工和运维等相关工作的工程师参考，也可供科研院所及高校相关专业师生参考。

图书在版编目（CIP）数据

深层排（蓄）水隧道 / 周质炎主编. -- 上海：上海科学技术出版社，2020.10
 ISBN 978-7-5478-5055-8

Ⅰ. ①深… Ⅱ. ①周… Ⅲ. ①排水—隧道②蓄水—隧道 Ⅳ. ①U453.6

中国版本图书馆CIP数据核字（2020）第161764号

深层排（蓄）水隧道

主　编　周质炎

上海世纪出版（集团）有限公司
上海科学技术出版社　　出版、发行
（上海钦州南路71号　邮政编码200235　www.sstp.cn）
浙江新华印刷技术有限公司印刷
开本 787×1092　1/16　印张 15.5
字数 320 千字
2020 年 10 月第 1 版　2020 年 10 月第 1 次印刷
ISBN 978-7-5478-5055-8/TU·296
定价：90.00 元

本书如有缺页、错装或坏损等严重质量问题，请向工厂联系调换

本书参编人员

主编

周质炎

副主编

高陆令　孟元龙

参编人员

王喜冬　王　刚　王　翼　徐　进

张　威　刘　溢　施祖辉　翟之阳

高　武　张　毅　彭春强

主编单位

上海市政工程设计研究总院(集团)有限公司

序

随着全球气候变暖和城市化进程的不断加快,我国各地极端强降雨频频出现,城市面源污染负荷迅速加大,初期雨水污染、雨季合流区的溢流污染(CSO)对水体污染愈加严重。我国正在开展提升城市排水防涝能力和水污染治理提质增效工作,要求城市的防涝标准在现状基础上进一步提高,同时加大城市径流雨水源头减排,有效缓解城市内涝、削减城市径流污染负荷。

深层排(蓄)水隧道技术主要用于城市防洪排涝、截流初期雨水污染和传输污水,兼具排水和蓄水功能,具有隧道直径大、排放能力较强、调蓄容积大、埋深较深、可充分利用深层地下空间、对地表浅层已建设施及居民生活影响小等特点。早在19世纪,一些发达国家就开始建设深层排(蓄)水隧道工程。随着技术不断发展并趋于成熟,深层排(蓄)水隧道已在国外许多地方获得成功应用。

近年来国内也开始了深层排(蓄)水隧道技术的研究和应用工作,上海市政工程设计研究总院(集团)有限公司是国内较早进行深层排(蓄)水隧道技术研究的单位之一,早在2008年就开始了"利用超深隧道集中外排处理初期雨水可实施性"研究,目前已完成了苏州河区域深层排水调蓄隧道工程试验段的设计工作,试验段目前正在施工。除了上海外,广州、武汉、深圳、成都等地也在开展深层排(蓄)水隧道的研究和规划工作。深层排(蓄)水隧道工程作为提高城市排水能力、有效控制污染的重要工程技术手段,会得到越来越多的应用。

本书结合国内外深层排(蓄)水隧道工程建设案例和研究成果,对城市水体污染与水文特征、深层排(蓄)水隧道功能和分类、国内外典型深层排(蓄)水隧道工程应用、深层排(蓄)水隧道系统工艺设计、深层排(蓄)水隧道工程结构设计、深层排(蓄)水隧道运营与维护等进行了系统总结和阐述,是我国首部有关深层排(蓄)水隧道技术的专著。

本书的付梓与问世,将为我国今后深层排(蓄)水隧道工程的建设提供参考和借鉴,同时对从事深层排(蓄)水隧道设计、施工、管理的工程技术人员以及从事该领域研究与开发的科研人员均有所助益。

全国工程勘察设计大师　张辰

2020 年 6 月

前 言

深层排水、蓄水隧道主要用于城市防洪排涝、截流污染初小雨和传输污水等排水工程中，隧道直径较大，具有排水和蓄水功能，通常都埋置在城市地下深层空间，统称为深层排(蓄)水隧道，简称深隧。它在解决城市内涝、控制水体污染中发挥着重要作用。

目前，国外投入运行的大型深层排(蓄)水隧道项目近 20 个，主要功能包括提高防洪排涝标准、控制面源污染、污水输送等。近年来国内也开始了深层排(蓄)水隧道工程的研究和应用工作，广州在国内率先完成了深层排(蓄)水隧道系统规划，并进行了东濠涌试验段建设；上海也开展了苏州河区域深层排水调蓄隧道工程规划，试验段目前正在施工。随着我国生态文明建设的深入推进，解决生态环境问题的步伐不断加大，深层排(蓄)水隧道工程作为提高城市排水能力、有效控制污染的重要工程技术手段得到越来越多的应用。武汉、深圳、成都等地正在进行深层排(蓄)水隧道的研究和规划工作。

深层排(蓄)水隧道建造在城市地下深层空间，不占用宝贵的城市建设用地，对城市地下空间利用的影响也较小，在用地紧张、浅层排水系统改造困难、地表调蓄工程实施困难的地区，深层排(蓄)水隧道工程有不可替代的作用。但同时也应该看到，深层排(蓄)水隧道工程的建设投资大、施工周期长、施工难度大，且对运行维护的要求较高。在深层排(蓄)水隧道工程的规划和设计阶段要做好地下空间规划的协调，同时要进行充分的技术经济比较，宜在地下建筑密集、地下浅层空间已无利用条件的经济条件较好地区推广应用。

深层排(蓄)水隧道的主要功能是控制城市水体污染和防洪排涝，但在规划论证中首先应对城市的地表径流和径流污染过程及特点进行充分研究，地表径流和径流污染的形成与降雨特征、土地利用、地表处理、土壤类型、人民生活习惯、城市卫生状况、地表污染物数量、坡度、地下水位等因素都有密切关系，应通过充分论证确定深层排(蓄)水隧道的使用功能。深层排(蓄)水隧道不一定要同时实现这两个功能，也可以选择其中一个功能。

不同功能的深层排(蓄)水隧道在城市不同的排水系统中发挥着不同的作用，使得深层排(蓄)水隧道的分类也是多种多样。按纳入水质不同，可以分为污水深隧、雨水深隧、合流制深隧等；按在排水系统中发挥的不同作用，又可以分为转输型深隧、蓄水型深隧、复合型深隧等。经过对国内外深层排(蓄)水隧道工程案例分析,我们认为按照其功能定位、运营维护、调度管理等方面的不同之处进行分类更合理,由此提出了四种主要类型:污水转输深隧、行洪排涝深隧、初小雨截流深隧及复合功能深隧。

深层排(蓄)水隧道系统通常由预处理构筑物、跌水竖井、连接支隧、主隧道、末端枢纽泵站等主要构筑物组成。预处理构筑物是浅层管道和深层排(蓄)水隧道系统的连接构筑物,实现深层排(蓄)水隧道的截流调蓄、行洪排涝、沉淀物去除、通风除臭等功能;跌水竖井主要起整流和消能作用,使高位来水顺利跌入深层排(蓄)水隧道;主隧道主要提供调蓄和转输来水的作用;深层排(蓄)水隧道末端枢纽泵站将深层排(蓄)水隧道转输水量提升排入受纳水体或污水处理厂。深层排(蓄)水隧道的工艺设计涉及许多关键技术问题,比如深层排(蓄)水隧道与地面收集管道的衔接方式、竖井消能的跌落形式、水流的瞬态控制、主隧的浪涌控制、排放水流控制、运行时的通风和臭气控制、主隧沉积物管理等。

深层排(蓄)水隧道的构筑物形式与传统的城镇排水工程构筑物类似,主隧道通常采用盾构形式,其规模也没有突破目前国内常规的交通盾构隧道,但深层排(蓄)水隧道工程最突出的特点就是埋置很深,且结构空间内充满水体,这在目前我国大规模城市地下空间开发应用中也属于罕见的超深地下储水结构。由于深层排(蓄)水隧道工程通常都是建在城市密集地区,环境影响控制要求高,这就给结构设计、施工提出了新的技术挑战。根据深层排(蓄)水隧道工程结构的特点和施工特殊要求,本书主要针对深层排(蓄)排水隧道工程结构设计和施工中涉及的关键技术问题进行阐述,比如超深圆形竖井土压力计算、地下连续墙叠合结构力学分析、超深地下连续墙的施工、输水盾构隧道结构计算和抗震验算及隧道耐久性等。

运营维护是深层排(蓄)水隧道工程建设需要考虑的重要内容,它是确保工程有效实施和发挥作用的重要保障,需要从运行调度控制、设备维护、隧道清理、信息化和自动监控等方面进行系统管理。

深层排(蓄)水隧道建设在我国处于起步和探索阶段,许多技术问题需要通过不断的实践、研究和总结来加以解决,已有的工程案例和研究成果可以让我们少走弯路,希望本书能为从事该项工作的专业人员提供积极帮助。

本书编写过程中参考了大量的国内外已建的深层排(蓄)水隧道工程案例和相关的研究文献,并引用了部分图片和参数,这些经典工程案例和研究成果对本书的编制完成起到很大的帮助,在此一并表示感谢。

由于编写时间匆忙和作者水平有限,书中的缺点和错误难免,恳切希望广大读者批评指正。

作 者

2020 年 3 月

目 录

| 第1章 | **绪论** .... 1 |

| 第2章 | **城市水体污染与水文特征** .... 5 |

2.1 城市水体污染 5
2.2 面源污染与城市排水体制的关系 20

| 第3章 | **深层排(蓄)水隧道功能和分类** .... 26 |

3.1 深隧的功能 26
3.2 深隧的分类和设计规模 31

| 第4章 | **深层排(蓄)水隧道系统工艺设计** .... 46 |

4.1 工艺设计概述 46
4.2 预处理构筑物 46
4.3 跌水竖井 56
4.4 浪涌现象 68
4.5 通风 82
4.6 臭气控制 92

第5章 深层排(蓄)水隧道结构设计 102

5.1 超深竖井 103
5.2 深层隧道 125
5.3 深隧工程耐久性 149
5.4 深隧抗震分析 161

第6章 深层排(蓄)水隧道运营与维护 173

6.1 运营管理 173
6.2 维护管理 176
6.3 采用远程遥控移动设备(ROV)和自动监控系统进行检查 180

第7章 国内外典型深层排(蓄)水隧道工程案例 185

7.1 案例简介 185
7.2 日本东京都外围圈隧道工程 186
7.3 日本和田弥生干线调蓄隧道工程 188
7.4 日本东京都第二溜池干线与胜哄干线 190
7.5 日本横滨市今井川深隧排水调蓄系统 193
7.6 英国泰晤士河隧道工程 195
7.7 美国芝加哥隧道及水库隧道工程(TARP) 197
7.8 美国奥斯汀沃勒河隧道工程 200
7.9 美国密尔沃基排水隧道工程 203
7.10 美国印第安纳波利斯初雨调蓄深隧 205
7.11 墨西哥城排水深隧 207
7.12 新加坡深层污水隧道工程(DTSS) 208
7.13 马来西亚 Smart 隧道 212

7.14　中国香港净化海港计划深隧工程⋯⋯⋯⋯⋯⋯⋯⋯⋯　216
7.15　中国香港雨水排放深隧系统⋯⋯⋯⋯⋯⋯⋯⋯⋯⋯　219
7.16　中国广州深隧排水系统⋯⋯⋯⋯⋯⋯⋯⋯⋯⋯⋯⋯　223
7.17　中国深圳南山—前海深隧工程⋯⋯⋯⋯⋯⋯⋯⋯⋯　226

参考文献⋯⋯⋯⋯⋯⋯⋯⋯⋯⋯⋯⋯⋯⋯⋯⋯⋯⋯⋯⋯⋯　231

第 1 章

绪 论

随着全球气候变暖,各地极端强降雨频频出现,尤其是从 20 世纪 90 年代中期开始,各地强、中暴雨有明显增多的趋势。以上海地区为例,超过 100 mm 的降雨次数成倍增加,如图 1-1 所示为 1980—2009 年上海超过 100 mm 的降雨次数。

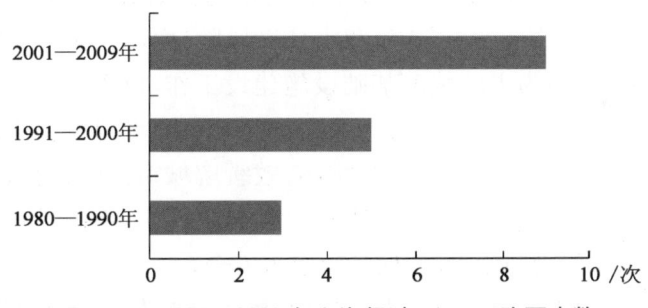

图 1-1　1980—2009 年上海超过 100 mm 降雨次数

改革开放以来,我国的城镇化进程在不断加快。据中国国家统计局 2018 年 2 月 28 日发布的《2017 年国民经济和社会发展统计公报》,2017 年末,中国大陆总人口逾 13.9 亿人,其中城镇常住人口 8.134 7 亿人,占总人口比重(常住人口城镇化率)的 58.52%。2001—2016 年中国常住人口城镇化率从 37.66% 增至 57.35%,平均每年增长 1.2%。

伴随着城镇化进程,地面硬化率不断提高,原有的水库、湖泊、水塘湿地逐渐被侵占,河道断面越来越窄,城市的储水、排水和自然净化能力大大减弱。根据相关研究报告,城镇化以前,有 50% 的降水通过蓄渗进入地下,40% 的降水蒸发,10% 的降水形成地表径流;城镇化完成后只有 15% 的降水通过蓄渗进入地下,30% 的降水蒸发,而有 55% 的降水形成地表径流。降雨量不断增大,导致进入 21 世纪以来,全国各地的内涝频发,危及城市安全。图 1-2 为 2008—2010 年全国发生内涝的城市数量。

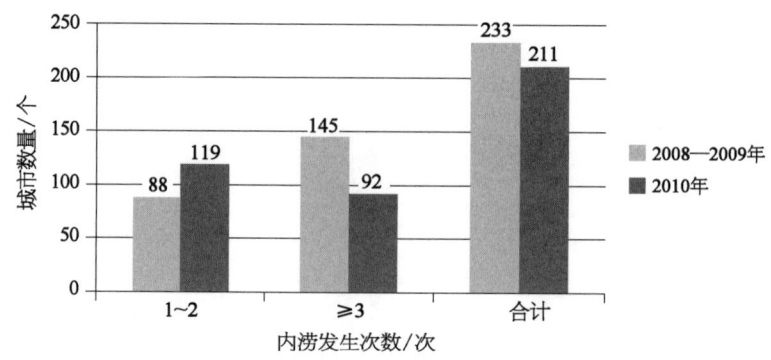

图 1-2 全国发生内涝的城市数量

城市化进程还使得城市建设密度不断提高,导致城市面源污染负荷迅速加大,初期雨水污染、雨季合流区的溢流污染(CSO)日益严重。

1997年以前,七大水系水质无劣Ⅴ类。1995—2001年,6年间水环境迅速恶化。2001年劣Ⅴ类水体占44%。2002—2016年,水环境开始逐步改善,但劣Ⅴ类消除较慢。近5年均恒定在9%左右,40%的城市河道黑臭。

尽管上海市中心城区污水处理率约95%,但溢流污染仍然严重。形成河道黑臭的主要原因是合流制地区雨季溢流严重和分流制地区的初期雨水污染。

针对严峻的水安全风险(内涝灾害)和水环境风险(面源污染),我国正在加速开展以提升城市排水防涝能力为主的城市基础设施建设工作,以生态文明建设为目标的水污染治理,积极构建完善的城市排水防涝工程体系。要求城市的防涝标准在现状基础上进一步提高;加大城市径流雨水源头减排,有效缓解城市内涝、削减城市径流污染负荷;同时,按照新时期治水战略和生态文明建设的总体要求,系统推进水污染防治和水生态保护,切实加大水污染防治力度,保障国家水安全。

深层排(蓄)水隧道在解决城市内涝、控制水体污染中发挥了重要作用。从19世纪开始,发达国家就开始建设深隧工程。法国巴黎从19世纪中期开始建设深隧,迄今为止,法国巴黎50 m以下的深隧已长达2 347 km,有6 000多个地下蓄水池。

芝加哥隧道水库项目(TARP)开始于1972年,项目分为两个阶段进行,第一阶段为建设深层隧道,由一系列的污染控制工程组成。深层隧道用以收集并处理项目区域内85%溢流污染,第一阶段的容积达到1 000万 m^3,于2006年建成,现已投入运行,由176 km的岩层隧道、250多个竖井、3个泵站及超过600个浅层系统连接和水流控制的部件组成。第二阶段目前正在建设中,为建造三座大型水库,用来控制洪水,同时加强第一阶段中污染控制的效果。

据不完全统计,国外投入使用的深隧项目近20个,主要的功能包括提高防洪排涝标准、控制面源污染、污水输送等。

近年来,国内也开始了深隧的研究和应用工作。根据广州市深隧系统规划,广州市

第 1 章 绪　论

初步构思了深隧的总体布置，包括1条临江主隧道(30 km)、6条分支隧道(长约 30 km)和一座初雨污水处理厂。东濠涌试验段目前正在施工中。

根据上海苏州河区域深隧工程规划，为提高苏州河沿线地区排涝标准，减少苏州河沿线泵站的溢流次数，拟实施一、二级调蓄管道 51 km，建议提升泵站 1 座、初期雨水处理厂 1 座。试验段目前正在施工。

武汉市汉口地区为提高排涝标准和解决面源污染问题，也在进行排水深隧的方案研究，拟实施主隧 15 km、支隧 7.0 km，建设 1 座提升泵站，1 座初雨污水处理厂。除上海、广州、武汉外，深圳、成都、镇江等地也在开展相关研究和规划工作。

深隧的埋深一般位于城市地下 30～60 m 的深层空间中，低于城市地下轨道交通、人防设施、地下道路、地下停车场、商场、物流设施等中层地下空间用地标高，具备城市建成区浅层排水管线所不具备的优势：① 可用空间大；② 平面布局灵活；③ 施工周期短，地面征地少；④ 运营管理相对集中。

与浅层排水管道相比，深隧系统的功能性、灵活性更加强大，可以解决浅层排水设施难以解决的城市排水、水环境等众多问题。

由于深隧位于地下深层，埋深较大，给工程建设与未来的运营维护带来诸多麻烦，包括极端水力条件和腐蚀对隧道结构的破坏、泥沙沉淀、通风除臭及施工难度大等一系列问题。

深隧建设是个系统工程，在我国处于起步阶段，还有很多技术问题需要我们通过研究和工程实践加以深入认识，包括：

第一，工程的必要性。参考国外深隧经验，与传统浅层排水系统相比，深隧工程具有投资密度大、能耗相对高、运营与维护难度大、施工技术要求高、对周边环境影响大等缺点。因此，深隧工程方案论证必须谨慎，避免出现巨大的生态环境损失和资源浪费。是否采用深隧方案解决城市内涝和水环境问题，需要与传统浅层方案、海绵城市方案等进行全生命周期的经济、技术比选。

第二，工程的可行性。从城市整体规划、水环境容量、排水系统布局、水生态建设目标、水资源状况、防洪等城市高位规划层面出发，确定深隧工程的功能定位，然后综合论证深隧系统布置、预处理构筑物布置、消能构筑物选型、通风、除臭、瞬时流态管理、盾构机选型、管片密封性、结构耐久性等技术层面的内容，这些都需要在规划阶段进行专题研究，确保深隧工程顺利推进。

第三，工程的安全性。深隧，虽然本质上还是排水管道，具备转输、存储城市"废水或雨水"的能力，但是与浅层管道的区别是埋深大、管径大，深隧一般位于地下 30～60 m 或更深，直径一般达到 4～10 m 或更大。巨大的水位落差和流量变化带来跌水消能、瞬间流态变化、通风、结构耐久性、运营与维护管理等方面的安全隐患。每个深隧工程都有其独特性，导致安全隐患的因素也不尽相同，因此，针对具体的工程条件，需要在可行性研究阶段同步推进相关的专题研究，消除在施工阶段、运营与维护阶段有可能出现的安全隐患。

　　深隧工程按照功能定位的不同可以分为不同的类型,比如解决城市内涝的深隧,仅需要实现雨水截流、转输的功能,而复合型深隧需要同时实现污染物控制和防洪排涝的目标。深隧建设是一项系统工程,需要集聚各级管理部门和各方专业力量,充分论证其必要性、可行性,科学定位其功能,在确定类型的基础上,开展预处理构筑物布置、深隧规模、水流瞬态变化、跌水消能构筑物选型、通风除臭、运营与维护、结构安全性等专题研究,这样才能确保深隧工程发挥出最大功效。

第 2 章

城市水体污染与水文特征

深隧工程主要有两大功能：控制水体污染和防洪排涝。深隧的使用，一般需要实现这两个功能或其中之一。需要实现的功能不同，深隧设计规模的论证过程与思路会有差别，因此，需要了解地表径流和径流污染形成的过程和特点，进而对深隧如何实现初雨污染控制有清晰的理解。

地表径流和径流污染的形成，与降雨特征、土地利用、地表处理、土壤类型、人民生活习惯、城市卫生状况、地表污染物数量、地表坡度、地下水位等因素都有密切关系，地处农村、郊区、城市等不同位置的汇水区域，其径流和径流污染过程线差异明显。纵观目前国内外的深隧工程项目，通常是大型城市排水系统的重要组成部分，规划深隧的前提一般为：① 浅层系统无法彻底解决水体污染或城市内涝问题，绝大多数深隧项目都属于这种情况；② 超前规划，为城市未来发展预留空间，比如法国巴黎大规模深隧的应用属于这种情况。拥有大量施工空间的小型城镇或农村，一般没有必要建设。因此，讨论深隧工程之前，仅对城市水体污染、水文特征及其之间的变化规律做大致介绍。

2.1 城市水体污染

水体污染是指在人为因素直接或间接影响下，污染物质进入水体，使其物理、化学或生物特性发生改变，以致影响水的正常用途和水生态系统的平衡、危害人身健康和生活环境。

城市水环境污染来源按照进入水体的途径不同，分为点源、面源及内源污染。点源污染指工矿企业废水、城镇生活污水等，都有或明或暗的排污口，有明显责任人。面源污染指一个区域污染物在晴天积累，降雨产流条件下，污染物随径流排入水体。面源污染因为没有明显排污口和责任人，又被称为非点源污染。内源污染指已经进入水体、平时累积在底泥或管道沉淀物中,由于水的冲刷重新释放进入水体。

按照国内外经验,随工程技术的进步、治理投入的增加,由于有明显排污口和责任人,包括工业废水和城市生活污水在内的点源污染更容易得到控制,治理效果可迅速提高。而面源污染,因其来源复杂、责任人缺失,越来越成为城市水环境治理的难题。

城市工业废水、生活污水基本可以通过完善浅层污水管网得到收集,经污水厂处理后达标排放。作为城市排水系统的补充和重要组成部分,深隧往往需要应对浅层系统无法完全处理的面源污染所带来的污染问题。

2.1.1 城市面源污染的产生

城市面源污染也称城市暴雨径流污染,在降雨条件下,雨水和径流冲刷城市地面,污染径流通过排水系统传输,是收纳水体水质遭受污染的主要原因。城市面源污染依据其独特的下垫面和高强度的人类干扰性,其产生与输出具有明显规律。从时间上看,污染源排放具有间断性,晴天积累,雨天排放;从空间上看,受排水系统影响,微观上呈现点源特征,宏观上显现为面源。从污染物种类上看,城市面源污染有总悬浮物(TSS)、总氮(TN)、总磷(TP)、有机物(化学需氧量COD)、大肠杆菌、石油烃类、重金属等,污染物种类、排放强度与城市的发展程度、经济活动类型以及居民行为等因素密切相关,自然背景效应很低。

城市面源污染的产生过程与城市下垫面特征、排水体制、降雨气象条件、工业区布局、人民生活习惯、社会管理等息息相关。站在排水工程角度来看,面源污染主要途径为"污染水溢流",即在降雨条件下,城市排水系统无法拦截的污染水溢流或直接排入收纳水体。如果城市排水体制为合流制,则在雨天,超过排水管网设计截流倍数的污染水经溢流管道进入收纳水体;如果排水体制为分流制,由于污水管道错接、漏接,部分生活污水甚至工业废水排进雨水管道,加上雨水冲刷地面带来的污染物,都直接排入收纳水体。

对于城市排水系统覆盖率比较高的城市,晴天时,生活污水和工业废水经过完善的排水系统处理后达标排放,一般不会对收纳水体造成太大影响。对于城市面源污染,无论污染物来源是大气污染物还是地面积累污染物,最终,绝大部分污染物进入水体的主要途径为排水管网,包括分流制或合流制,其最大驱动力为"降雨造成的径流冲刷",如图2-1所示。

2.1.2 城市径流产生过程

2.1.2.1 城市化对地表径流的影响

与城市发展前的自然地表相比,城市不透水地面面积增加,排水管道覆盖率不断加大,排水速度也随之加快,使得雨水向排水管网中的输送更为迅速、汇流时间缩短,最终导致洪水流量增加,暴雨造成的危害也会加剧。在暴雨径流过程中,表现为流量过程曲

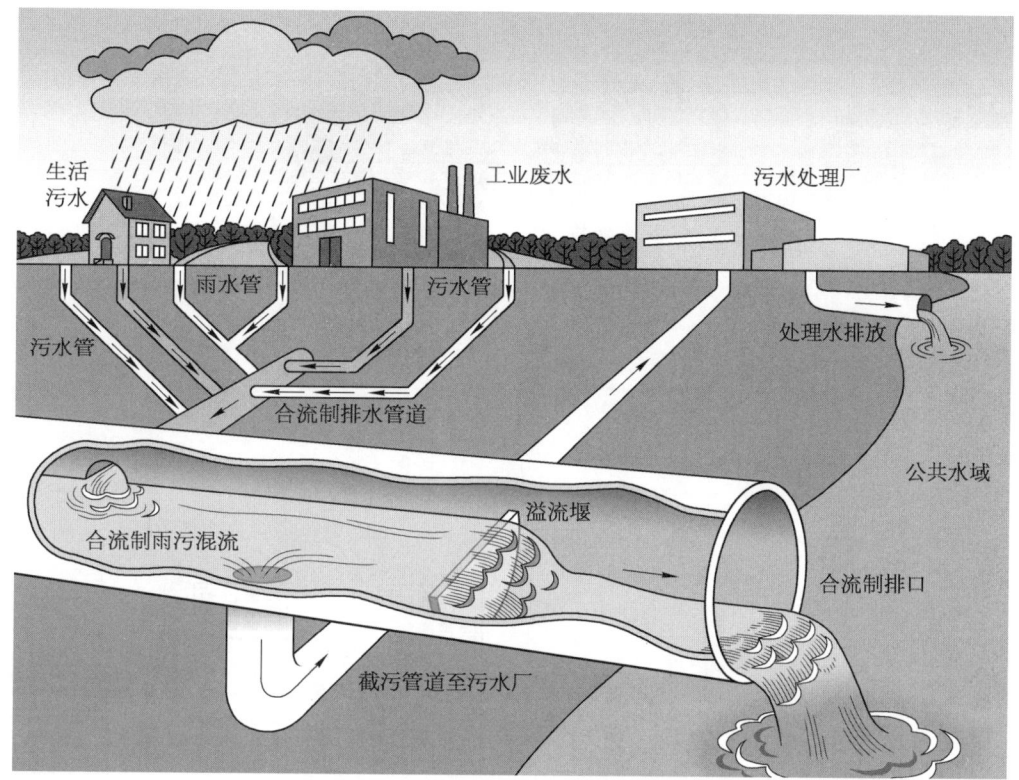

图 2-1 城市河道面源污染产生过程示意图

线急升降、峰值增大、峰值出现时间提前,雨停之后,补给退水过程的水量少,整个洪水过程线底宽变窄,客观上增加了洪涝灾害发生的概率。城市发展引起的径流过程线的变化趋势,如图 2-2、图 2-3 所示。

2.1.2.2 城市径流量计算

深隧规模设计与暴雨强度、城市下垫面、浅层排水系统整体排水能力以及城市防涝标准有关系,涉及的数据量非常庞大,使用传统的排水管道设计方法来准确论证深隧设计规模,几乎是难以做到的事情,尤其对于计算城市内涝水深、退水时间等。因此,我们引进了排水系统专业软件,利用强大的计算机技术,输入城市下垫面、排水系统、降雨曲线等详细信息,综合论证深隧设计规模。

计算降雨-产流的方法很多,有经验公式,也有概念模型。目前,多款专业软件得到广泛应用,比如美国环保局的 SWMM、DHI 公司推出的 MIKE Urban 及原 WallingFord 公司推出的 InfoWorks ICM 等专业计算机模拟软件,用来模拟计算城市复杂的地表径流产流过程。每种软件都内置多种径流计算模型,每个径流模型在分析和计算暴雨径流方面都有自己的长处和局限性。合理选择径流模型来计算暴雨造成的径流强度,对提高城市雨水系统设计的科学性,优化城市排水、雨洪污染控制以及水资源利用,增强城市的防洪抗灾能力都具有重要意义。

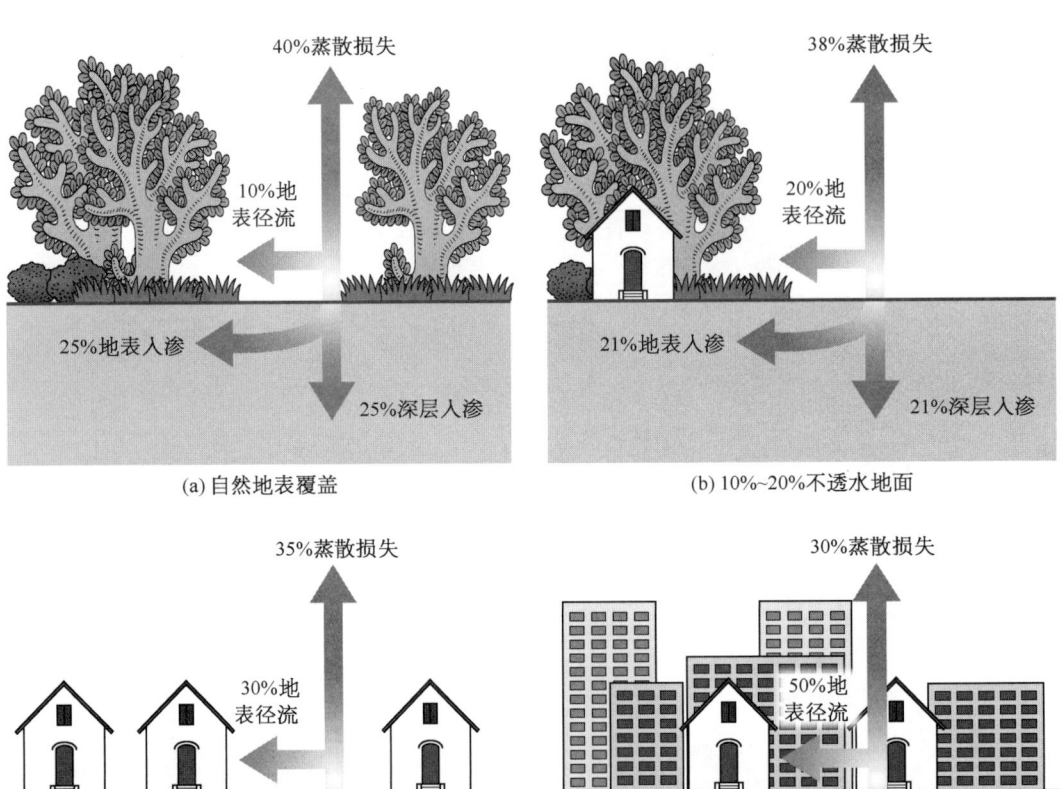

图 2-2 不透水地面覆盖率与地表径流的关系

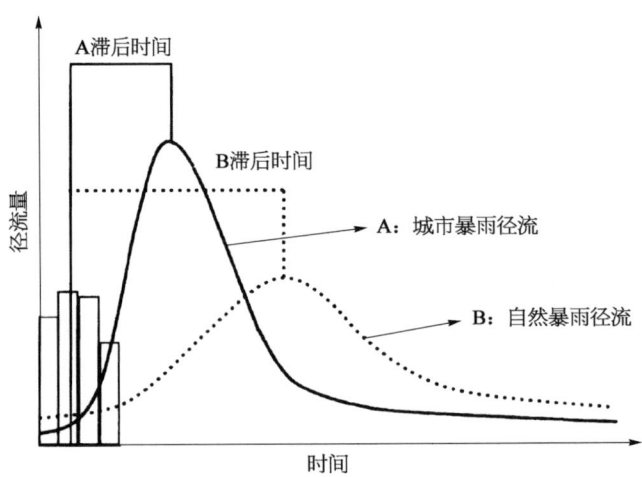

图 2-3 城市发展引起的地表径流变化

第 2 章 城市水体污染与水文特征

我国幅员辽阔,东、西部城市水文地质条件差异明显,不可能采用统一的径流模型来模拟计算所有城市的径流过程。径流模型和各种模拟参数的选择,必须经过本地降雨、管道流量实测数据的严格校核,确保计算机模型符合当地实际水文特征,尤其对于地表产流受土壤先期含水率影响比较大的渗透地面,比如郊区、公园绿地、林地、山地等。本节介绍几种 InfoWorks ICM 软件应用到的降雨-产流计算方法,让读者对计算机模拟软件的径流计算过程有所了解,并可以此类推到其他模拟软件的径流计算过程,进一步应用于城市排水系统规划、设计等实际工作中。

传统雨水管道设计中,径流过程线所表达的径流量-时间关系曲线,是由随径流时间而变化的暴雨强度公式来表达。区别于传统计算方法,计算机模拟软件所有应用到的径流模型都包含两个模型:径流量计算模型和径流过程分配模型。由此,可以仿真模拟计算真实降雨过程的产流过程,继而使用 2D 技术准确计算城市内涝分布和退水时间。

(1) 径流系数模型法

径流系数模型法一般用来模拟城市密集建成区的非渗透地面或地表径流过程受土壤先行条件影响比较小的可渗透地面。对于受土壤先行条件影响比较大的汇水区域,建议使用其他径流模型,比如美国国家土壤保护局(Soil Conservation Service,SCS)径流模型。

降落到地面的雨水,一部分被植物和地面洼地截流,一部分渗入土壤成为地下水的一部分,其余部分雨水在地表产生径流,这部分雨水量称为径流量。

$$R = \psi P \tag{2-1}$$

式中　R——径流深度(mm);

　　　P——降雨深度(mm);

　　　ψ——径流系数,径流量与降雨量的比值。

径流系数是一个统计性系数,用来计算一个区域在较长时间内的平均径流量。当一个区域内包含多种土地利用类型时,区域的径流系数由各种土地利用类型加权平均得到综合径流系数。参考《室外排水设计规范》(GB 50014—2006)(2016 版),各种下垫面的径流系数按表 2-1 取值。典型城市区域综合径流系数按表 2-2 取值。

表 2-1　城市地表径流系数

地 面 种 类	径流系数 /ψ
各种屋面、混凝土或沥青路面	0.85~0.95
大块石铺砌路面或沥青表面处理的碎石路面	0.55~0.65
级配碎石路面	0.40~0.50
干砌砖石或碎石路面	0.35~0.40
非铺砌土路面	0.25~0.35
公园或绿地	0.10~0.20

表2-2 综合径流系数

区 域 情 况	径流系数（ψ）
城市建筑密集区	0.60~0.70
城市建筑较密集区	0.45~0.60
城市建筑稀疏区	0.20~0.45

计算机软件内置的径流量模型使用降雨深度、汇水区域面积、径流系数等数值，可以计算出某个汇水区域在一定降雨深度情况下产生的径流量。对于计算出的径流量如何在时间上分配，则需要引进径流过程分配模型（Runoff Routing Model）。对于城市径流模型，InfoWorks ICM 内置了多种径流过程分配模型，其中双线性水塘模型（Double Linear Reservoir，DLR）用来模拟每个汇水面积内产流的时间分配，其蓄水-输出关系如图2-4所示。

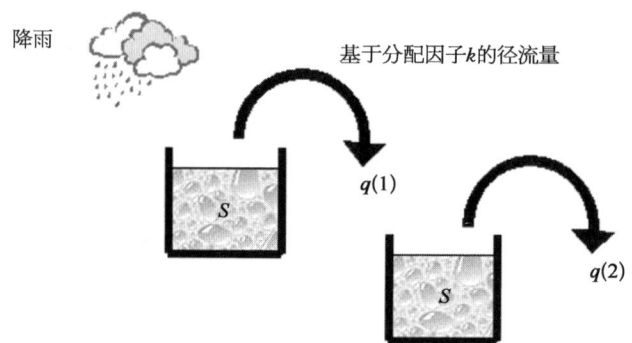

图2-4 双线性水塘蓄水-输出关系示意图

DLR 模型涉及连续两次蓄水-输出量计算，S 用来模拟现实径流产生过程中的降雨量初损，计算出的 $q(2)$ 进入排水管网。每个水塘的蓄水-输出关系如下：

$$S = kq \qquad (2-2)$$

式中　k——分配因子系数；
　　　q——输出流量。

$$k = CI_*^{-0.39} \qquad (2-3)$$

式中　$I_* = 0.5(1 + I_{10})$，I_{10} 为 10 min 平均降雨深度。

$$C = 0.117 s^{-0.13} A^{0.24} \qquad (2-4)$$

式中　s——汇水区域内地面坡度；
　　　A——汇水区域面积（m^2）。

Sarginson 和 Nussey 第一次在英国使用了这种形式的径流分配模型，其中 C 的取值经过了优化推算,式(2-2)的计算关系是经过在英国数十个小汇水区域实测流量数据的严格校核的结果。

DLR模型在运用的时候,需要注意 InfoWorks ICM 有几点限制条件和假设:如果地面坡度 $s<0.002$,则 s 的取值为 0.002;如果汇水区域面积 $A<1\,000$,则计算 C 值的时候取值 $1\,000$;如果汇水区域面积 $A>10\,000$,则计算 C 值的时候取值 $10\,000$。DLR 径流分配模型仅适用于面积小于 $1\,hm^2$ 的汇水区域,如果汇水区域面积大于 $1\,hm^2$,InfoWorks ICM 建议使用另外一个径流分配模型:大型汇水区域模型(Large Contributing Area Model,LCAM)。

LCAM 模型的计算模式与 DLR 模型相同,也是双线性水塘模型。为了更加准确地计算大汇水区域的峰值径流的滞后时间和峰值衰减量,引入了两个修正参数:分配因子乘数、滞后时间。LCAM 模型的分配因子乘数计算与 DLR 不同。

$$k = C_k A^{k_1} s^{k_2} L^{k_3} \qquad (2-5)$$

式中 A——汇水区域面积(m^2);

s——汇水区域地面坡度,最小值不小于 0.002;

L——汇水区域最远点到集水口间的长度(m)。

其他等式参数取值为:$C_k=0.03$,$k_1=-0.022$,$k_2=-0.228$,$k_3=0.46$。

峰值滞后时间计算如下:

$$t = C_t A^{t_1} s^{t_2} L^{t_3} \qquad (2-6)$$

式中等式参数取值为:$C_t=4.334$,$t_1=0.009$,$t_2=-0.173$,$t_3=0.462$。

无论使用任何一款模拟软件、选择任何一个径流模型,使用者必须先弄清径流模型的工作原理和适用范围,比如 DLR 和 LCAM 径流分配模型,其产生的依据为英国当地多个汇水区域的实测数据,是否适用于当地的排水工程项目,必须采用当地实测数据对模型进行校核和验证,必要的时候,模拟参数做调整。

(2) SCS 径流模型法

径流系数模型法适用于非渗透地表或受土壤先期饱和率(Antecedent Moisture Conditions,AMC)影响比较小的渗透地表的产流计算,对于大面积公园绿地、郊区、山地等受土壤先期饱和率影响比较大的可渗透汇水区域,建议使用 SCS 或其他适合的径流模型。

SCS 径流模型发源于美国国家土壤保护局的径流计算模型,并经过了半个世纪的发展和修订。目前,该模型在美国、法国、德国、澳大利亚和非洲部分国家得到广泛应用。SCS 径流模型详细资料可以参考美国 SCS 工程师手册第 4 部分。本章仅对其主要参数做简单介绍。

可渗透汇水区域的径流过程受土壤先期饱和率影响比较大,具体体现为径流量的衰减和径流峰值的滞后。对于一场特定降雨,如果前 5 天有过降雨,该场降雨前的土壤

含水率比较饱和,则将产生比较大的径流。该模型为了模拟径流量的衰减和径流峰值的滞后,引入了三个基本概念:

① 滞洪深度:极端降雨事件下,整个持续降雨过程中降雨量的损失量。

② 汇水区域土壤饱和率指数:在土壤干燥或湿润情况下,用来修正蓄水深度。

③ 初始损失因数:用来确定降雨的初期损失量。

如表 2-3 所示汇水区域饱和率指数 1、2、3 分别代表三种土壤湿润状态:干燥、中度和潮湿。在模型中,与滞洪深度有关的计算数据(CN 值)按照中度土壤湿润状态为准作为计算依据,然后按照饱和率指数做相应调整。

表 2-3　蓄水深度调整系数表

汇水区域土壤饱和状态	土壤饱和率指数 AMC	蓄水深度调整系数
干燥	1	2.281
中度	2	—
潮湿	3	0.427

① 滞洪深度计算公式:

$$S = \frac{25\,400}{CN} - 254 \tag{2-7}$$

式中　S——滞洪深度(m);

　　　CN——径流曲线数。

CN 值是一个与径流量有关系的多个因素的综合径流因子,包括土壤类型、土地使用类型、植被覆盖、城市化程度以及土壤先期饱和率等。CN 值的取值为 0～100,代表一个汇流区域的地表径流产流潜力,数值越高,产流潜力越大,0 代表着没有径流的产生,100 代表降雨量全部产生径流,与径流系数比较类似。

CN 值的确定需要两部分地理信息:土地规划信息和土壤类型分布信息。径流曲线数 CN 值的取值,美国农业局建议数值见表 2-4。农业局原建议 CN 值列表中包含各种农田、耕地、果园、森林、牧场、树林、城市等不同植被覆盖地表,在不同土壤类型和径流潜力条件下的 CN 值,这里不做赘述,仅列出与城市排水系统设计有关系的地表 CN 值,供参考。如果对其他地表 CN 值有兴趣,可以查阅相关资料。

表 2-4　径 流 曲 线 表

土地利用以及处理	雨水径流潜力	水文学土壤分组			
		A	B	C	D
城市绿化开阔地 (草坪、停车场、高尔夫球场、公园、墓地等)	草地覆盖<50%	68	79	86	89
	50%<草地覆盖<75%	49	69	79	84
	草地覆盖>75%	39	61	74	80

(续表)

土地利用以及处理	雨水径流潜力	水文学土壤分组			
		A	B	C	D
商业区	85%非渗透地面	89	92	94	95
工业区	72%非渗透地面	81	88	91	93
居民区：每户占地面积 500 m²	65%非渗透地面	77	85	90	92
居民区：每户占地面积 1 000 m²	38%非渗透地面	61	75	83	87
居民区：每户占地面积 1 350 m²	30%非渗透地面	57	72	81	86
居民区：每户占地面积 2 000 m²	25%非渗透地面	54	70	80	85
居民区：每户占地面积 4 000 m²	20%非渗透地面	51	68	78	84
硬化停车场、屋顶等		98	98	98	98
街道、道路（柏油路面、排水管、路边石）		98	98	98	98
街道、道路（碎石路面）		76	85	89	91
街道、道路（土质路面）		72	82	87	89
街道、道路（土质硬化路面）		74	84	90	92

② 初期损失量计算公式：

$$I_a = kS \tag{2-8}$$

式中　S——滞洪深度(m)；

　　　k——初期损失因数，$0 < k \leqslant 0.2$。

原 SCS 模型推荐 $k=0.2$，后续的一些研究认为 $k=0.05 \sim 0.1$ 更恰当，InfoWorks ICM 软件默认取 $k=0.1$。当然，该软件允许用户直接定义某个汇水区域的 I_a 值，以此取代默认 k 值计算出的 I_a 值，使模型更符合用户的要求。

③ SCS 径流模型计算径流量的基础为连续性方程：

$$P = I_a + F + Q \tag{2-9}$$

式中　P——总降雨深度(mm)；

　　　I_a——初期损失(mm)；

　　　F——累积滞留损失(mm)；

　　　Q——径流深度(mm)。

降雨量、滞留量、径流量之间的关系：

$$\frac{F}{S} = \frac{Q}{P - I_a} \tag{2-10}$$

由式(2-9)和(2-10)可以推导出 SCS 径流量计算公式：

$$Q = \frac{(P - I_a^2)}{P - I_a + S} \quad (2-11)$$

④ SCS 单位过程线模型。明确 SCS 径流模型后,就需要将计算得到的径流量进行径流过程分配。SCS 径流模型采用无量纲单位过程线模型进行径流量过程分配。

以大量汇水区域(美国境内)降雨、流量实测数据为依据,推导得出一个无量纲单位过程曲线,为无量纲时间(t/t_p)-流量(q/q_p)数值关系曲线(其中 t_p 为径流峰值出现时间,q_p 为径流峰值),即为 SCS 单位过程曲线,如图 2-5 所示。

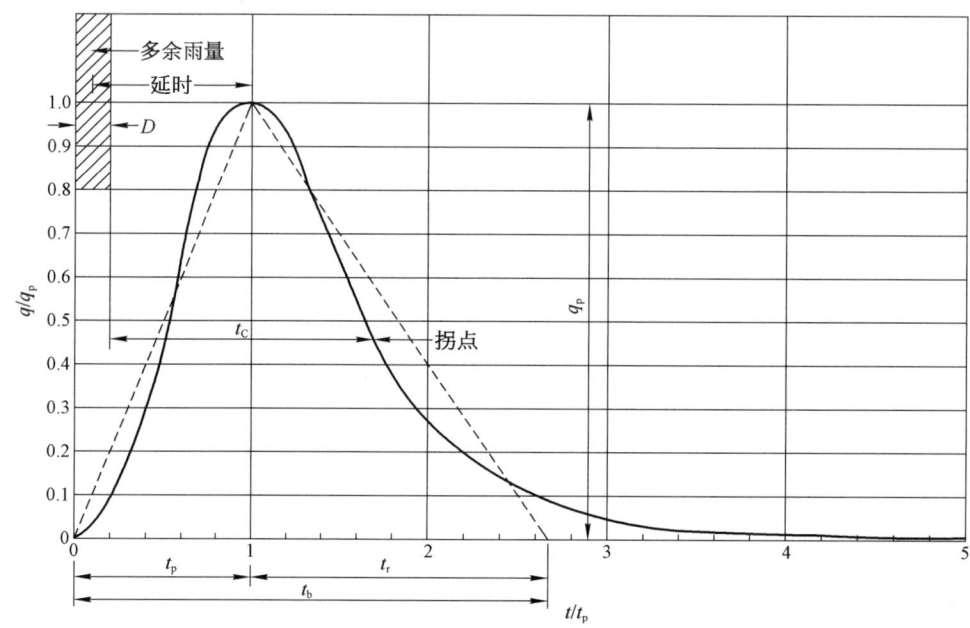

图 2-5 SCS 无量纲单位过程曲线

径流量分配计算过程中,涉及两个参数的计算:峰值时间 t_p 和径流峰值 q_p。在使用单位过程曲线法时,峰值时间 t_p 和径流分配过程总时间长度 t_b 为:

$$t_p = \frac{2}{3} t_c \quad (2-12)$$

$$t_b = 5 t_c \quad (2-13)$$

式中 t_c——汇水区域集水时间,即汇水区域最远点到管网收水点的流经时间(s)。

集水时间与地表性质、坡度、面积大小、径流长度等因素有关。目前,存在多种集水时间的计算方法,在此,仅介绍 SCS 针对郊区汇水区域集水时间的计算公式:

$$t_c = \frac{1}{0.8} \times 0.27 \times \left(\frac{L}{\sqrt{p}}\right)^{0.221} \quad (2-14)$$

式中　L——汇水区域径流长度,即最远点到管网收水点长度(km);
　　　p——汇水区域地面坡度(mm)。

径流峰值计算:

$$q_p = \frac{0.208AQ}{t_p} \qquad (2-15)$$

式中　A——汇水区域面积(km^2);
　　　Q——汇水区域径流深度(mm),见式(2-11);
　　　t_p——峰值时间(h)。

综上所述,可知:SCS径流模型包括SCS径流深度计算模型和SCS单位过程线模型;SCS径流模型推导依据为美国境内数十个汇水区域降雨、流量实测数据,是否适用于项目目标城市,采用的各个模拟参数、水力参数必须经过当地实测数据严格校核;按照式(2-11)计算径流深度;按照式(2-12)计算径流峰值时间;按照式(2-15)计算径流峰值。

工程师在实际设计工作中,可以将实际降雨曲线或设计降雨曲线按时间步长分段,比如时间步长5 min。分别计算每个时间段降雨产生的径流深度、峰值时间、径流峰值,按照单位过程线分配径流量形成径流曲线,最后将每个时间段径流曲线叠加,形成整个降雨过程的径流曲线。

2.1.3　城市面源污染的分析

城市径流污染是在降雨径流与地表污染物的相互作用下形成的。城市径流污染过程是降雨及其形成的径流对地表污染物的溶解、冲刷,最终排入收纳水体的过程。其中,城市土地利用类型及其空间格局是影响地表径流污染的关键因素。城市中各种道路、停车场、建筑屋顶等非渗透地表,人类活动密集,晴天累积于地表的污染物在雨天受地表径流的冲刷、溶解形成径流污染,在空间上呈现面状分布。人类活动影响着城市地表径流污染程度与特性。不同类型人类活动在空间上配置的复杂性和随机性,造成对地表径流污染的影响更趋复杂,存在时间、空间上的巨大差异。

国内外对城市面源污染的研究已经持续了数十年,其中,北京、上海、武汉等城市的面源污染研究已经取得显著成果。本书重点针对深隧在消除面源污染方面的作用做详细讨论,对于城市面源污染的形成机理、研究方法等,读者可以参考面源污染相关的研究成果,对城市面源污染的特性有概念性了解,并对具体设计工作起到方向性指引作用。

2.1.3.1　城市面源污染来源

城市面源污染大致分为大气污染沉降、屋面径流污染、街道径流污染、建筑工地径流污染和排水管渠沉积物污染。

(1) 大气污染沉降

城市面源污染的强度和程度往往与大气污染以及气象条件有关。降雨是大气污染的良好载体,降雨含有许多对生态系统有害的污染物,如酸类、有毒金属、有机物、氮磷物质等。

重力作用是决定大气干沉降的主要机制,但表面撞击、静电吸引、吸附和化学反应等是细小粒子沉降的重要原因。瑞典的研究发现,径流中 20% 的有机物、25% 的磷、70% 的总氮来自大气。

酸雨就是由于大气中的硝酸盐和硫酸盐等酸性物质,由降雨或干沉降造成的环境问题。重金属铅和汞的大气沉降也是地表水中重金属的重要来源。

(2) 屋面径流污染

屋面污染物主要是干沉降和屋面材料的分解物质,影响屋面径流污染和污染物浓度变化的主要因素为本地的污染源、屋面材料、空气污染(干沉降)、气象因素(季节、风速、风向)等。国内也有相关研究对背景城市建筑屋面刹那径流水质进行了测试研究,城市屋面雨水初期径流污染比较严重,主要污染物为有机物(COD)和悬浮物(SS)。国内采用较多的沥青油毡屋面是一种重要的污染源。

有面源污染研究表明,气候湿润地区屋面径流水质明显较好,反映了湿润气候条件下大气干沉降小、降雨冲刷频繁、屋面污染物累积程度低。

(3) 街道径流污染

街道是城市地表径流污染的主要源区,道路径流污染物通常包括金属、颗粒态或溶解态的固体物质、有机物等。汽车轮胎等在地面摩擦产生灰尘,是碳氢化合物如多环芳烃的主要来源。交通流量、路面条件、磨蚀情况、汽车排放、街道餐饮业、行人卫生习惯、附近农贸市场等决定了街道污染物的累积速率,进而直接影响街道径流的污染程度。

我国某城市道路径流水质相关研究表明,降雨初期径流污染物浓度 COD 高达 1 230 mg/L,SS 达到 2 288 mg/L,石油类污染物高达 161 mg/L。Gromaire 等人对法国城市居民区街道径流污染进行研究,占城市地表径流 23% 的街道径流(包括街道径流悬浮固体和有机物含量)对地表径流中 SS 和 COD 的贡献在 40%～70%。

(4) 建筑工地地表径流污染

建筑工地地表径流污染主要是人为因素造成的,在降雨条件下,散落在工地的泥沙、盐类、酸类物质以及工地的生产、生活垃圾,随地表径流进入水体,造成面源污染。

(5) 排水管渠沉积物污染

排水体制对城市水体污染具有很重要的影响,不同排水体制(合流制和分流制)降雨径流对水体的污染程度不同。总体来说,雨污合流排水系统的径流污染比分流制排水系统严重,尤其是管渠中沉积物被管道中雨水侵蚀而释放晴天积累的各种污染物,成为城市面源污染的重要来源。小雨时,径流所夹带的固体颗粒物可能沉降在排水管道;大雨时,强径流引起沉积物侵蚀,增加了排水系统径流的污染物负荷。

不同地区、不同降雨雨型对排水系统沉积物污染贡献可能会有不同,尤其是短历时、高强度降雨,排水系统沉积物冲刷对径流污染的贡献可能达到50%以上。

2.1.3.2 降雨-径流-污染物变化规律

根据环保部2011年发布《地表水环境质量评价办法(试行)》规定,地表水水质评价指标:《地表水环境质量标准》(GB 3838—2002)表1中除水温、总氮、粪大肠菌群以外的21项指标。水温、总氮、粪大肠菌群作为参考指标单独评价(河流总氮除外)。湖泊、水库营养状态评价指标为:叶绿素a(chla)、TP、TN、透明度(SD)和高锰酸盐指数(COD_{Mn})共5项。

通常,地表径流污染评价最重要的5个指标为:TSS、TP、TN、COD_{Mn}(地表水)及重铬酸盐指数(COD_{Cr})(污水)。参考相关初期雨水污染物研究成果,城市集水区径流污染物TSS、TN、TP、COD浓度随径流变化有其规律性,随着降雨径流的产生和径流流量的增加,TSS、TN、TP和COD浓度升高很快,并达到峰值,之后污染物浓度便迅速下降,趋于稳定。污染物浓度的峰值提前于径流的峰值,在整个径流污染过程中,初期径流污染严重,是城市径流污染过程的基本特征。污染物浓度峰值与径流量峰值之间的时间差,随初期径流量的增加而缩短,如图2-6所示。

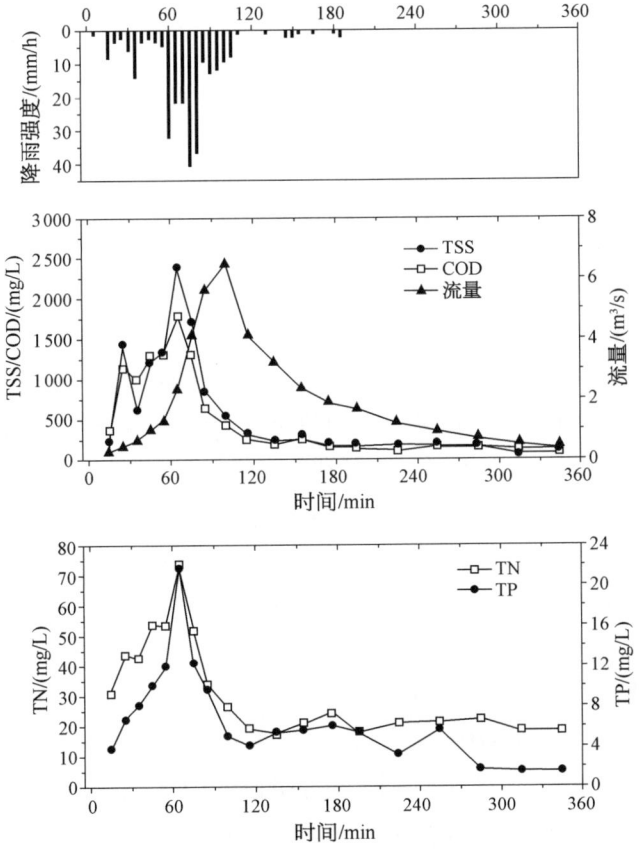

图2-6 城市集水区降雨-径流-污染物变化过程线

TSS、TN、TP 和 COD 变化具有明显相关性,一方面说明径流对几种污染物的冲刷过程相似,另一方面说明 TSS 是其他几种污染物的载体。

2.1.3.3 面源污染负荷定量方法

城市降雨径流污染负荷是指一场降雨或多场降雨所引起的地表径流排放污染物总量。由于地表径流排放污染负荷的随机性使得次降雨污染负荷的代表性差,所以通常采用年径流污染负荷(L_y,t/a),用下式计算:

$$L_y = 0.001 \sum_{i=1}^{m} EMC_i R_i AP_i \tag{2-16}$$

式中　0.001——单位转换系数;
　　　R_i——第 i 场降雨的径流系数;
　　　P_i——第 i 场降雨的降雨量(mm);
　　　A——集水区面积(km²);
　　　EMC_i——第 i 场降雨地表径流全过程排放的某污染物的平均浓度(mg/L);
　　　m——降雨场次。

计算一次径流污染的平均浓度 EMC 的值:

$$EMC = \sum_{j=1}^{n} C_j V_j \Big/ \sum_{j=1}^{n} V_j \tag{2-17}$$

式中　C_j——第 j 时段所测的污染物的浓度(mg/L);
　　　V_j——第 j 时段径流量(mg/L);
　　　n——一场雨时间分段数。

一年内监测降雨场次越多,L_y 的代表性越强。确定城市各个集水区年径流污染负荷 L_y 和年污水污染总负荷后,可以从总量上对径流污染对区域水体污染的贡献做评估。理论上只有对一年内所有场次降雨径流污染进行监测所获得的数据才是准确、有代表性的。但是,由于降雨径流污染发生的随机性,对一年内所有降雨径流污染进行全部监测几乎不可能,因此,采用集水区监测到的有效数据计算 L_y,也具有一定代表性。

城市面源污染主要集中在雨季,径流污染对水环境影响比较大。相关研究表明,雨季城市径流输出的 COD 负荷超过点源,约是点源污染的 2 倍。由此显示,城市径流污染在城市水环境质量恶化过程中占有很重要的地位。随着我国城市排水管网的不断完善和污水处理规模的不断增加,点源污染对水环境质量影响的比重将迅速下降,而面源污染对水环境恶化所起的作用将越来越明显。

2.1.3.4 面源污染的排放特征

城市降雨径流污染的一个基本特征是初期径流中污染物的含量一般高于后期径流,称为初期冲刷,污染物含量高的初期降雨称为初小雨。截流初期径流是控制城市面源污染的主要策略之一。那么,如何论证城市初小雨的量就成为一个重要课题。为了能够论证分析城市径流污染排放特征,使用了无量纲污染负荷分布曲线,即$L(V)$曲线(图2-7)。$L(V)$曲线是在一次次降雨径流过程中以累积径流量同径流总量比值为横坐标,以相应径流中污染物累积负荷同负荷总量比值为纵坐标,形成的曲线。当曲线的斜率大于1时,说明污染物负荷的排放要快于径流排放;反之,污染物排放要慢于径流的输出。所以,$L(V)$曲线在坐标平面45°对角线之上,说明存在初期冲刷,与45°对角线的偏离程度代表初期冲刷的程度;曲线与45°对角线重合,说明污染物负荷排放是等比例径流排放,污染物浓度不变;曲线落在45°对角线以下,说明不存在初期冲刷。$L(V)$曲线可以定量化研究城市径流污染的初期冲刷特征。

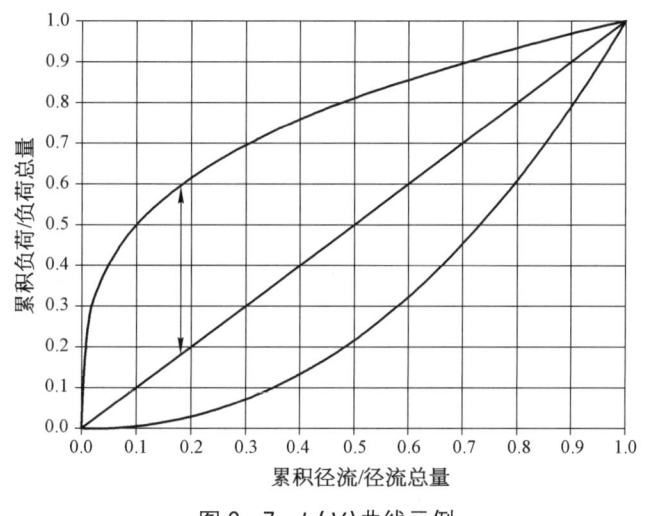

图2-7 $L(V)$曲线示例

城市径流中 TSS、COD、TN 和 TP 的排放具有明显的初期冲刷特征,研究不同污染物和同一种污染物不同降雨时的初期冲刷程度需要确定初期冲刷的标准,即初小雨深度,而初期冲刷标准的确定也是进行截流控制污染的前提。初小雨研究过程中,提出了几种不同的标准。Deletic 将初期冲刷定义为初期 20% 径流所携带的污染物负荷,认为只有初期 20% 径流携带的污染负荷达到 40% 才具有明显的初期冲刷。Bertrand-Krajewski 等人提出了更为严格的定义,只有初期 30% 径流携带超过 80% 的污染负荷,才为明显初期冲刷。但由于集水区特征和水文特征的不同,径流污染的初期冲刷过程不同,因此,用来表征初期冲刷程度的标准也随着集水区的特征与区域降雨特征的不同而不同。

图 2-8 所示为某地区面源污染分布特征,对 12 场次降雨径流过程中各种污染物负荷在径流中的分配特征做了统计可知,在初期前 3 个 10% 径流中,污染物负荷快于径流排放,而在 30% 以后的径流中,污染物负荷都小于 10%,而相互之间差异很小,因此,对该集水区选取 30% 的径流来确定初期冲刷是合理的。

城市径流污染的初期冲刷特征为城市径流污染的控制提供了机会。影响初期冲刷

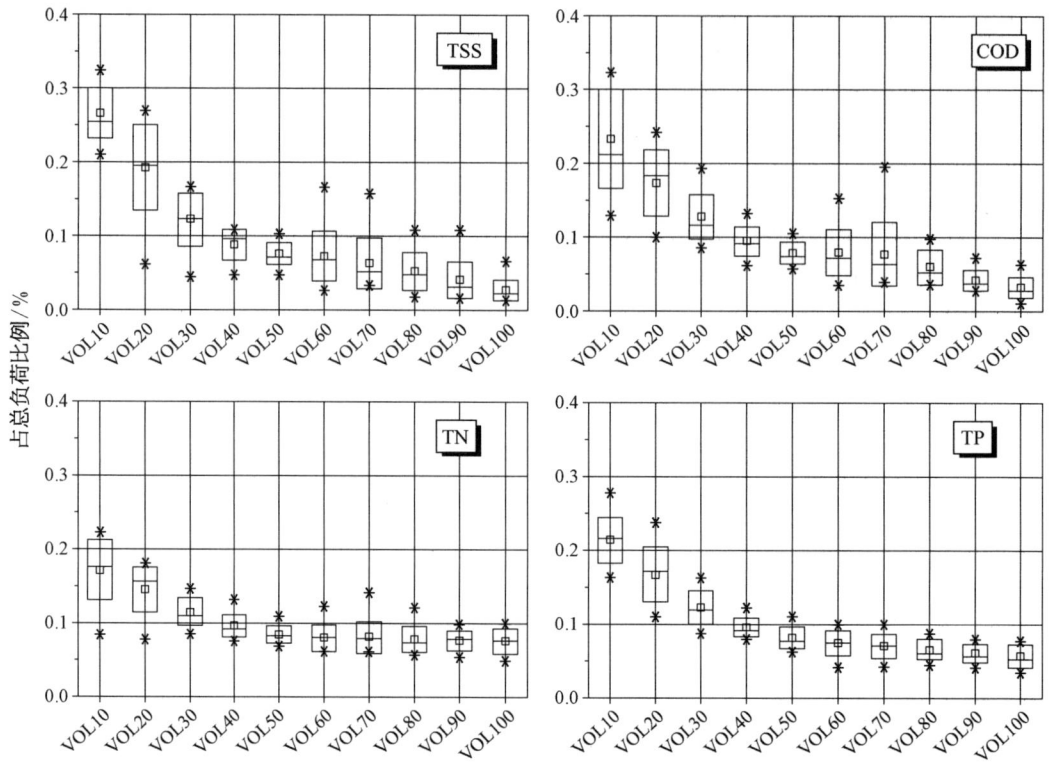

图 2-8 集水区污染物负荷在径流过程中的一般分布特征

程度的因素主要有降雨特征、集水区特征、排水系统特征以及晴天积累天数等。Cupta 等人研究得出，径流中总悬浮物的初期冲刷与最大降雨强度、降雨持续时间和晴天积累天数等具有明显相关性。相反，Saget 等人研究发现，初期冲刷与集水区特征（面积、径流集水时间和平均坡度）、降雨特征、晴天积累天数等无关。不同城市的面源污染研究对于初期冲刷及其影响因素的关联性有分歧，说明不同地区所处的气候区不同、降雨特征不同、监测研究集水区污染物累计特征不同，可能是导致初期冲刷出现频率与程度不同的主要原因。

2.2 面源污染与城市排水体制的关系

2.2.1 城市排水体制

排水系统按照雨污是否分流，分为分流制系统与合流制系统，其中分流制系统包括污水系统和雨水系统。由于城市发展历史原因，大多数城市老城区排水系统为合流制，而新建城市一般按完全分流制建设排水系统，这就造成多数城市排水系统整体为非完全分流排水系统。

第 2 章 城市水体污染与水文特征

(1) 合流制排水系统

城市污水和雨水汇入同一套排水管网系统,直接排入附近河道等收纳水体,称为直排式合流制排水系统,如图 2-9 所示。由于施工简单、成本低,在城市发展早期被广泛采用。直排式排水系统对收纳水体的水质造成严重污染。

为了缓解城市水体污染问题,在直排式合流制排水系统基础上,沿河道修建污水截流管线,将截流污水输送至污水厂后处理排放,形成了截流式合流制排水系统,如图 2-10 所示。

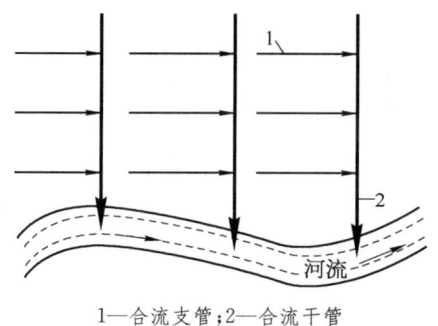

1—合流支管;2—合流干管

图 2-9 直排式合流制排水系统

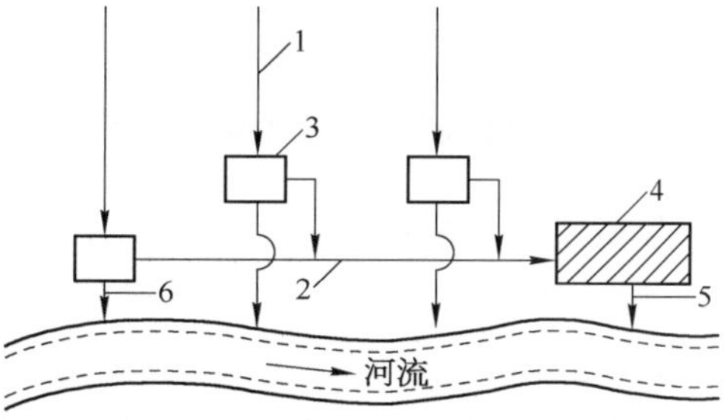

1—合流干管;2—截流主干管;3—溢流井;
4—污水处理厂;5—出水口;6—溢流出水口

图 2-10 截流式合流制排水系统

(2) 分流制排水系统

分流制排水系统是将生活污水、工业废水和雨水分别由污水、雨水排放管网系统分别收集的排水系统,如图 2-11 所示。污水进入污水厂处理后,排入附近河道或其他收纳水体;雨水经雨水管渠直接排入附近河道或其他收纳水体。对于初期径流污染严重的地区,完全分流制排水系统的雨水系统收集的污染初期雨水仍然对收纳水体有一定污染。

为了解决初期雨水污染收纳水体问题,沿河道修建初期雨水截流管道,将截流污染雨水同污水一起输送至污水厂处理,处理后排放水体或加以再生利用,形成半分流制排水系统,如图 2-12 所示。

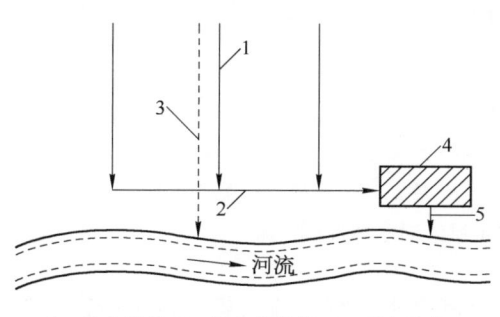

1—污水干管;2—污水主干管;3—雨水干管;
4—污水处理厂;5—出水口

图 2-11 完全分流制排水系统

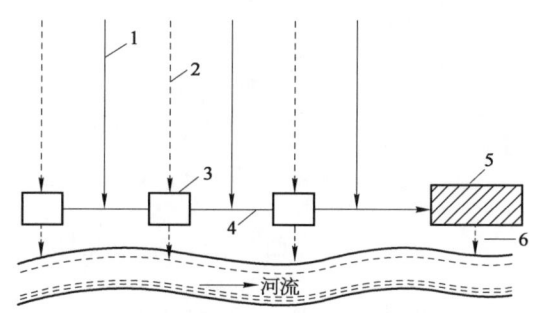

1—污水干管;2—雨水干管;3—截流井;
4—截流干管;5—污水处理厂;6—出水口

图 2-12 半分流制排水系统

在控制污染方面，城市生活污水、工业废水由浅层合流制管道或污水管道收集，输送至污水处理厂，深隧一般用来截流合流制管道内的超过浅层系统收集、处理能力以外的初期降雨冲刷污染水（初小雨），截流污染水暂时储存在深隧内，雨后加压输送至污水处理厂错峰处理或初雨厂处理。

深隧的初小雨调蓄规模论证过程中，必须首先理清初小雨与合流制污水的概念，才能正确论证深隧调蓄规模。对于需要深隧技术来控制污染的非完全分流制排水系统，要对合流制汇水区域、分流制汇水区域分别计算各自的初小雨截流规模，综合论证深隧调蓄规模。

2.2.2 不同排水体制对面源污染的影响

对于城市水环境污染，生活污水、工业废水等点源污染，相对于降雨形成的径流比较稳定，随排水系统的不断完善，其对城市水环境的影响可以迅速得到控制。排水体制不同，对于面源污染影响的核心是对雨水径流的收集和控制途径的不同。

2.2.2.1 合流制排水系统与面源污染

目前，合流制排水系统在我国许多城市的排水系统大量存在，雨水、污水同行。由于合流制排水管道管径相对于晴天污水来说，通水能力存在比较大的富裕空间，污水在晴天流速慢，易产生沉淀。雨天径流较大，管道中沉积物被冲刷，初期冲刷造成降雨初期径流污染物含量较高，同时径流量短时期远远大于污水厂处理能力，导致合流制排水系统溢流入收纳水体，造成水环境严重污染，如图 2-13 所示。

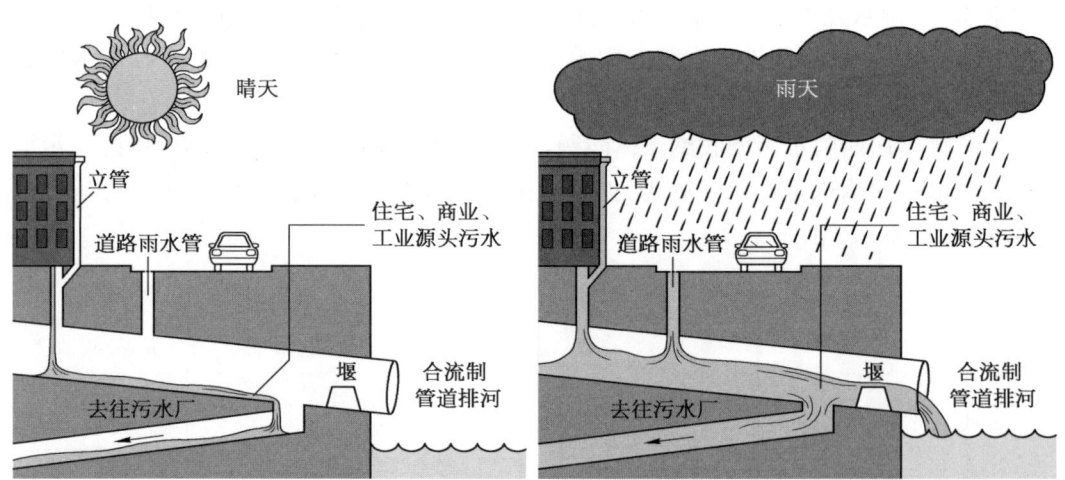

图 2-13 面源污染经合流制排水系统对水体造成污染

20 世纪 60 年代，美国对城市雨水径流和合流制排水系统溢流污染进行了研究。在美国 31 个州和哥伦比亚地区，市政处理设施每年收集、处理的污水有 500 亿 t，而 772 个合流制排水管道系统每年排放未处理的雨污混合污水为 38.64 亿 t。可见，合流制排水系统的溢流是重要的污染源。

(1) 截流倍数影响因素

控制合流制排水系统水污染的一个重要办法是修建截流管道,与截流管道设计规模密切相关的是截流倍数。截流倍数即合流制排水系统在降雨时被截流的雨水径流量与平均旱季污水量的比值。

影响截流倍数的因素主要有以下几点:

① 水体功能要求。对于受纳水体水质要求严格的,截流倍数宜取大些;对于低功能受纳水体,水质要求低,则截流倍数适当取小些。

② 城镇文明程度。城镇的文明程度高,人们的卫生习惯良好,街道、社区清洁,城市地面垃圾量相对较少,截流倍数、可取小些;否则,截流倍数取大些。

③ 经济承受能力。截流倍数取大值、排入河道的受污染雨水就较少,有利于保持水体功能,但截流管道系统的直径、污水处理厂规模都需要加大,工程投资也相应增加;截流倍数取小值,排入河道的受污染雨水增加,对河道水体的污染程度加大,不利于保持水体功能。

(2) 截流倍数取值

根据《室外排水设计规范》,合流地区截污管道,截流倍数宜取 2～5,如表 2-5 所示。截流倍数的大小,直接影响河道截污治理效果及工程投资,国外部分地区截流倍数情况如表 2-6 所示。

表 2-5 国内部分城市截流倍数情况表

项目参数	城 市							
	上海	昆明	天津	沈阳	苏州	北京	重庆	香港
截流倍数	5～8 (增加调蓄)	3	3～5	3	3	1～3	3 (三峡地区)	污水+1年一遇降雨

表 2-6 国外部分地区截流倍数情况表

项目参数	国 家					
	日本	英国	德国	美 国		
				纽约曼哈顿	华盛顿波多麦克河	
					上游	下游
截流倍数	3	5	4	3	>5	5

2.2.2.2 分流制排水系统与面源污染

与合流制排水系统相比,分流制排水系统在水污染控制方面有明显优势。雨污分流,雨水管道内沉积物主要以可沉降无机物固体为主,同时也会出现少量有机成分。有研究显示,在全年的降雨径流中,合流制排水系统中总悬浮物颗粒物的平均浓度比分流制排水系统高 50%;BOD_5 的平均浓度是分流制系统的两倍多;合流制排水系统的径流中含更多有机物,挥发性悬浮物与总悬浮物固体之比的变化范围为 4%~55%,分流制排水系统该比值为 10%~36%。其他一些研究也表明,分流制排水中 BOD 浓度约为城市污水的 1/5,大肠杆菌数也明显低于城市污水,同样,总氮和总磷浓度也低于城市污水。

但是,分流制排水系统的初期降雨径流冲刷仍然是城市水体污染的来源之一,是由于雨水排放系统初期冲刷未经处理,直接排放水体,导致收纳水体水质遭受污染。有研究表明,初期 5 mm 径流中污染负荷所占比例的变化范围为 22%~82%,平均为 48%;初期 10 mm 径流污染负荷变化范围是 28%~100%,平均 67%;初期 15 mm 径流污染负荷为 41%~100%,平均 78%。由此可见,初期 10 mm 或 15 mm 径流包含总降雨径流污染物的绝大部分。

2.2.2.3 初小雨设计取值

初小雨污染是指城市降雨径流淋洗与冲刷大气和汇水面各种污染物引起受纳水体的污染,是城市水环境污染的主要因素,尤其是当城市点源污染治理取得一定的成效后,其污染现象更为突出。

除了城市大气污染会对初小雨水质有影响外,初小雨污染主要来自城区屋面和道路所沉积污染物的溶解和冲刷。径流污染物浓度变化过程随降雨事件的特点不同而异。影响径流污染物浓度的主要因素有用地类型、降雨强度、降雨量、降雨历时及地表污染物初始累积量(降雨间隔)等。

德国在 20 世纪 70 年代就开始对合流制溢流的调蓄展开研究,并且广泛应用,同期美国也开始对雨水径流污染和合流制溢流污染进行治理。美国环境保护署(EPA)提出了雨水"最优化管理方法"(BMPs),目标是从源头开始控制径流水量及其污染负荷,通过减少不透水下垫面积、增加渗透设施、滞留、截留调节池、湿地与渗透性铺面等措施,降低初期雨水的污染,缓解暴雨积水,减少系统改建的投资费用。

在初期雨水水质及污染特性研究的基础上,发达国家雨水控制标准的确定往往与当地水环境条件及收纳水体的水质目标要求有关。美国某些州将总悬浮固体(TSS)作为反映雨水水质的重要指标,有效控制总悬浮物一般为 70%~80%,同时也控制了其他一些污染物(如 TP、TN 及重金属)。国内外许多学者通过对不同下垫面雨水径流中污染物变化规律的研究表明:在很多暴雨事件中,暴雨产生的初期径流携带整个径流中的大部分污染物,特别是暴雨强度大、不透水面积率较高的汇水区域,初期冲刷现象更为明显。对于大汇水面积或较大的管渠系统,有研究认为控制初期 12.5 mm 径流,可去除全部径流污染物总量的 90%以上。

我国 20 世纪 80 年代初期于北京开始了对城市雨水径流非点源污染的研究,北京 1998 年开始对城市雨水径流污染控制和雨水资源利用进行系统研究,分析径流污染指标,以及对污染物的冲刷输送规律、主要影响因素、污染物负荷和控制对策等都进行了研究。20 世纪 90 年代上海进行了合流制排水系统污染物控制技术研究。

根据《室外排水设计规范》,用于分流制排水系统径流污染控制时,初期雨水截留标准为 4~8 mm。用于合流制排水系统径流污染控制时,截留雨水量可根据气候特征、排水体制、汇水面积、服务人口和受纳水体的水质要求、水体的流量、稀释自净能力等确定。可将当地旱流污水量转化为当量降雨强度,从而使系统截流倍数和降雨强度相对应,溢流量即为大于该降雨强度的降雨量。根据当地降雨特性参数的统计分析,拟合当地截流倍数和截流量占降雨量比例之间的关系。

① 上海市相关经验。根据《上海市中心城区初期雨水治理规划》,上海市初期雨水的污染物浓度随降雨时间和降雨量的增加呈现降低趋势,而实际初期雨水出流规律也验证了此规律。同时,污染物浓度变化规律显示:合流制排水系统中初期雨水污染物出流浓度在降雨量约为 8~10 mm 趋于稳定;分流制排水系统尤其是混接程度较轻的分流制系统,雨天排江污染物浓度较合流制低,控制 5~7 mm 降雨量可达到较好的污染物削减效果。上海根据中心城区环境容量和兼顾部分地区防汛标准的提高,规定初期雨水截留标准为:合流制区域为 18 mm,分流制区域为 12 mm(其中 7 mm 兼顾了防汛标准的提高)。

② 武汉市相关经验。根据《汉阳地区城市面源污染控制技术与工程示范》,通过对武汉市汉阳地区 34 个汇水区和监测点三年的周期性监控研究发现,城市面源污染是伴随城市暴雨径流冲刷产生,由于城市土地不透水面的比例高,因此径流来势猛,水量大,面源污染具有突发性。武汉市汉阳城区由于排水系统多采用合流制,突发性径流常冲刷排水道中的累积污泥,使污染更加严重。城区径流污染过程,随降雨历时的延续,具有明显的规律和特征。本课题对汉阳地区不同集水区经过 2 年多十几场降雨事件监测研究,降雨开始后 15~20 mm 前期径流污染最严重。分析认为武汉市汉阳地区暴雨径流最佳截留量是初期 15 mm 降雨量。

③ 北京市相关经验。通常同一场降雨,路面的初期雨水量比屋面大。屋面初期雨水净雨量约为 2~3 mm,可控制整场降雨径流污染负荷约 60%以上,控制净雨量超过 3 mm,效果增加很少。初期路面初期雨水净雨量数据变化幅度大,但一般净雨 7~8 mm 时,径流污染相对较轻。

④ 深圳市相关经验。《深圳市排水规划(2010—2020 年)》专家评审会建议在缺乏实测径流与污染物负荷浓度变化曲线资料的情况下,雨水截流设施容积暂按《建筑与小区雨水利用工程技术规范》计算,即屋面径流截流厚度按 3~5 mm 进行计算;地面径流截流厚度按 5~7 mm 进行计算。

第 3 章

深层排(蓄)水隧道功能和分类

随着我国城镇化的快速发展,城市规模、人口规模都经历了史无前例的迅猛扩张,人们对优美、宜居的生活空间的向往与相对落后、欠发达的城市排水系统和日益恶化的水环境之间的矛盾日益尖锐,所有的问题集中为两点:城市排水不畅,内涝频发,对人们生活、城市发展造成严重影响;水体污染严重,造成污染性水资源短缺。

3.1 深隧的功能

深隧在密集建设的大都市排水系统中具有重大战略意义,在防洪排涝、控制地表水体污染等方面有难以替代的作用,部分深隧还与地下综合管廊、交通隧道整合,形成多功能隧道,如马来西亚吉隆坡的 SMART 隧道分三层,晴天时,中上层通车;雨天时,三层都可以用于行洪。

深隧具备的功能不同,其平面布置、规模论证、运营工况、维护管理等都不尽相同。因此,深隧规划设计起步阶段,明确深隧的功能定位成为首要问题。

3.1.1 洪涝控制功能

3.1.1.1 造成城市内涝的原因

① 降雨量大——由于全球气候变暖,近年来,以往认知的"低频率"降雨却"高频率"出现;城市"热岛效应"、"雨岛效应"、交通工具排入空气的颗粒物等因素,也助长了城市区域降雨量的加大。

② 地表径流大——随着城市"摊煎饼"式发展,硬质铺装面积越来越大,包括道路、屋顶、硬化广场等。与此相对,被城市发展侵占的农田、绿地、湖泊、水塘等可渗透地面面积和起调蓄作用的地表水体面积急剧减少。两方面原因导致城市地表径流形成时间

短、流量大。

③ 排水系统标准低——国内一些城市排水管网缺乏统一规划,欠账比较多,管道老化,排水标准比较低。排水系统建设滞后是造成内涝的一个重要原因。

④ 地势低——一方面为绝对地势,相对于总体城市地貌,部分区域处于低洼地带,容易积水;另一方面为相对地势,许多沿江沿河建设的城市,由于多年沉沙淤积造成江河河床升高,城市雨水难以依靠自重排入江河,设置强排泵站成为城市排水系统的无奈选择,如武汉汉口地区,由于长江、府河水位高,汛期雨水几乎全靠排江泵站强排。

3.1.1.2 解决城市内涝的方法

① 扩建浅层管网,提升浅层排水系统输送能力。

② 修建行洪渠道末端泵站,预降渠道内水位,避免对上游管线水力顶托,使得上游管道排水更顺畅。

③ 修建雨水调蓄设施或利用地表水体调蓄功能,依靠调蓄池的削峰作用,缓解城市内涝。

④ 发挥海绵城市技术优势,充分利用下沉绿地、渗水池(塘)、生态草沟、绿色屋顶等设施渗、滞、排的功能,从源头上减轻城市排水系统压力。

对于城市密集发展区,传统扩建管道、修建调蓄池等工程措施受地面、地下施工空间限制,项目难以落地。而深隧技术的实质也属于海绵城市技术手段之一,由于其占地少、施工周期短、见效快等特点,可充分发挥其分流、调蓄、强排(相当于强排泵站)等技术优势,正被越来越广泛地使用。

3.1.1.3 深隧防洪排涝机理

根据《室外排水设计规范》,计算雨水系统设计流量、设计暴雨强度和管道设计流量。

① 雨水系统的设计流量计算,见下式:

$$Q_s = q\psi F \tag{3-1}$$

式中 Q_s——雨水设计流量(L/s);

q——设计暴雨强度[L/(s·hm²)];

ψ——径流系数;

F——汇水面积(hm²)。

② 设计暴雨强度计算,见下式:

$$q = \frac{167A_1(1+C\lg P)}{(t+b)^n} \tag{3-2}$$

式中 q——设计暴雨强度[L/(s·hm²)];

t——降雨历时(min);

P——设计重现期(a);

A_1、C、n、b——参数,根据统计方法进行计算确定。

雨水管渠的降雨历时计算,见下式:

$$t = t_1 + t_2 \qquad (3-3)$$

式中　t——降雨历时(min);

t_1——地面集水时间(min),视距离长短、地形坡度和地面铺盖情况而定,一般采用 5~15 min;

t_2——管渠内雨水流行时间(min)。

考虑到排水管网自身的调蓄空间,对管道内收集到的雨水具备一定的调蓄和流量峰值缓冲能力,《室外排水设计规范》在 t_2 前添加了折减系数 1.2~2.0。为了提高浅层管线的设计标准,2016 版规范将此折减系数降低为 1。

③ 管道设计流量的计算,见下式:

$$Q = Av \qquad (3-4)$$

式中　Q——排水管道的设计流量(m^3/s);

A——水流有效断面面积(m^2);

v——流速(m/s)。

排水管道的流速计算,见下式:

$$v = \frac{1}{n} R^{\frac{2}{3}} I^{\frac{1}{2}} \qquad (3-5)$$

式中　v——流速(m/s);

R——水力半径(m);

I——水力坡降;

n——粗糙系数。

根据上述计算公式可知,在不改变城市地表汇流时间和径流系数的前提下,利用深隧系统提高现状雨水排放系统设计标准的机理有下面几个:

① 减小系统的汇水面积。由式(3-1)可知,降低管道汇水面积可以提高管道本身的防涝标准。从图 3-1 可知,深隧截流上游管线来水,等于减小了下游浅层主干管的汇水面积,起到分流洪水作用,在现有管道设计流量不变的情况下,下游主干管的排涝标准将得到提升。

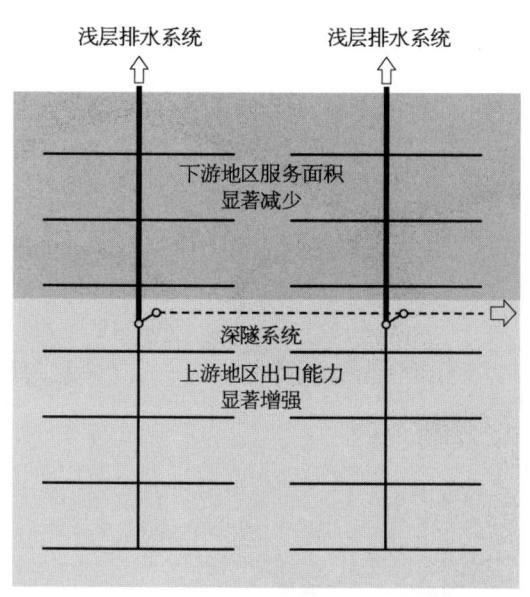

图 3-1　深隧对城市排涝的作用

② 增加降雨历时。由式(3-2)可知,暴雨强度和降雨历时成反比,当降雨历时长时,暴雨强度 q 就会变小,如图 3-2 所示。不改变地表汇流特性,地面汇水时间一定时,如果要想增加管道内汇流时间 t_2,可通过增加调蓄设施实现,增加雨水排放系统的汇流时间。

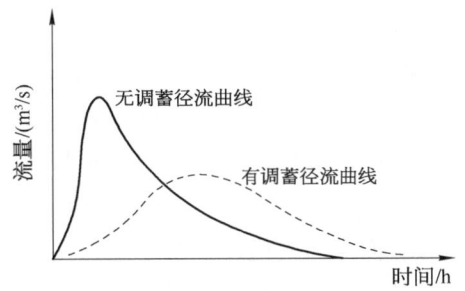

图 3-2 调蓄池实施前后径流变化

调蓄设施可分为水体调蓄、绿地广场调蓄、调蓄池、隧道调蓄工程。前两项属于兼用调蓄工程,设置在地表,与城镇景观、绿地、运动场、广场等设施和天然调蓄空间统筹考虑,相互协调。后两项为专用调蓄工程,设置在地下。隧道调蓄在国外应用案例较多,从国外的建设运行经验来看,针对密集发展都市区,深隧工程的实施可以在减少干扰城市运行的条件下,达到提高城市防洪排涝标准的要求。

③ 增加雨水管道过载水力坡度。参考式(3-5),雨水系统采用满管流设计,在现有管道管径不变的前提下,如果要增加管道的排水能力,就需要增加管道水力坡度。水力坡度 $I=$(起点水面高程 H_1 －终点水面高程 H_2)/管长 L。

对于一个现有雨水系统主干管,管长 L 是一定的。如果要加大水力坡度,则需提高起点水面高程 H_1 或降低终点水面高程 H_2。显然,提高起点水位高程则意味着管道内水位升高,更容易造成内涝,不是我们希望发生的事情,那么,降低终点水位高程就成为更好选择。

深隧位于地下 30~60 m,隧道内水位低于浅层管底。对于上游干管来说,在深隧与浅层系统的连接点处,浅层管道内的雨水在设计流量范围内属于自由跌落,不受原下游主干管水位顶托的影响。深隧的应用,降低了连接点上游主干管终点水位高程,增加管道水力坡度,相当于提高了上游系统的排涝标准;对于连接点下游干管来说,由于深隧截流,减小了管道设计流量,相应降低下游主干管内水位,意味着与下游主干管连接的支管的水力坡度得到增加,同样也提升了下游系统的排涝能力,如图 3-3 所示。

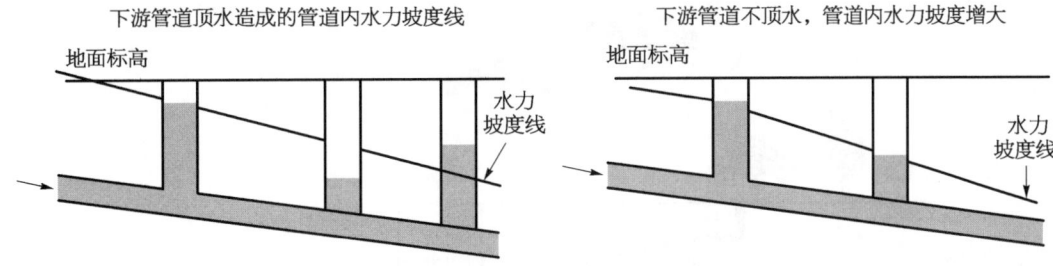

图 3-3 实施前后浅层支管水力坡度线变化

3.1.2 污染控制功能

随着我国市政基础设施建设的快速发展,生活污水、工业废水一般都由排水管道收集,经污水处理厂处理后达标排放或再利用,点源污染可以快速得到控制。而面源污染主要来源于大气颗粒物沉降、地表污染物积累、排水管道内沉淀物积累等,伴随雨季径流冲刷进入收纳水体,造成地表水污染,具有分散性、隐蔽性、随机性、潜伏性、累积性和模糊性等特点,因此面源污染不易监测、难以量化,研究和防控的难度大。

城市面源污染一个显著特点是地表径流冲刷是其最主要"驱动力",城市排水体制不同,面源污染机理有所不同。对于合流制排水系统,雨污同行,降雨期间,初期径流污染物浓度高、流量大,短期内远远大于排水系统截流管道、污水处理厂等设计规模,超出设计规模以外的污染径流经超越管或其他途径进入收纳水体是城市水环境恶化的主要原因;对于分流制排水系统,造成面源污染的污染物通过降雨冲洗、地表冲刷,主要进入雨水排放管网,这部分污染物浓度比较高的初期雨水直接排入收纳水体,造成一定的地表水污染。

要控制面源污染对城市水环境的影响,要遵循"源头控制、区域治理"的理念,需要多管齐下,综合工程和社会管理手段,从根本上解决水环境污染难题。国内外提出多个治理理念,包括低影响开发、城市可持续发展、最优化管理及海绵城市等,都涉及从源头控制到污水传输,直到末端截流、人工湿地等一系列工程技术手段,核心内容是如何收集、处理参与初期冲刷的、污染物含量比较高的初期径流。初小雨处理有多个不同的工程技术手段可供选择,深隧工程因其本身具备布线灵活、施工期短、地面占地少、管理集中等优势,在国外得到广泛应用,在国内也开始越来越得到关注。

由于伦敦城市发展、人口增长原因,现有排水系统设计能力由原来的 6.5 mm 初雨深度降低至不到 2 mm,频繁溢流污染水造成泰晤士河水质恶化。为改善泰晤士河水质,工程师提出了多个备选方案,包括雨污分流、可持续性城市排水系统建设和"深隧截污"等方案,对各种方案做了详细比选论证,最终采用"深隧截污"方案,如图 3-4 所示。泰晤士河"深隧截污"工程有两个核心内容:

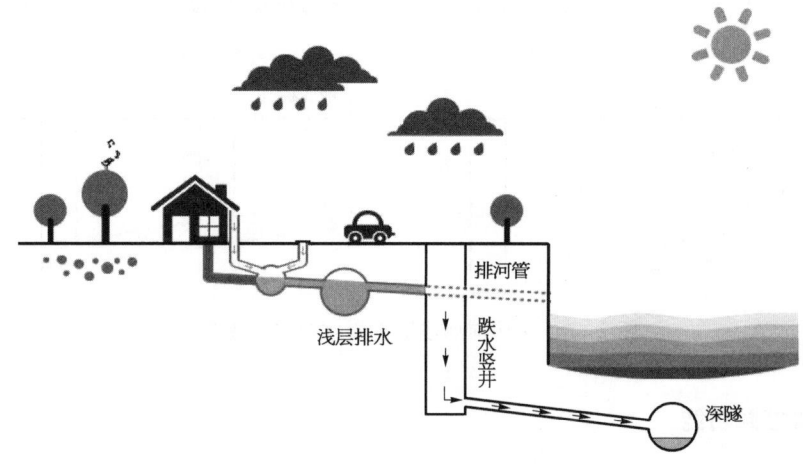

图 3-4 泰晤士河截污深隧原理示意图

① 修建深层调蓄隧道,截流污染初小雨,达到泰晤士河环境容量要求。
② 扩建贝克顿污水处理厂,以应对深隧调蓄初期雨水的处理。

结合我国排水系统实际情况,具体到技术层面,深隧技术就是提高合流制排水系统的截流倍数或截流雨水系统的污染初小雨,加上扩建现有污水厂处理规模或新建初雨处理厂,相当于增加了城市排水系统对污染初小雨的收集、传输和处理能力,直接高效地控制面源污染对城市水环境的影响。

3.1.3 复合控制功能

目前,国内外深隧技术已经得到广泛应用,有些深隧专门用来行洪排涝,缓解城市内涝问题,如香港荔枝角隧道、港岛西北排水隧道、东京都市圈外围排水隧道等工程。有些深隧专门用来截流污染初雨,控制城市地表水水质,如泰晤士河隧道。大部分深层排水深隧用来兼顾防洪排涝和污染控制:小雨时,调蓄污染初小雨;雨停后,提升进入污水厂处理排放;暴雨时,承担行洪排涝角色,分担城市浅层系统排涝压力,缓解城市内涝问题,可以称之为复合功能隧道,如美国芝加哥排水隧道工程、墨西哥城排水隧道工程等。

3.2 深隧的分类和设计规模

深隧是深埋城市地下深层空间的排水管道,与普通浅层排水管线一样,具备污水或雨水的收集、输送及调蓄三大功能。不同的深隧工程,对应其特定的设计目标,三大功能在特定工程项目中各自发挥的作用也不同,按照入水水质和工程作用的不同,深隧可以细化为不同的类型。根据来水水质不同,其类型可以分为:污水深隧、雨水深隧、合流制深隧。根据深隧在工程项目中发挥的主要功能的不同,又可以分为转输型、蓄水型、复合型。不同功能类型的深隧,在污水排放、雨水排放、合流制水排放工程中,都得到了应用。结合目前国内外深隧工程应用案例,深隧按照其功能定位、运营维护、调度管理等方面的不同之处进行分类更合理,可以分为四种主要类型:污水转输型、行洪排涝型、初小雨截流型和复合功能型(表3-1)。

表 3-1 深 隧 分 类 表

排水系统	类 型	主要功能	应 用 条 件
污水排放系统	污水转输深隧	污水转输	污水厂位于城市密集区,用地受限,扩建困难;需要迁移,置换土地
雨水排放系统	行洪排涝型	行洪排涝	转输上游汇水区域雨水,减轻下游浅层雨水系统排涝压力; 转输雨水清洁无污染; 隧道出口下游的行洪通道能力足够,或直接排海排江
合流制系统			浅层系统行洪能力不足; 浅层系统可有效控制水体污染; 隧道出口下游的行洪通道能力足够,或直接排海排江

(续表)

排水系统	类型	主要功能	应用条件
雨水排放系统或合流制系统	初雨截污深隧	截流、调蓄污染初小雨	合流制溢流水或初雨污染严重; 现状污水厂规模不足,需要错峰处理污染初小雨; 初雨截流点分散,需要统一处理、排放
合流制系统	复合型深隧	截留初雨;行洪排涝	浅层系统截流倍数不足; 浅层系统行洪能力不足; 截流浅层超标雨水,直接排海排江
雨水排放系统			现状污水厂规模不足,需要错峰处理初小雨; 初雨截流点分散,需要集中处理、排放; 截流浅层超标雨水,直接排海排江

对于不同类型的深隧,其规模论证、平面布线、运营维护、调度管理等都有所不同,因此,在深隧规划过程中,首要任务是深隧的功能定位。

3.2.1 污水转输深隧

随着现代大型都市快速扩张,中心城区逐渐覆盖到原本修建于城市外围的污水处理厂等大型污水处理设施。一方面城市土地资源紧缺;另一方面污水处理厂占用大量优质土地资源;同时,污水处理设施的运营对周边街区市民生活产生诸多不利影响,导致迁移处于城市中心地带的污水处理厂成为必然,以缓解城市发展空间不足的问题。

香港特区政府推行了"净化海港计划",一期、二期工程分别于2001年和2009年投入运行,共修建44 km深隧,转输来自维多利亚海港两岸共15座初级污水处理厂污水,集中送往昂船洲污水处理厂,化学强化一级处理工艺集中处理后,经深海扩散管排放。这样,可以大量节约位于城市密集区15座污水厂扩建所需的优质土地资源,同时解决了初级污水厂不达标排放污水对维多利亚海港的污染问题。武昌污水深隧用来转输沙湖、二郎庙、落步嘴污水处理厂及白玉山污水收集系统污水至北湖污水厂集中处理,可以节省大量中心市区污水厂用地。同样,新加坡污水隧道也是污水转输的典型案例。

3.2.1.1 规模设计

污水转输深隧系统包括预处理构筑物、跌水竖井、连接支隧、主隧道、末端提升泵站等,预处理构筑物包括格栅、沉砂池、通风除臭设施等,为避免扰民,可以建于地下,如图3-5所示。污水传输深隧各部分设计规模如下:

① 格栅、沉砂池设计规模参考《室外排水设计规范》。
② 跌水竖井、连接支隧设计规模与沉砂池保持一致。
③ 主隧道、末端提升泵站设计规模与二级污水处理厂设计规模一致。
④ 主隧道、连接支隧按满流设计,洞径选择过程中需要满足自净流速,避免隧道内产生沉淀物;隧道坡度至少1‰。

第 3 章 深层排（蓄）水隧道功能和分类

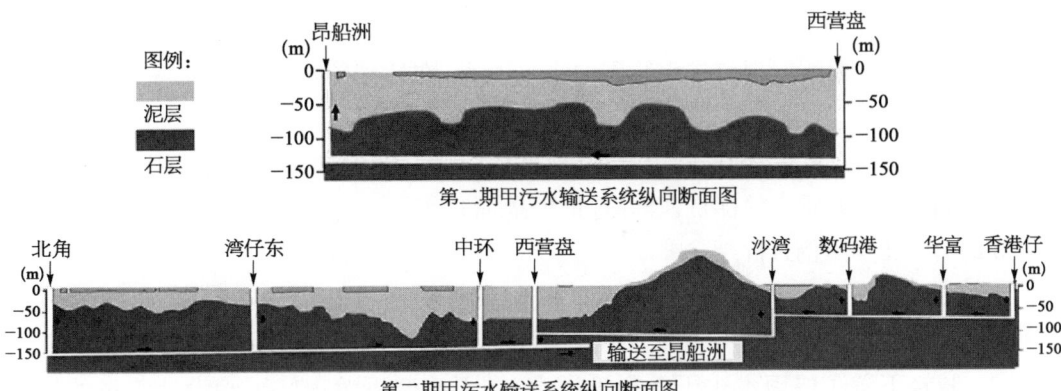

图 3-5 净化海港计划（二期）污水转输深隧系统图

3.2.1.2 运行工况

污水转输深隧系统设计规模与二级污水处理厂规模一致，且经过深隧自身调蓄容积的整流作用，相对于普通污水处理厂浅层进水主管，深隧内流量更加稳定。

一般污水深隧在充分考虑到隧道防腐措施的情况下（HDPE 内衬、防腐砂浆保护层等），考虑到深隧跌水竖井前预处理构筑物可以拦截大部分可沉降沙砾，可以视其为免维修隧道，除预处理构筑物以及设备外，跌水竖井、隧道部分通常不需要周期性维修工作。香港海港净化计划污水转输隧道、新加坡深隧都为免维护隧道。

3.2.2 行洪排涝深隧

深隧的行洪排涝功能既可以应用于分流制雨水排放系统，也可以应用于合流制排水系统。排涝隧道特指分流制雨水系统的深隧。

城市内涝严重时，提升排水系统防洪标准的传统方法包括：
① 扩大浅层管道直径。
② 新建排水管，分流主干管流量。
③ 修建提升泵站，降低行洪渠道水位，令上游管网排水顺畅。
④ 修建地下调蓄池，依靠削峰作用，缓解城市内涝。

通常易涝区域往往位于城市密集建设的老城区，地下城市基础设施管线密布，传统改造手段往往受限于施工空间而难以落地。由于占地少、施工周期短、效果显著等优点，深隧在城市排水系统中占有越来越重要的地位。

深隧实现提升城市防洪标准最核心内容是分担主干管径流输送量，为城市径流在深层地下空间开辟新出路，减轻浅层主干管排水压力的同时，可以全面改善上、下游浅层排水管网水力条件，使得排水管网排水能力整体得到提升。

排涝深隧设计过程中最核心的内容是截流点位置选址，选址原则为：
① 沿城市主行洪通道（主干管、行洪河道、明渠），靠近城市内涝敏感区，尽可能多地

分担主干管、行洪明渠的排水压力。

② 尽可能发挥浅层现有排水管网的排水能力,在达到防洪排涝标准得到提升的前提下,控制规模。

③ 距离受纳水体近,确保隧道长度最小,相应降低工程造价和运营费用。

④ 深隧沿线地质条件优良,竖井选址处地面建筑物少,便于施工,同时降低拆迁量。

3.2.2.1 工程案例分析

通过国内外一些工程案例分析,为竖井选址、深隧定线提供一些思路。

香港荔枝角排水隧道、荃湾排水隧道、港岛西排水隧道,仅用来截流上游山地雨水并排海,减轻下游浅层雨水主干管行洪压力,在不改变下游市区干管设计流量的情况下,提升市区浅层排水系统的防洪标准,解决市区内涝问题,如图3-6、图3-7所示。

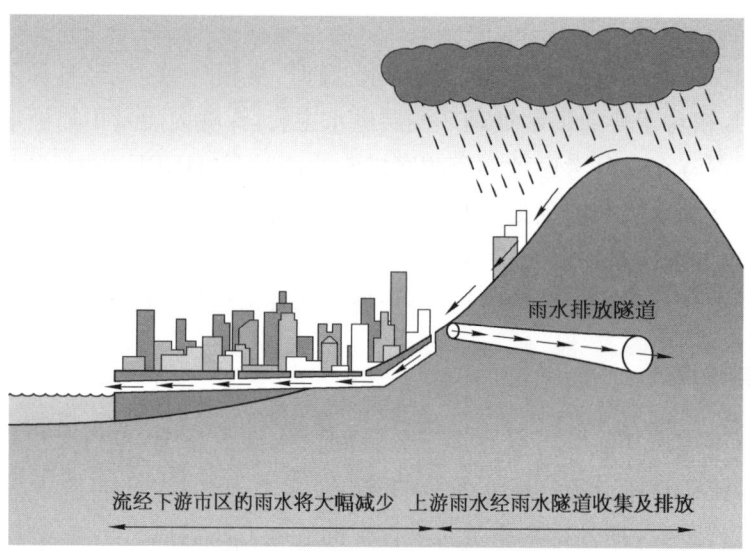

图3-6 香港雨水排水隧道原理图

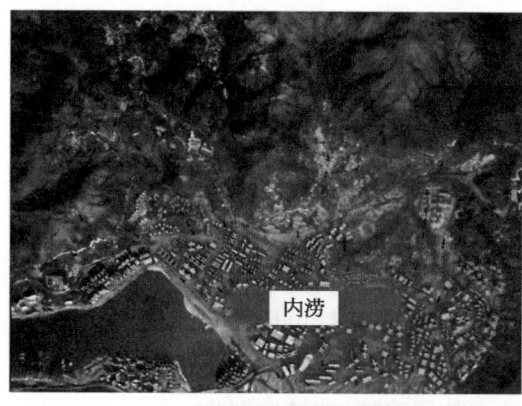

(a) 荃湾雨水排放隧道建成前　　　　　(b) 荃湾雨水排放隧道建成后

图3-7 荃湾雨水排放深隧修建前后内涝范围对比图

广州东濠涌排水深隧沿东濠涌修建，主隧道长 1.77 km，内径 5.3 m，同时修建 1.45 km、内径 3 m 的截流管道，沿线设置四个入流竖井，分别截流孖鱼岗涌渠箱、中山路主渠箱、玉带濠渠箱、东川路渠箱内雨水，分流东濠涌行洪压力，使东濠涌集水区防洪标准提升到 50 年一遇，如图 3-8 所示。

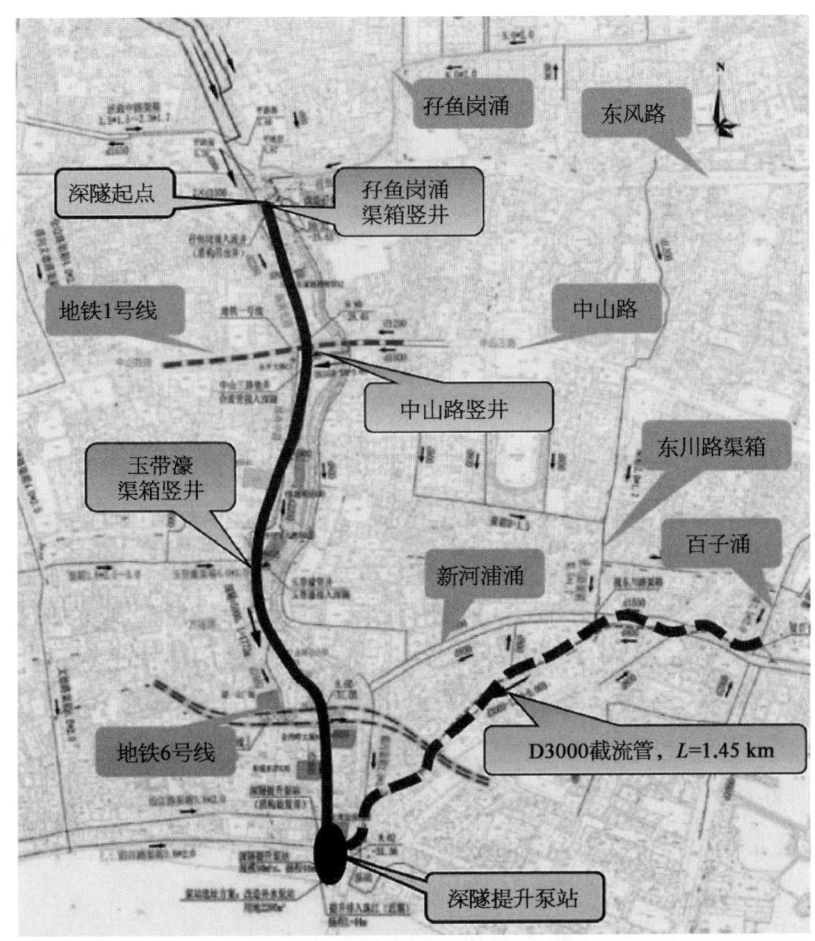

图 3-8 广州东濠涌排水深层隧道平面示意图

日本东京江户川隧道工程全称"首都圈外围放水路"，位于东京都外围的埼玉县，被誉为世界上最先进的下水道排水系统，如图 3-9 所示。

由于特殊的地理条件，东京暴雨和洪水的侵袭较为频繁，由于洪水超出河道正常排涝能力，积水倒灌，引发城市内涝。分析表明，东京最大的江户川由于河道异常宽阔，具有足够的泄洪能力。因此，兴建全长 6.3 km、直径约 10 m、埋设深度为地下 60～100 m 的地下隧道，将东京都十八号水路、中川、仓松川、幸松川、大落古利根川与江户川串联在一起，入流竖井位于各河道岸边，超标准暴雨情况下，洪水分流进入深隧，经江户川排海，深隧调蓄量约 67 万 m^3，最大排洪流量可达 200 m^3/s。

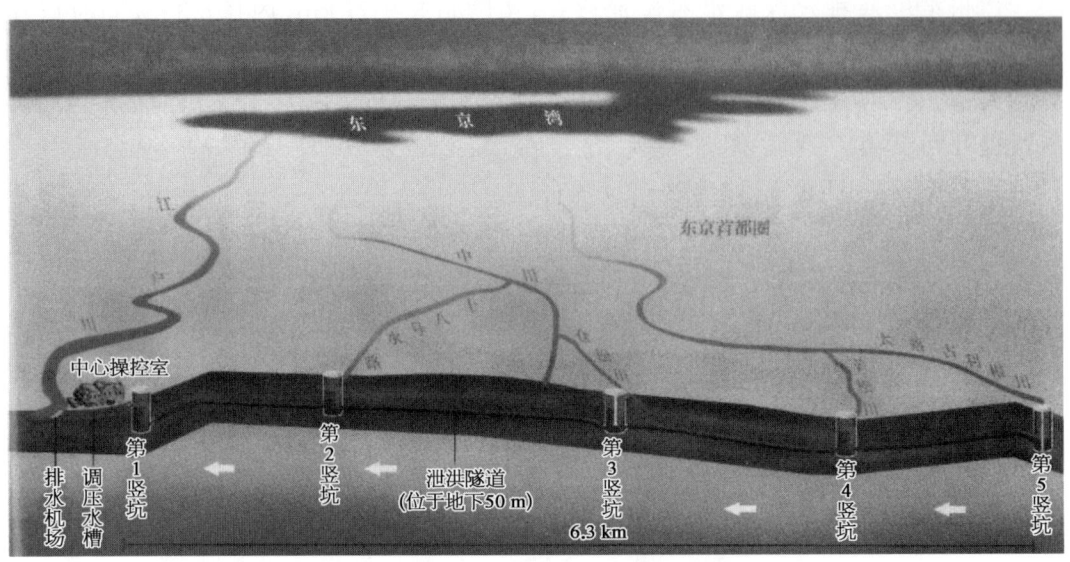

图 3-9 东京首都外围圈防洪深隧系统示意图

3.2.2.2 规模设计

行洪排涝深隧系统包括预处理构筑物、跌水竖井、连接支隧、主隧道等，一般设计为倒虹吸隧道，靠自重流排入受纳水体。如果受纳水体水位不满足自重流排水需求的水力条件，比如受纳水体雨季水位过高，自重流会导致市区低洼地带内涝，则需要设置末端提升泵站，将隧道收集的雨水强排入受纳水体，比如东濠涌隧道系统，排涝泵站规模为 48 m^3/s。预处理构筑物包括格栅、沉砂池、通风设施等，为避免扰民，可以建于地下。如果收集雨水含沙量比较小，可以不修建沉砂池，比如香港山顶植被覆盖率高，水土保持状态良好，荔枝角排水隧道收集的山地雨水含沙量比较低，在跌水竖井前仅设置格栅。排涝深隧是否设置沉砂池，必须做详细水质调查和整体沉积物累积分析，制订详细清淤计划，在设计工作中，预留工作人员、淤泥外运通道。

排涝深隧的规模论证工作非常复杂，往往需要对城市现有排水系统做详细内涝评估，涉及庞大的数据处理量，包括城市下垫面、排水管网、道路高程、降雨雨型、内涝分析、退水分析等，通过传统人工计算解决深隧规模论证问题往往不够准确。

考虑到庞大的数据信息量、汇水区域内降雨时间和空间上的不均匀性，为了确保深隧设计规模的准确性，《室外排水设计规范》建议"当汇水面积超过 2 km^2 时，雨水设计流量宜采用数学模型进行确定"。参考 2.1.2 内容，计算机模型囊括了各种数学模型供用户选择，包括降雨模型、产流模型、管网水动力模型、2D 地表高程模型等，可以从整体上评估现有雨水排放系统排水能力、城市内涝情况、退水过程等，为排涝隧道规模论证提供一个灵活、高效、可视化设计平台。

深圳南山-前海深隧工程，采用 MIKE URBAN 专业软件，在宝安区、南山区排水系统总体规划模型的基础上,详细论证隧道设计规模、浅层管道改造方案、不同工况下隧道水力特征等。广州深隧项目采用 InfoWorks CS 软件,对排水深隧规模进行详细论证。香港污水、雨水深隧项目,同样采用了 InfoWorks CS 或 InfoWorks ICM 软件作为设计平台。

在排水系统专业软件建模过程中,首先,必须对软件内置的径流模型、径流过程分配模型的理论背景、计算方法有详细了解。其次,国内外关于径流模型研究工作已经有很多成果,并形成了不同的径流计算模型,大多数基于某个地区或城市多个汇水区域的实测数据,经统计分析后形成的经验公式,对其他地区或城市未必适用,所以,模型软件应用于国内城市排水系统时,所选模型参数必须经过当地汇水区域实测数据的严格校核,确保模拟结果符合当地实际水文水力特征。2.1.2 介绍了两个典型径流模型、径流过程分配模型的计算方法,希望可以给读者提供一些思路。

行洪排涝深隧规模论证过程,以相关的排水防涝标准为依据:

(1) 国内外标准要求

发达国家和地区的城市内涝防治系统研究较早,由道路排水、街道排水、街道边沟排水、滞留池、内河等组成。对于城市内涝防治系统的设计标准,澳大利亚 100 年或大于 100 年;美国 100 年或大于 100 年;英国 30～100 年;中国香港城市主干管 200 年,郊区主排水渠 50 年。

(2) 国家规范要求

在 2016 版《室外排水设计规范》(GB 50014—2006)之前,一直没有研究制定城市内涝防治工程的标准,所以工程界很多人误认为城市排水工程标准就是城市内涝防治工程标准。但是我国现有的排水工程标准过低,将城市排水工程标准作为城市内涝防治工程标准不能满足社会发展的要求,社会反响强烈,而且没有工程措施只靠应急不能保证城市的基本运行安全。在此基础上,新修订的《室外排水设计规范》在提高现行的雨水管渠设计重现期标准的基础上,又新增了内涝设计重现期,对城镇内涝防治系统的整体防治效果和要求做出了明确规定,从而解决了以往雨水管网设计标准与城市排涝标准不能衔接的问题。

《室外排水设计规范》对特大城市规定的雨水管渠设计重现期如表 3-2、表 3-3 所示。

表 3-2 雨水管渠设计重现期   单位:年

城市类型	中心城区	非中心城区	中心城区的重要地区	中心城区地下通道和下沉式广场等
特大城市	3～5	2～3	5～10	30～50
大城市	2～5	2～3	5～10	20～30
中等城市和小城市	2～3	2～3	3～5	10～20

表 3-3　内涝防治系统设计重现期　　　　　　　　　　　　　单位：年

城 镇 类 型	重 现 期	地面积水设计标准
特大城市	50~100	居民住宅和工商业建筑物的底层不进水；
大城市	30~50	道路中一条车道的积水深度不超过 15 cm
中等城市和小城市	20~30	

《城镇内涝防治技术规范》(GB 51222—2017)中,关于内涝防治设计重现期的标准如表 3-4 所示。

表 3-4　内涝防治系统设计重现期　　　　　　　　　　　　　单位：年

城 镇 类 型	重 现 期	地面积水设计标准
超大城市和特大城市	50~100	居民住宅和工商业建筑物的底层不进水
大城市	30~50	道路中一条车道的积水深度不超过 15 cm
中等城市和小城市	20~30	

3.2.2.3　排涝深隧设计注意事项

排涝深隧流量波动比较大,瞬间极端水力条件对隧道结构和隧道内水流状态有不利影响。设计过程中需要注意以下几点：

① 充分发挥浅层排水系统能力,保障城市防洪标准的基础上,尽量减小深隧设计规模。
② 按满流设计,控制连接竖井水位,保持对浅层管道出流无顶托。
③ 充分利用深隧进出口地势差,重力排放。无法重力排放,则设置末端强排泵站。
④ 进深隧前需要设置沉砂池,避免隧道内产生沉积物。
⑤ 跌水竖井设置通风管,排放跌水过程中的夹带空气。
⑥ 隧道沿线设置通风设施和必要的泄水构筑物,避免隧道局部产生气爆。关于深隧浪涌现象及其缓解措施,参考第 5 章相关内容。

3.2.3　初雨截污深隧

城市面源污染的驱动力是沉积物径流冲刷,包括地表沉积物冲刷和排水管道内沉积物冲刷；降雨径流对污染物的初期冲刷效应为控制城市水环境污染提供了机会,使得人们可以尽可能少的截流、处理污染最严重的初期雨水,而不是截流全部降雨径流,从而达到环境、经济最优化。除却城市总体规划、工业布局、城市社会管理等其他的面源污染的影响因素,站在排水工程的角度来看问题,控制面源污染的关键是初小雨控制,尤其是合流制污染水的溢流频率和溢流量控制。

目前,国内外面源污染控制理念,从"源头控制"到"末端截流"的各种工程技术手段和社会管理手段中,初雨调蓄池、初雨截污深隧属于末端截流手段之一,因其快速、高效而得到广泛应用,相对于调蓄池,截污深隧除了可以储存初雨外,还可以将储蓄的初雨输送至污水处理厂集中处理。

理论上,初雨截污深隧既可以应用于分流制雨水排放系统,也可以应用于合流制排水系统。国内外工程实践表明,用于分流制排水系统的案例很少。本章仅讨论合流制系统初雨截污深隧。

初雨截污深隧系统包括预处理构筑物、跌水竖井、连接支隧、主隧道、初雨处理厂等,典型预处理构筑物布置如图3-10所示。由于需要控制初雨截流量和污染水散发的臭味,截污隧道系统预处理构筑物相对比较复杂,包括合流管截流设施、闸门井、格栅、沉砂池、通风、除臭等设施。

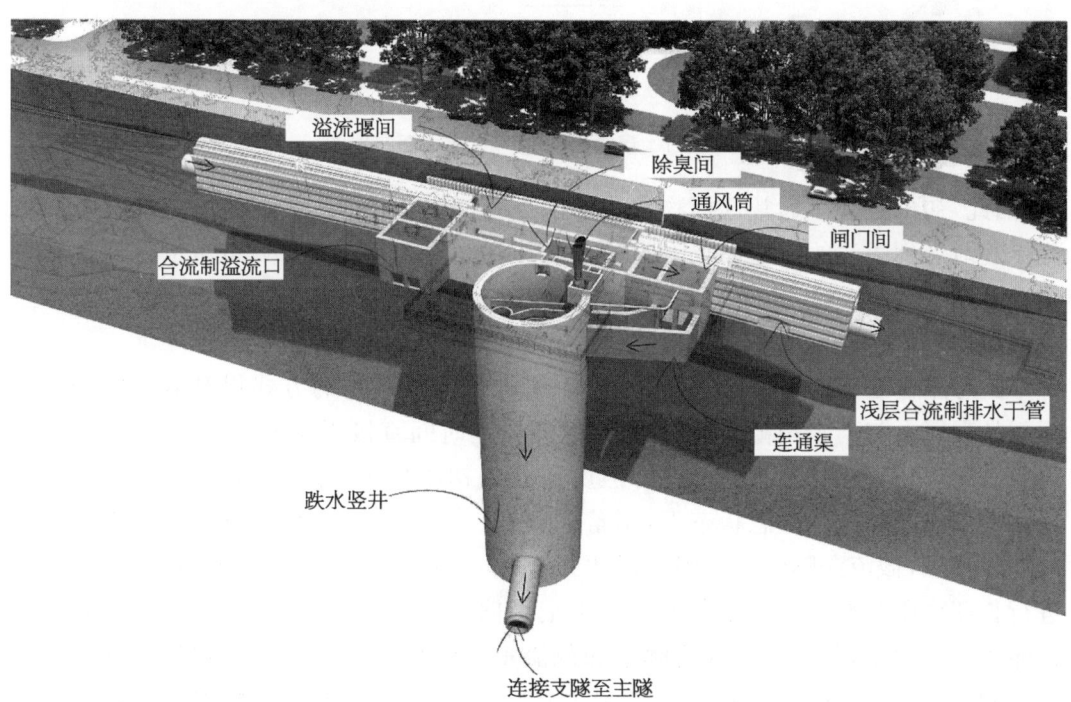

图3-10 截污深隧预处理构筑物布置实例图

为了最大限度控制水体污染,预处理构筑物一般设在合流主干管末端、排入受纳水体之前,主隧道通常沿受纳水体布线,如泰晤士河截污深隧设置17座截污竖井,基本布置在泰晤士河沿岸,主隧道大致沿泰晤士河平行布线,如图3-11所示。广州东濠涌排水深隧的竖井选址和主隧布线也基本如此。

截污隧道主要是发挥其调蓄功能,将截流初雨暂时储存在隧道内,雨停后,在一定时间段内,逐步将调蓄初雨输送到现有污水厂或专用初雨处理厂,处理达标后排放。如果现有污水处理厂处理能力充足,深隧截流初雨可以输送至污水厂处理,节省工程投资;如果现有污水厂规模不足以处理截流的初雨,则需要在深隧末端附近设置专用初雨处理厂。初雨截流深隧调蓄初雨的运作频率与当地降雨气候条件密切相关,雨季蓄水频率高,旱季蓄水频率低。旱季截污深隧难以为初雨处理厂提供稳定流

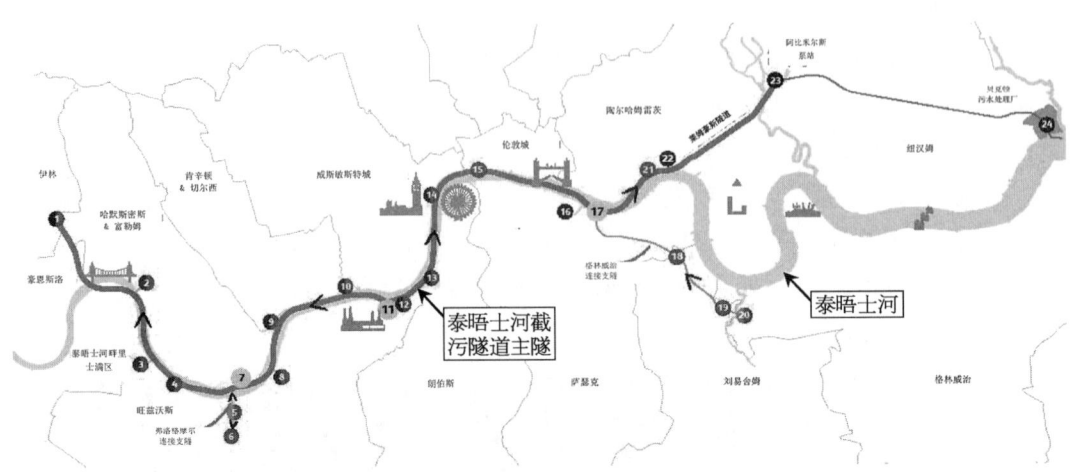

图 3-11 泰晤士河截污深隧平面布置图

量,因此,初雨处理厂通常选择物理化学法处理工艺,比如高效沉淀池、砂滤池等,近几年逐渐受到关注的活性焦吸附工艺也有应用,比如郑州市马头岗污水处理厂活性焦吸附装置、淀池活性焦吸附试验段等,可以将污水厂一级 A 尾水处理到主要指标达地表Ⅲ类水要求。

截污深隧处于地下深层空间,一般使用末端排污泵站的方式提升隧道内调蓄初雨至处理厂。与雨水调蓄池类似,截污深隧放空时间直接影响其使用效率。理论上,放空时间越短,隧道使用效率越高,但所需要的初雨处理厂规模则越大,工程投资和运营费用相应增加。理想状态下,调蓄初雨在一年内间隔最短两场雨的间隔时间内放空最理想,截流深隧使用效率可以达到 100%,现实中显然是有困难的。这就需要进行长期降雨分析,如 30 年期连续降雨记录曲线或典型年降雨曲线,将长期降雨数据输入数学模型,分析隧道截流频率和截流量,结合受纳水体环境容量,合理设置放空时间,达到环境效益、经济效益的最大化。截污深隧截流污染物浓度比较高的初雨,污染严重地区,初雨水质接近或超过生活污水,为了保证深隧运营安全和避免臭气影响周边居民生活,在截流竖井、隧道末端泵站等位置,需要设置完善的通风和除臭设施。

3.2.3.1 规模设计

截污隧道设计规模涉及各个构筑物的规模论证,包括截流口、跌水竖井、隧道调蓄容积、末端泵站、初雨厂等。截污深隧规模论证的核心内容是确认初雨深度。

规模论证方法可以采用传统人工计算做初步论证,也可以采用计算机数学模型方法做详细分析论证。显然,依靠目前强大的计算机计算能力,数学模型甚至可以直接运行年降雨曲线模型,甚至 10 年或更长时间降雨模型,可以对深隧调蓄规模、放空时间做更加详细、快速、准确地计算,辅助工程师进行方案论证。比如,深圳前海深隧工程的沉积物分析,工程师采用 InfoWorks ICM 软件,建立了十年降雨模型,对深隧沉积物总量、

第 3 章 深层排(蓄)水隧道功能和分类

累积位置做了详细分析,进而对沉积物管理包括清淤频次等提出相应建议。

《室外排水设计规范》对于合流制和分流制雨水调蓄池容积计算,分别提出截流倍数和初雨深度两个概念。对于截流倍数法可将当地旱季污水量转化为当量降雨强度,从而使系统截流倍数和降雨强度相对应,考虑现有污水处理厂可以处理的旱季污水当量强度,其余溢流量即为雨水调蓄池的截流降雨量。截污深隧调蓄容积计算与用于污染控制的雨水调蓄池容积计算类似,《室外排水设计规范》建议合流制雨水调蓄池计算:

$$V = 3\,600 t_i (n - n_0) Q_{dr} \beta \tag{3-6}$$

式中 V——调蓄池有效容积(m^3);

t_i——调蓄池进水时间(h),宜采用 0.5~1 h,当合流制排水系统雨天溢流污水水质在单次降雨事件中无明显初期效应时,宜取上限,反之,可取下限;

n——调蓄池建成运行后的截流倍数,由要求的污染负荷目标消减率、当地截流倍数和截流量占降雨量比例之间的关系求得;

n_0——系统原截流倍数;

Q_{dr}——截流井以前的旱流污水量(m^3/s);

β——安全系数,可取 1.1~1.5。

用于分流制排水系统径流污染控制时,雨水调蓄池的有效容积计算:

$$V = 10 D F \varphi \beta \tag{3-7}$$

式中 V——调蓄池有效容积(m^3);

D——调蓄初雨量(mm),按降雨量计算,可取 4~8 mm;

F——汇水面积(hm^2);

φ——径流系数;

β——安全系数,可取 1.1~1.5。

在计算出调蓄容积的基础上,根据深隧长度、合适的自净流速,可以初步确定截污深隧的内径和深隧底坡度,国内外深隧工程经验,一般取最小坡度 0.001。

深隧放空时间直接决定了截污隧道的使用效率和末端泵站、初雨处理厂的设计规模,需要根据当地长期降雨数据、受纳水体环境容量、污染负荷消减目标、工程建设成本、运营成本等综合分析,达到环境效益、经济效益最优化。《室外排水设计规范》建议调蓄池放空时间为:

$$t_0 = \frac{V}{3\,600 Q' \eta} \tag{3-8}$$

式中 t_0——放空时间(h);

V——调蓄池有效容积(m^3);

Q'——下游排水管道或设施(泵站、污水厂)的受纳能力(m^3/s);

η——排放效率,初雨调蓄隧道取值1.0。

3.2.3.2 截污深隧设计注意事项

截污深隧流量波动比较小,设计过程中需要注意以下几点:

① 详细论证初雨深度,同一个深隧系统,不同排水体制初雨截流量不同。

② 根据现有污水厂规模、受纳水体环境容量、污染负荷去除率目标、工程成本、运营成本等因素,综合分析论证隧道放空时间。

③ 污染初雨进入隧道前,可设置沉砂池,尽量将大颗粒沉积物消除在隧道系统外。如果征地等因素限制,无法布置沉砂池,则需要做沉积物管理综合分析,制订详细隧道清洗计划,比如利用污水厂尾水定期冲洗隧道。

④ 截污隧道通常为重力流进入末端排污泵站,大多数情况下,隧道工作为非满流状态,需要对整个隧道系统做空气动力分析,设置完备的通风系统,保证隧道运营安全。

3.2.4 复合功能深隧

3.2.4.1 复合功能深隧规模设计

复合功能深隧身兼行洪排涝和初雨截流两个功能,设计规模需要同时考虑行洪和初小雨调蓄,选择两者中规模较大者为复合功能深隧的规模设计。

目前,已建成或规划中的大多数合流制截污隧道都兼顾排涝功能,如美国芝加哥深隧系统(TARP)的首要任务为控制密歇根湖水质污染,在此基础上兼顾芝加哥城市排涝;广州深隧规划方案,沿珠江两条主隧道,其中一条输送旱季污水,另外一条输送支隧截取的初雨,两条主隧道将旱季污水和初雨输送到综合污水处理厂集中处理;各条支隧除截流初雨外,还兼顾排涝功能,利用各条支隧末端的排涝泵,将超过浅层系统排水能力的超标雨水排入珠江。

3.2.4.2 复合功能深隧工况

复合功能深隧由于身兼排涝和截污两个功能,需要在初雨调蓄、排空备用、行洪排涝等多个工况间不断转换,相对于单纯排涝深隧或截污深隧,预处理构筑物、末端泵站、运行调度等都要复杂很多。

大多数深隧工程在现有浅层排水系统的基础上规划建设,在污染控制、防洪排涝方面,是浅层系统的有效补充,甚至成为整个城市排水系统的核心部分。深隧的运行,与浅层系统息息相关,相辅相成。

复合深隧工况复杂,一般包括旱季备用、小雨调蓄、暴雨排涝等几个工况,依靠预处理系统、末端泵站的调度,与浅层系统共同实现城市水环境改善、缓解内涝的目标。如图3-12、图3-13所示为分流制雨水排放系统和合流制排水系统在整个降雨过程中,深隧系统、浅层系统各自收集、处理、排放不同深度的降雨量,不同的是合流制排水系统有稳定的晴天污水量需要浅层收集,到污水处理厂处理、排放。

第 3 章 深层排(蓄)水隧道功能和分类

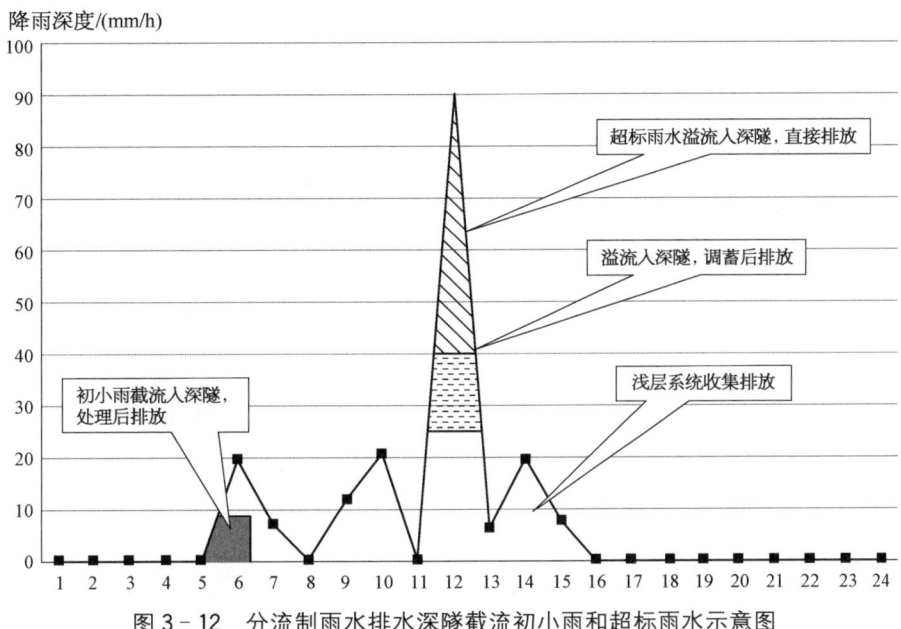

图 3-12 分流制雨水排水深隧截流初小雨和超标雨水示意图

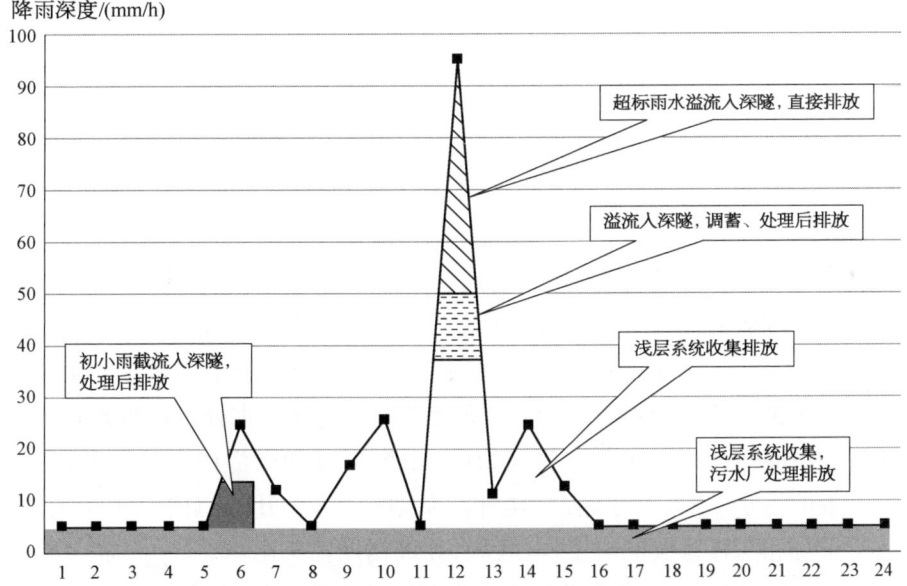

图 3-13 合流制雨水排水深隧截流初小雨和超标雨水示意图

如图 3-14 所示为不同工况下浅层合流制、分流制排水系统与深隧系统运行示意图,对浅层系统、深隧系统如何协调运作做初步描述:

(1) 旱季工况

旱季时,没有地表径流需要收集排放。为了应对下一场降雨,复合深隧放空待用。合流制排水管网收集生活污水、工业废水,输往污水厂处理排放。

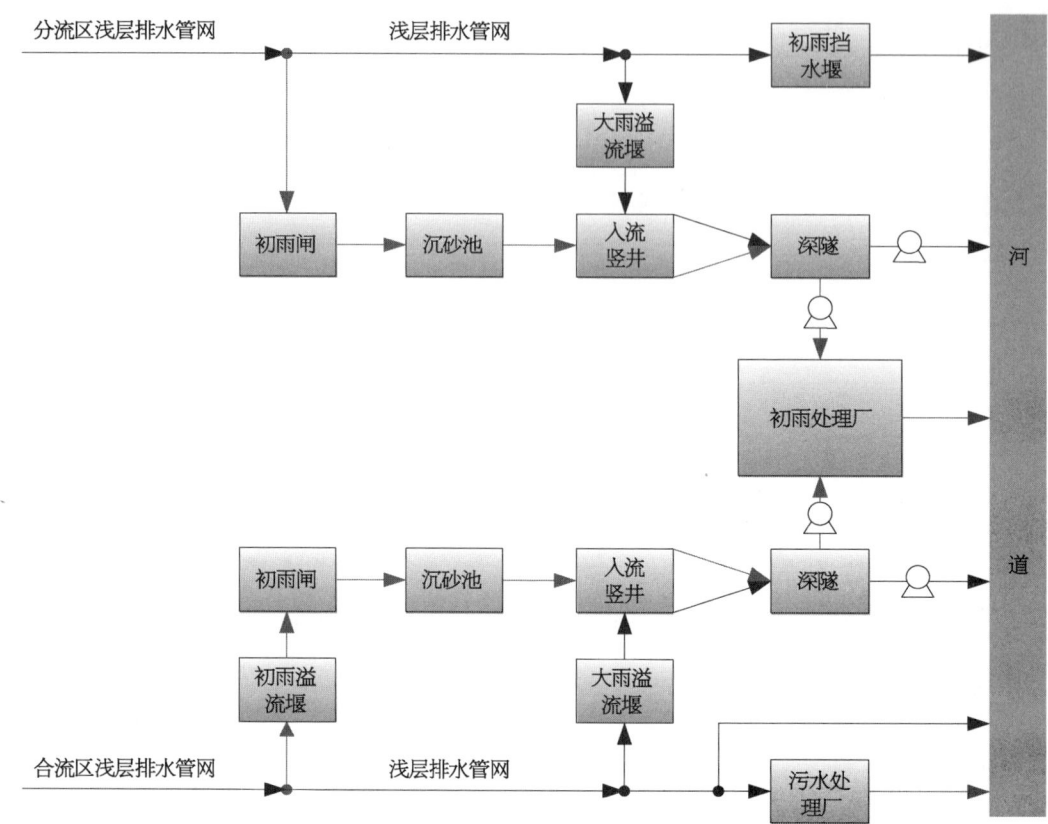

图 3-14 浅层排水系统与深隧系统运行示意图

(2) 小雨工况

降雨深度小于系统设计初雨深度(包括合流制排水系统本身截污能力的当量降雨深度),该模式以截流溢流污染、初雨污染为主,深隧用于截污调蓄。

① 合流区的运行控制:当降雨小于浅层截流倍数时,管道水位低于初雨溢流堰,合流区污水不发生溢流,通过现有浅层排水系统收集输送到污水处理厂处理;当降雨强度为大于浅层截污能力而小于深隧截污能力时,水位高过初雨溢流堰,闸门开启,即超出浅层截流倍数的污水,溢流至深隧,末端排污泵站运作,提升隧道内污水至初雨处理厂处理。浅层系统和深隧系统同时工作,收集、处理初期污染雨水。

② 分流区的运行控制:当降雨强度小于深隧初雨调蓄量时,闸门开启,初期雨水流入深隧进行调蓄,末端泵站提升调蓄雨水进入初雨厂处理;当降雨强度大于深隧初雨调蓄量时,闸门关闭,雨水通过现状浅层箱涵排放,充分利用现状浅层系统的排水能力。小雨工况下,合流污水或分流制系统的初期雨水进入深隧,排污泵组同步开启,将污水输送至污水厂或初雨污水处理厂处理。排涝泵组不启用。

(3) 中雨工况

此时,降雨深度大于深隧设计初雨量,而小于浅层系统排水能力。深隧以调蓄为主,排涝泵组不启用。通过深隧截流转输溢流污水、初期雨水,超过深隧截污倍数的降雨由浅层系统收集、排放,充分利用浅层系统的排水能力。

① 合流区的运行控制:降雨强度已超过深隧设计截流初小雨量,闸门关闭,雨水通过浅层系统排放,不溢入深隧。污水厂处理能力范围内的水量继续进污水厂,超额雨水排入受纳水体,此时污染物含量相对较低,对受纳水体水质有轻微影响。

② 分流区的运行控制:初雨截流闸门关闭,水流通过浅层管道排放,充分利用浅层系统的排水能力。

此时,末端泵站开启,提升隧道调蓄污水进初雨厂处理。排涝泵站仍然关闭。

(4) 暴雨工况

随着降雨历时、降雨强度持续加强,超过浅层系统排水能力时,需通过深隧排除超标雨水。进入暴雨工况时,合流区和分流区的运行控制:合流区和分流区工作状态相同,此时超标雨水越过高位溢流堰进入隧道。深隧末端排污泵组关闭,不再将雨水输送至初雨处理厂处理。排涝泵组达到开泵液位后开始运行,将雨水提升后排入河道。

第 4 章

深层排（蓄）水隧道系统工艺设计

4.1 工艺设计概述

深隧系统通常包括浅层预处理构筑物、跌水竖井、连接支隧、主隧道、末端枢纽泵站等主要构筑物。预处理构筑物是浅层管道和深隧系统的连接构筑物，深隧的截流调蓄、行洪排涝、沉淀物去除、通风除臭以及不同工况之间的切换，都需要通过预处理构筑物的运行、调度来实现；跌水竖井包括竖井前整流管道、竖井后连接支隧、通风管等附属构筑物和设备，主要起到整流和消能作用，使得高位来水顺利跌入深隧，完成消能和气水分离过程；主隧道提供必要的调蓄容积和起到转输来水的作用；如果下游边界条件不能满足重力流排放，则需要在深隧末端设置泵站，将深隧转输水量提升排入受纳水体或污水处理厂。

除了主要构筑物外，为了特殊的设计目的，还需要设置其他附属构筑物，包括闸门竖井、通风竖井、溢流竖井等。有些深隧工程为了方便工作人员进入隧道内部检修、清淤工作，设置了隔离闸门竖井，如新加坡污水转输深隧工程，在沿主隧道的永久竖井内都设置隔离闸门，在隧道任何需要维护的情况下，为工人提供干燥、安全的作业环境；在浪涌发生时，可能出现负压的隧道段，需要设置专门的通风竖井，避免出现严重浪涌现象；为了缓解城市内涝，且受纳水体相对水位比较低的情况下，在邻近受纳水体的隧道段可以设置溢流竖井，将超过深隧排放能力的超标雨水经溢流竖井排入受纳水体。

4.2 预处理构筑物

预处理构筑物是连接浅层管道和深隧的一系列构筑物的总称，承担浅层系统内污水或雨水的截流、预处理、调度等重要功能，扮演着深隧系统实现截污调蓄、行洪排涝等运营调度功能的核心角色。根据深隧进水水质、深隧功能、运营调度的不同,预处理构筑物的构成也有所不同。

(1) 污水转输深隧

污水转输深隧截流全部上游浅层污水,通常全年满流运行,除了应急检修外,基本不需要在不同运行工况之间做切换,因此,预处理构筑物构成相对简单,一般包括格栅、沉砂池、闸门间、通风除臭设施等。闸门仅在应急检修时关闭,污水经浅层管道流向下游,或者经超越管应急排放,如图 4-1 所示。

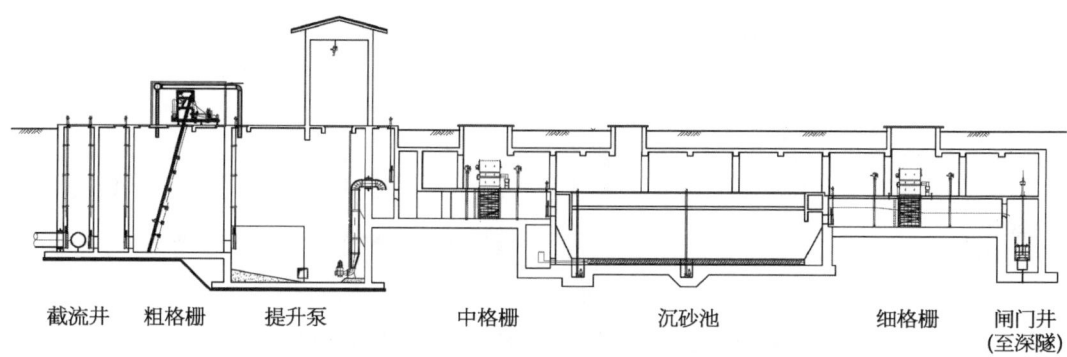

图 4-1 污水转输深隧预处理构筑物系统布置图

(2) 行洪排涝深隧

行洪排涝深隧设计一般会考虑充分利用浅层系统的排水能力,同时,暴雨期间尽量降低浅层管道内水位,因此,行洪排涝深隧预处理构筑物设计最核心的内容是溢流堰/闸的设计和调度。行洪排涝深隧系统预处理构筑物一般包括溢流堰/闸、格栅等。因为仅考虑截流暴雨期间浅层系统超标雨水,来水泥沙含量较少的情况下,可以不设置沉砂池,即使有少量泥沙进入深隧,也可以采取周期性清淤加以弥补,如图 4-2 所示。

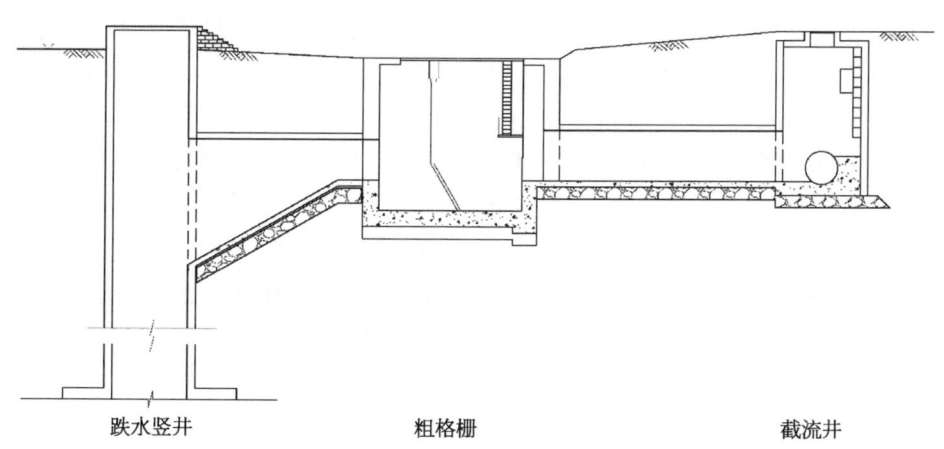

图 4-2 行洪排涝深隧预处理构筑物布置图

(3) 初雨截污深隧

与污水转输深隧、行洪排涝深隧比较,初雨截污深隧的运行调度更复杂些,需要在截污调蓄、清空备用两个工况之间进行切换,进水水质也比较差,预处理构筑物需要实现初雨截流、隔断大雨径流及通风除臭等功能。因此,初雨截流深隧的预处理构筑物包括初雨截流井、隔离闸、通风除臭设施、沉砂池等,其中,闸门需要设置自动控制系统,根据浅层管道内水位自动启闭,配合溢流堰实现截流初雨、隔离大雨的功能,分流制、合流制初雨截污深隧预处理构筑物布置,如图 4-3、图 4-4 所示。

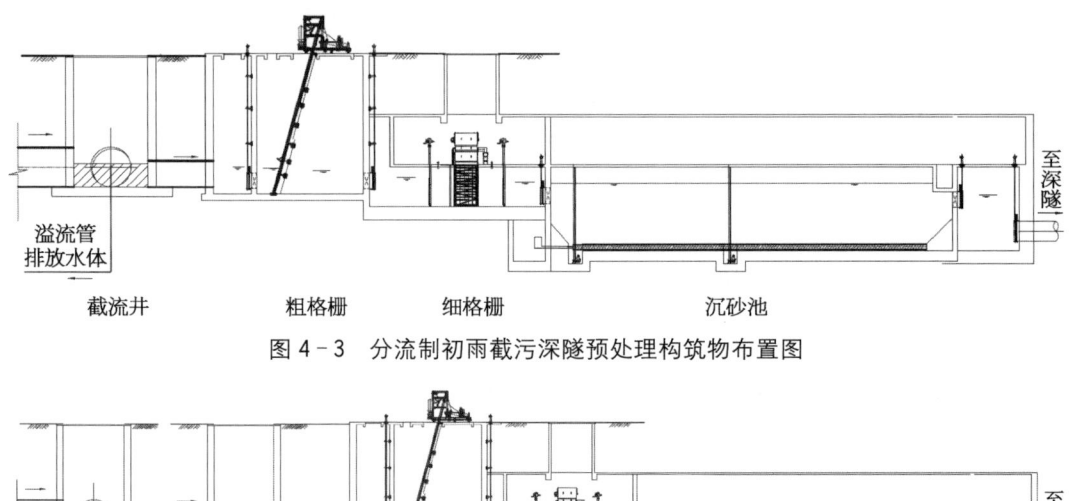

图 4-3 分流制初雨截污深隧预处理构筑物布置图

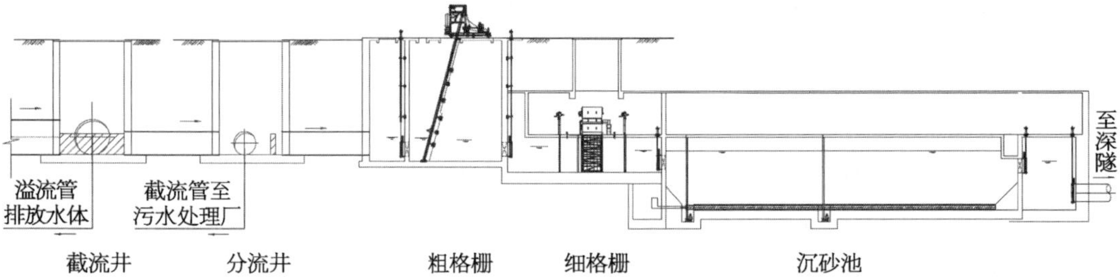

图 4-4 合流制初雨截污深隧预处理构筑物布置图

(4) 复合功能深隧

所有类型的深隧系统中,复合功能深隧身兼初雨截污、行洪排涝功能,其运行工况切换最为频繁,预处理构筑物构成、运行调度也最为复杂。预处理构筑物包括初雨截流井、隔离闸、暴雨分流控制闸、格栅、沉砂池、通风除臭等设施和构筑物。

相对于截污深隧系统的预处理构筑物,除了截污所需要的预处理构筑物外,复合深隧还需要设置暴雨期间的分流设施,包括分流闸及连接到跌水竖井的管渠。由于分流到深隧的流量一般比较大,远大于截污预处理构筑物中格栅、沉砂池的处理能力,考虑中后期雨水水质比较好,分流闸前仅设置粗格栅,拦截体积比较大的漂浮物,分流闸后不设沉砂池。

4.2.1 截流构筑物

截流井可用于合流制系统污水截流和分流制系统初雨截流,截流量根据当地初小雨深度和管道系统布置计算。

4.2.1.1 截流构筑物布置

(1) 合流制截流井、分流井

合流制系统雨污混流,由于污水厂设计规模或排水管道输水能力限制了截流井截流倍数,造成污水频繁溢流入受纳水体,从而引起水体严重污染。解决水体污染的唯一途径就是加大截流倍数,截流污染严重的初期雨水。初期污染水水量比较集中,如果全部输送到污水厂,对污水厂冲击较大,影响污水厂的正常运行,所以,超过污水厂处理能力的污染初期雨水先进入深隧调蓄,等雨停后,逐步排入污水厂错峰处理,或进入新规划的初雨处理厂处理排放。比如现状系统截流倍数为1.5,规划截流倍数5,那么,3.5倍的截流量需要进入调蓄深隧储存。因此,为了充分利用浅层管道输水能力,在改造原有截流井增加截流倍数的基础上,还需要一个分流井,将截流污水分成两部分,一部分由浅层系统至污水厂,一部分至深隧储存,至深隧方向的连接管段上设置闸门,深隧被截流污水充满时关闭闸门。截流井、分流井可合建,也可分建,控制流量的堰也可全部由闸门替代,通过水位变化自动调整闸门启闭,完成合流污水的截取和分流,如图4-5所示。

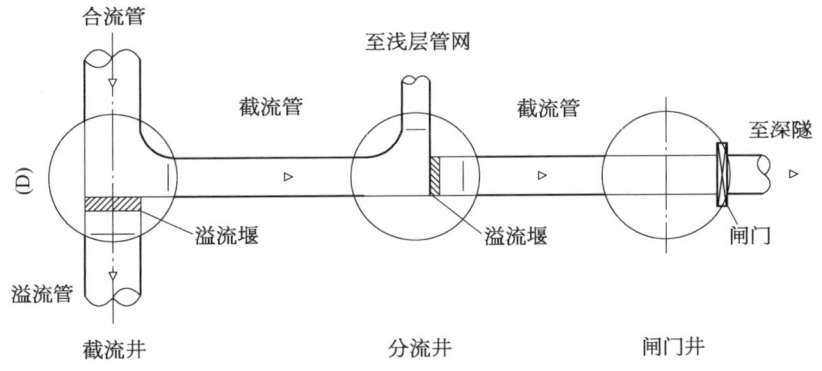

图 4-5 合流制排水系统截流井和分流井布置

(2) 分流制截流井

绝大部分分流制雨水系统将污染初小雨直接排放受纳水体,对受纳水体水质有严重影响,造成受纳水体经常在雨后的水质非常差,所以,需要截流初期雨水进入截污深隧或初雨调蓄池储存,雨后进入污水厂错峰处理或进入初雨厂处理排放。初雨截流构筑物包括截流井和闸门井,等截污深隧被截流水充满时,通过自控系统关闭闸门,如图4-6所示。

截流井设计与合流制截流井类似,只是截流量根据当地初雨深度和汇水面积、径流系数计算得到。

如果初雨截流规模比较大,设置溢流堰会造成水位顶托而影响上游管道排水能力,那么,可以使用闸门代替溢流堰,根据水位控制闸门启闭。初雨时,闸门关闭,污染初雨进入深隧;大雨时,开启闸门,雨水由排水管排放受纳水体。

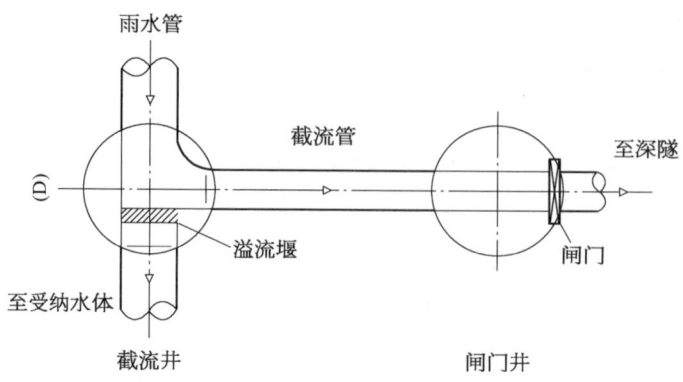

图 4-6 分流制排水系统截流井和闸门井布置

4.2.1.2 截流井、分流井内溢流堰设计和布置

《合流制系统污水截流井设计规程》(CECS 91:97),推荐三种形式的截流井:堰式截流井、槽式截流井和槽堰结合式截流井。

(1) 堰式截流井

堰式截流井布置图如图 4-7 所示。

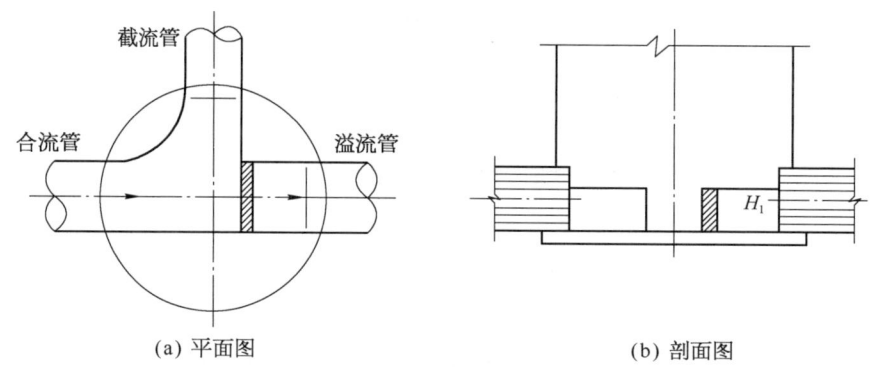

图 4-7 正堰式截流井

当污水截流管管径为 300~600 mm 时,堰高根据表 4-1 计算:

表 4-1 堰高计算表

管径/mm	堰高/mm
300	$H_1 = (0.233 + 0.013 Q_w) \times d \times k$
400	$H_1 = (0.226 + 0.007 Q_w) \times d \times k$
500	$H_1 = (0.219 + 0.004 Q_w) \times d \times k$
600	$H_1 = (0.202 + 0.003 Q_w) \times d \times k$

注:式中 Q_w——截流管污水截流量(m^3/s);H_1——堰高(mm);d——污水截流管管径(mm);k——修正系数(1.1~1.3)。

(2) 槽式截流井

槽式截流井布置图如图 4-8 所示。当污水截流管管径为 300~600 mm 时,槽式截流井槽高和槽宽按下式计算:

$$H_2 = 63.9 \times Q_w^{0.43} \times k \qquad (4-1)$$

$$B = d \qquad (4-2)$$

式中　Q_w——截流管污水截流量(m^3/s);

　　　k——修正系数(1.1~1.3);

　　　H_2——槽深(mm);

　　　B——槽宽(mm);

　　　d——污水截流管管径(mm)。

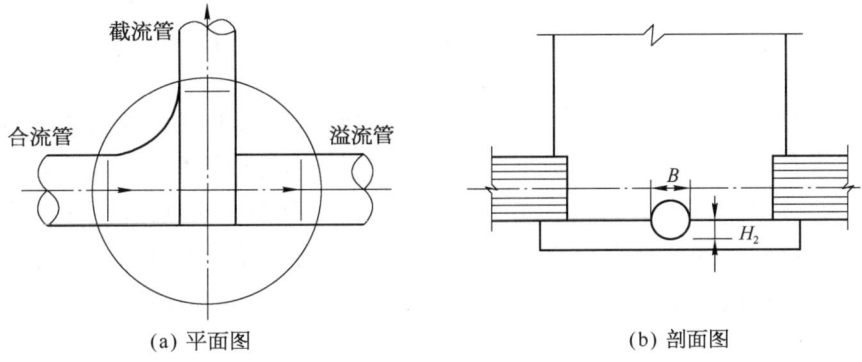

图 4-8　槽式截流井

(3) 槽堰结合式截流井

槽堰结合式截流井布置图如图 4-9 所示。

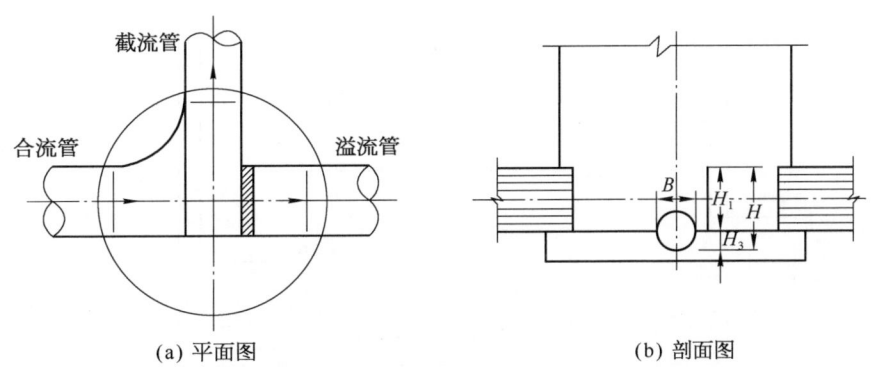

图 4-9　槽堰结合式截流井

槽堰结合式截流井的槽深、堰高通过以下步骤计算：
① 根据地形条件、管道高程允许降落的可能性，确定槽深 H_3；
② 根据截流量 Q，计算确定截流管管径 d；
③ 假设 H_1/H_3 比值，按照表 4-2 计算槽、堰总高 H；
④ 堰高 $H_1 = H - H_3$；
⑤ 校核 H_1/H_3 是否符合③中假设条件，如不符合假设，则采用相应公式重复上述计算；
⑥ 槽宽等于截流管管径。

表 4-2 槽、堰总高计算表

截流管管径/mm	$H_1/H_3 < 1.3$	$H_1/H_3 > 1.3$
300	$H = (4.22Q_w + 94.3) \times k$	$H = (4.08Q_w + 69.9) \times k$
400	$H = (3.43Q_w + 96.4) \times k$	$H = (3.08Q_w + 72.3) \times k$
500	$H = (2.22Q_w + 136.4) \times k$	$H = (2.42Q_w + 124) \times k$

如果截流量比较大，通过水力计算得到的截流管管径大于《合流制系统污水截流井设计规程》推荐的管径范围，则溢流堰高度按照截流管水力计算水位高度确定。

以上为常规截流井设计计算和布置。这种截流井有两个缺点：悬浮物容易溢流进入受纳水体；溢流水的抽吸作用，容易将固体颗粒物带入受纳水体。为了解决上述缺陷，出现了改良型截流井(图 4-10)，在溢流堰前设置挡板，可以有效阻挡悬浮物和固体颗粒进入受纳水体。

4.2.1.3 截流井、分流井内闸门布置和控制

深隧的正常运作和调度，取决于预处理构筑物中的截流井、分流井、末端泵站的设置和调度，而截流、分流设施的设置、调度在深隧系统的运营、管理工作中占据更加重要

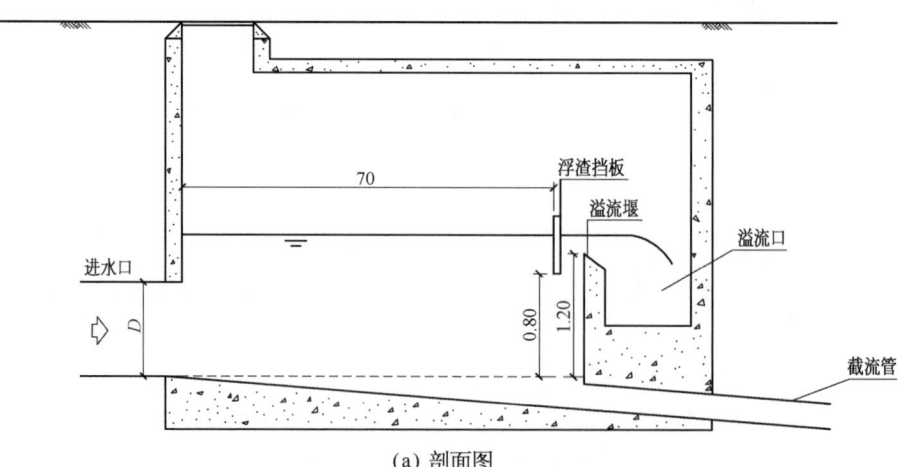

(a) 剖面图

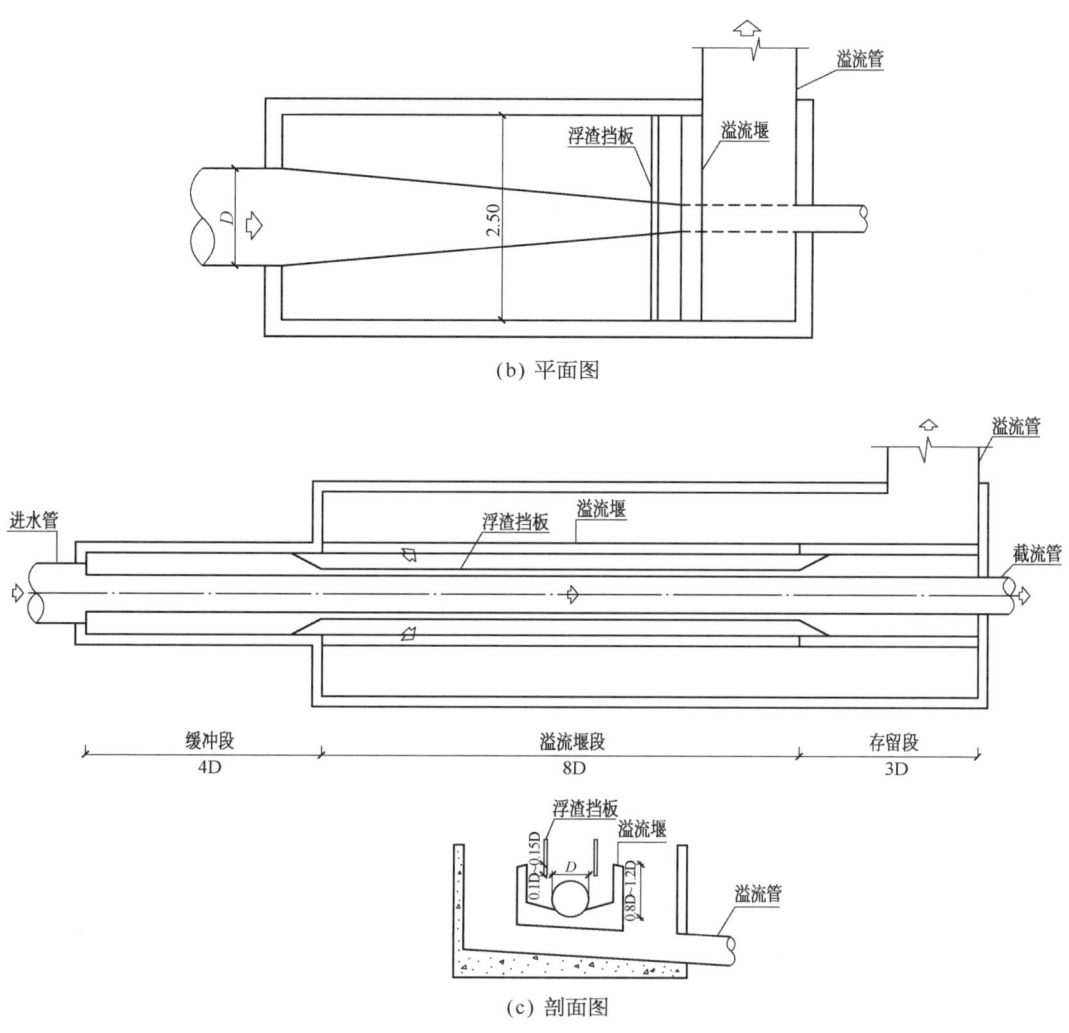

(b) 平面图

(c) 剖面图

图 4-10 改良型截流井

的地位。截流、分流功能的实现,可以使用传统的溢流堰来控制,也可以全部由闸门替代,通过水位变化数据和实时控制系统,自动调整闸门启闭,完成合流污水、初期雨水的截取和分流。

(1) 合流制截流闸布置

对于合流制排水系统,按照功能不同,深隧可以是截污型深隧或复合型深隧。截污型深隧仅承担截取、调蓄污水的功能,因此,设置截流闸、格栅、沉砂池、溢流闸等预处理构筑物,如图 4-11 所示。假设浅层管道设计能力为 2 年一遇降雨,则运营工况如下:

① 晴天:关闭截流闸、溢流闸,污水经浅层管道至污水厂处理。

② 小雨(降雨<设计初雨深度):打开截流闸,关闭溢流闸,超过浅层系统处理能力的初雨进入深隧调蓄。雨停后,调蓄初雨进入污水厂或初雨厂处理。

③ 中雨(设计初雨深度<降雨<2 年一遇):关闭截流闸、溢流闸,所有水经浅层管

排入污水厂或受纳水体。

④ 大雨：调蓄深隧被充满，关闭截流闸，打开溢流闸，一部分雨污混合水经浅层至污水厂，超标雨水经溢流闸、溢流管排放。

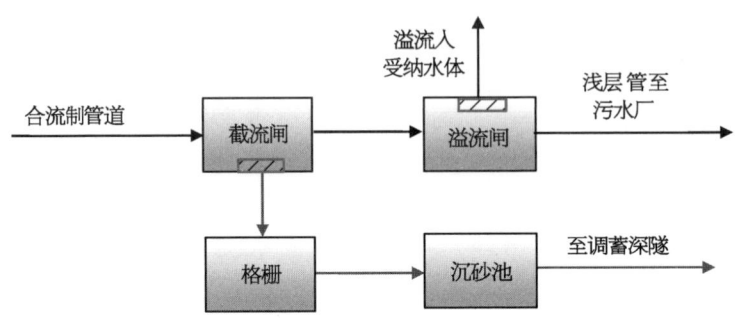

图 4-11　合流制系统截污深隧闸门布置图

复合型深隧既承担截取、调蓄污水的功能，又承担排洪功能，因此，设置截取污水的截流闸、格栅、沉砂池、排洪闸等预处理构筑物，如图 4-12 所示。假设浅层管道设计能力为 2 年一遇降雨，则运营工况如下：

① 晴天：关闭截流闸、排洪闸，污水经浅层管道至污水厂处理。

② 小雨（降雨＜设计初雨深度）：打开截流闸，关闭排洪闸，超过浅层系统处理能力的初雨进入深隧调蓄。雨停后，调蓄初雨进入污水厂或初雨厂处理。

③ 中雨（设计初雨深度＜降雨＜2 年一遇）：关闭截流闸、排洪闸，所有水经浅层管排入污水厂或受纳水体。

④ 大雨：关闭截流闸，打开排洪闸，一部分雨污混合水经浅层至污水厂，超标雨水经排洪闸进入深隧，深隧进入排洪工况。

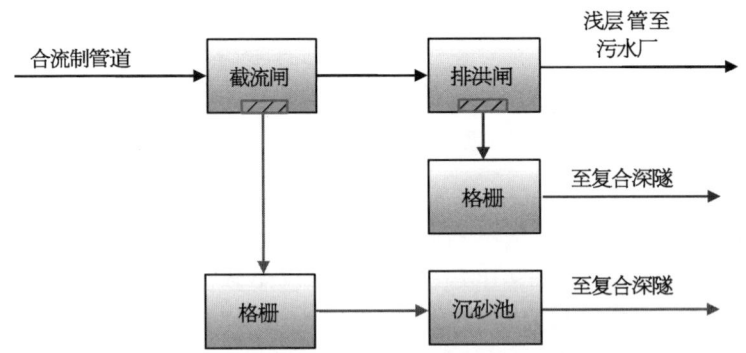

图 4-12　合流制系统复合型深隧闸门布置图

（2）分流制截流闸布置

对于分流制排水系统，深隧可以是截污型深隧或复合型深隧。截污型深隧需要截流污染初雨，设置截流闸、格栅、沉砂池等预处理构筑物，如图 4-13 所示。运营工况如下：

① 晴天：关闭截流闸、溢流闸，调蓄水进污水厂或初雨厂处理。

② 小雨（降雨＜设计初雨深度）：打开截流闸，关闭排洪闸，初雨进入深隧调蓄。雨停后，调蓄初雨进入污水厂或初雨厂处理。

③ 中雨或大雨（设计初雨深度＜降雨）：关闭截流闸，打开排洪闸，所有水经排洪闸排入受纳水体。

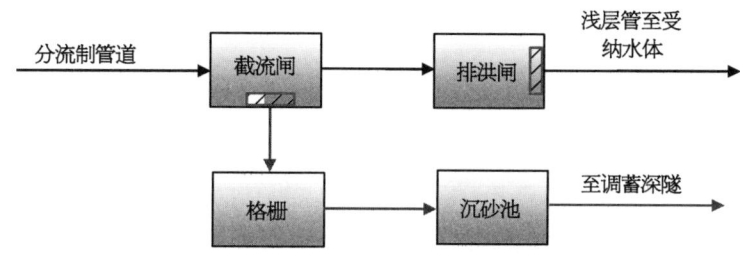

图 4-13 分流制系统截污深隧闸门布置图

复合型深隧既承担截取、调蓄污染初雨水的功能，又承担排洪功能，因此，设置截取污水的截流闸、格栅、沉砂池、排洪闸等预处理构筑物，如图 4-14 所示。运营工况如下：

① 晴天：关闭截流闸、排洪闸，调蓄初雨至污水厂或初雨厂处理。

② 小雨（降雨＜设计初雨深度）：打开截流闸，关闭排洪闸，初雨进入深隧调蓄。雨停后，调蓄初雨进入污水厂或初雨厂处理。

③ 中雨（设计初雨深度＜降雨＜浅层排水能力）：关闭截流闸和 2 号排洪闸，打开 1 号排洪闸，雨水经浅层管道进入受纳水体。

④ 暴雨（浅层排水能力＜降雨）：关闭截流闸，打开 1 号、2 号排洪闸，深隧和浅层管道同时运作，排放雨水进入受纳水体。

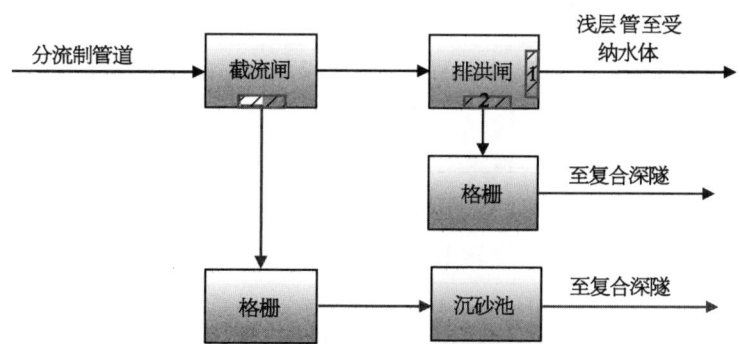

图 4-14 分流制系统复合型深隧闸门布置图

（3）实时控制系统

基于预处理构筑物内水位监测系统提供的水位变化数据，可以进一步建立深隧实时控制系统。该系统控制的目的在于更精确地控制每一处入流竖井中的流量，细化运行方式,为管理部门提供帮助,实现深隧系统的全过程监控和调度。水位实时监测和截流设施自动控制系统在 Ottawa、Montreal 等城市,已经有成熟的应用实例。

4.2.2 格栅和沉砂池

深隧工程使用的格栅和沉砂池与污水处理厂使用的常规格栅、沉砂池相同。格栅、沉砂池的选型以及各种设计参数,参考相关设计手册、规范,这里不做赘述。

4.3 跌水竖井

深隧系统需要与浅层管道连接,将浅层管道收集到的污水或雨水截取到深隧,水从高位的浅层管道到低位的深隧,需要一个消能构筑物完成来水的消能过程。在水利工程中,有多种消能构筑物得到长期运用,包括竖井泄洪洞、竖井旋流泄洪洞、孔板泄洪洞、洞塞泄洪洞、消力池、消力坎、阶梯式溢流坝等,对深隧系统的消能构筑物设计有一定借鉴意义。实际上,目前深隧系统应用最广泛的旋流竖井、折板竖井也都是从最初的水利工程发展而来。

下面对国内外深隧工程应用最广泛的旋流竖井、折板竖井做详细介绍。

4.3.1 旋流竖井

4.3.1.1 旋流竖井概述

旋流式竖井最早出现在 1947 年,由 Drioil 在大坝水工结构中提出。1995 年正式应用于城市地下排水系统并逐步得到推广。排水系统中的竖井流量多在 100 m^3/s 以下。近代旋流竖井结合以往工程经验,得出了旋流竖井完整的设计方案,并对其体型进行了优化,解决了超临界流入流等问题。国内主要针对高水头、大流量的导流洞改建竖井式溢洪道进行研究,流量最大可达到 1 000 m^3/s 以上。国内对导流洞改建为旋涡式溢洪道进行了综合研究,系统地研究了其设计方法和水力学特性,提出超临界流的涡室优化体型,给出确定竖井结构尺寸的经验公式。随后,又结合公伯峡水电站改建泄洪洞试验研究,通过收缩墩形成水垫塘的技术,不但缩短了旋流洞的长度,也提高了水平旋流泄洪洞的消能效率。国内研究中,对竖井进流水平旋转内消能泄洪洞等的基本水力特性进行了系统分析,并提出了水平旋转泄洪洞设计方法,同时对阻塞内消能工的设计、布置也进行了深入研究。

旋流式竖井过流能力强,适用范围广,最大过流流量可达 1 000 m^3/s,低水头的排水系统和高水头的水工溢洪道均可使用。旋流竖井占地面积小,适用于坚实地基区域,但同时由于过流流量大,夹带的空气较多,集中消能带来冲蚀、臭气、噪声与震动问题,须设置气液分离室、通风井等。不论是城市排水管网还是水工溢洪道,在设计建设中应重点考虑竖井空蚀现象与隧道排气,尽可能减少进入隧道的夹带空气量。

如图 4-15 所示，旋流式竖井结构主要包括进水渠、起旋器、竖井、气液分离室、通风管等。起旋器的特殊构造使进入竖井的水流沿着井壁螺旋下落，利用旋流的离心力作用在壁面上形成正压力，使结构不易产生空化现象，并形成较稳定的空腔，减轻了竖井空蚀现象。

4.3.1.2 起旋器类型

旋流竖井的主要构件是起旋器。经过多年的水力学实验研究和工程实践，多种起旋器在深隧工程中得到应用，包括锥形起旋器（图 4-16）、螺旋形起旋器

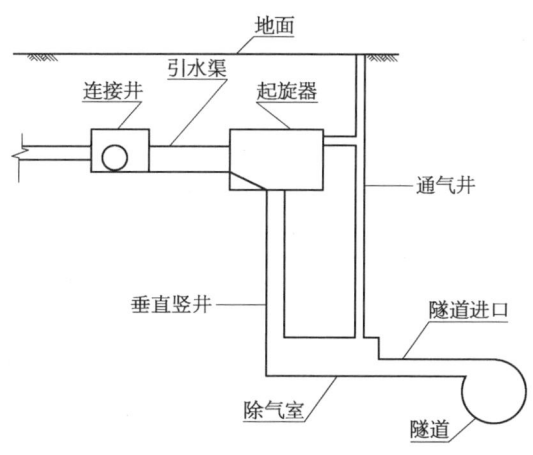

图 4-15 旋流竖井结构布置图

（图 4-17）、圆涡形起旋器等。无论使用哪种类型的起旋器，使用物理模型检验设计数据的步骤都是必要的，建议物理模型比例一般为 1∶10～1∶15。

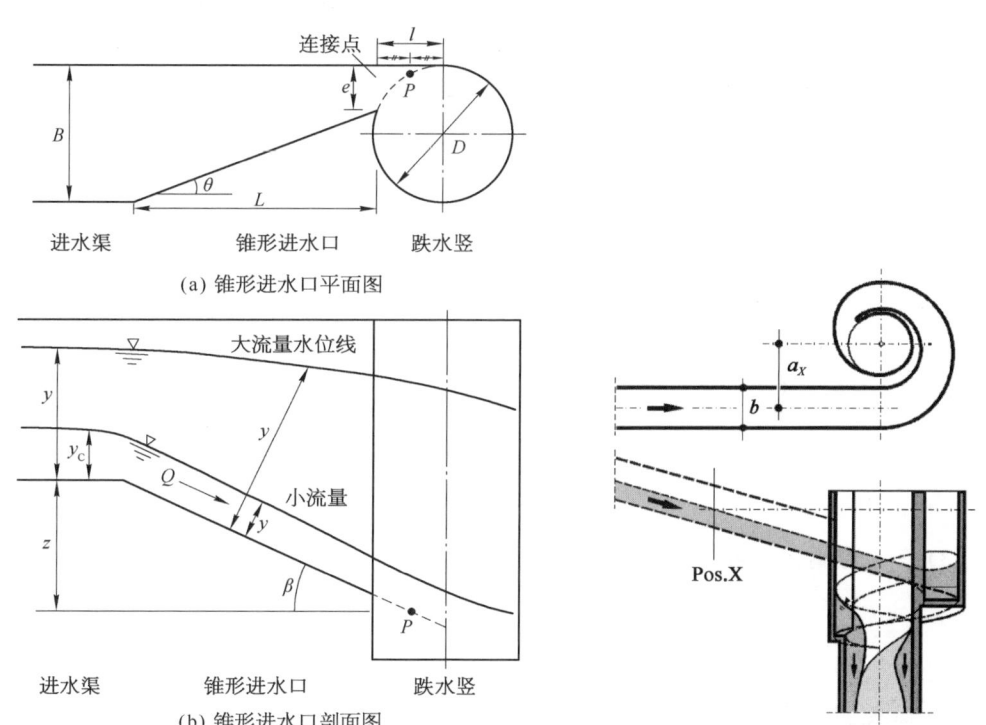

图 4-16 锥形起旋器构造示意图　　图 4-17 螺旋形起旋器构造示意图

在国内外城市排水深隧工程中应用最广泛的是锥形起旋器和螺旋形起旋器。

4.3.1.3 旋流竖井的设计

旋流竖井起旋器设计参数如图 4-18 所示。

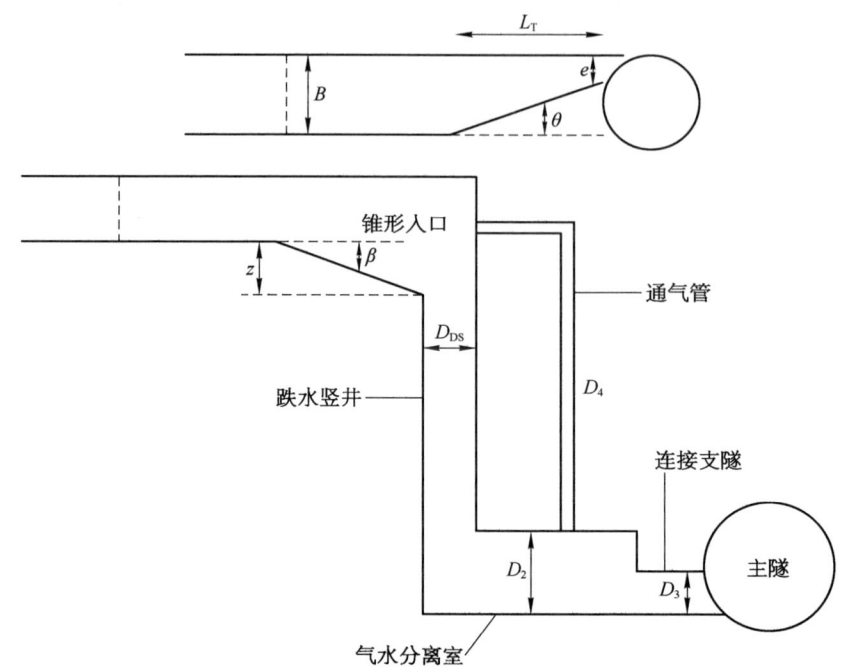

图 4-18 旋流竖井和锥形起旋器参数示意图

(1) 旋流竖井的直径

$$D_{DS} = 1.2\left(\frac{Q^2}{g}\right)^{\frac{1}{5}} \quad (4-3)$$

式中 Q——设计流量(m^3/s);
  g——重力加速度(m/s^2),一般取 9.81。

(2) 入流渠道宽度

$$B = 1.4\left(\frac{Q^2}{g}\right)^{\frac{1}{5}} \quad (4-4)$$

(3) 气水分离室直径

$$D_2 = 2.04\left(\frac{Q^2}{g}\right)^{\frac{1}{5}} \quad (4-5)$$

(4) 除气室长度

$$L = (39.2F + 1.0)D_2 \quad (4-6)$$

式中 D_2——气水分离式直径(m);
  F——佛劳德数,$F = \dfrac{Q}{g^{1/2}D_2^{5/2}}$。

(5) 连接支隧直径

$$D_3 = 1.0\left(\frac{Q^2}{g}\right)^{\frac{1}{5}} \tag{4-7}$$

(6) 通风管直径

当 $F > 0.17$，$D_4 = 0.27D_2$；当 $F < 0.17$，$D_4 = 0.20D_2$。

(7) 通风管与竖井之间的距离

$$L_4 = 5.56\left(\frac{Q^2}{g}\right)^{\frac{1}{5}} \tag{4-8}$$

4.3.1.4 锥形起旋器设计

锥形起旋器结构简单、紧凑，能够在竖井中产生稳定的旋流和足够大的空气核，与其他构造的起旋器相比，可以起到同样效果的消能和减少夹杂空气的作用。锥形起旋器设计参数示意图，如图 4-18 所示。

（1）竖井入口喉部宽度

$$e = 0.25 D_{DS} \tag{4-9}$$

式中 D_{DS}——旋流竖井直径（m）。

一般为保持水流顺畅，避免堵塞，e 最小取 0.4 m。

（2）锥形入口长度

$$L_T = \frac{B - e}{\tan\theta} \tag{4-10}$$

式中 B——入流渠道宽度（m）；

θ——锥形入口水平角度，一般取 16°~33°。

（3）锥形入口高度

$$z = (L_T + 0.2D)\tan\beta \tag{4-11}$$

式中 β——锥形入口垂直角度，一般取 20°~35°。

（4）锥形入口设计约束条件

① 控制点变换流量

物理模型试验表明，水流在锥形下坡段为超临界流，水深和流态比较平滑地进入竖井。在进水流量较低的情况下，锥形构件内水深和流态的关键控制点在于锥形渠道的入口处。随着流量的增加，其水深和流态关键控制点移至锥形渠道的出口处。

发生控制点转换的流量大小称为控制点变换流量 Q_{CS}。

$$Q_{CS} = \frac{\sqrt{g}\, e(2z/3)^{\frac{3}{2}}}{(\cos^{\frac{2}{3}}\beta - (e/B)^{\frac{2}{3}})^{\frac{3}{2}}} \tag{4-12}$$

式中　e——竖井入口喉部宽度(m)；
　　　g——重力加速度(m/s²)，一般取 9.81；
　　　z——锥形入口高度(m)；
　　　β——锥形入口垂直角度，一般取 20°～35°；
　　　B——入流渠道宽度(m)。

② 自由入流流量

水流在竖井内旋转 360°的跌落高度为 Δz，在一定流量条件下，由于竖井几何尺寸限制导致跌落高度 Δz 小于锥形构件内水深，进入竖井的部分水会返回锥形构件，造成锥形入口产生水跃，影响入流量。我们把不影响锥形构件内水流流态的最大入流量称为自由入流流量。自由入流流量由锥形入口和竖井几何尺寸决定，见图 4-19。

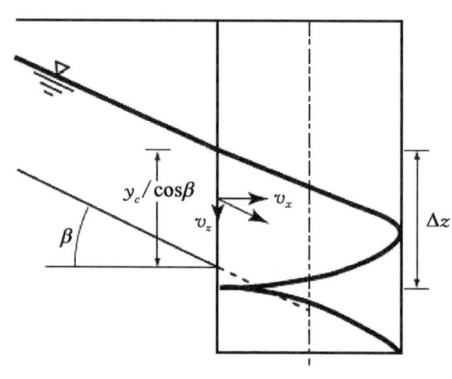

图 4-19　旋流竖井入流口形成旋流示意图

物理模型实验表明，当控制点变换流量大于自由入流流量时，水流会在锥形渠道中发生水跃。这种水跃会导致水流过度充气，从而堵塞旋流竖井入口，并产生不稳定的涡流，对竖井造成破坏。

因此，一般要满足自由入流流量 Q_F 大于控制点转换流量 Q_{CS}，如下式：

$$Q_F > Q_{CS} \tag{4-13}$$

$$Q_F = \left(\frac{\pi D_{DS}}{1 - e/D_{DS}} \tan\beta\right)^{\frac{3}{2}} \sqrt{g}\, e \cos^2\beta \tag{4-14}$$

式中　e——竖井入口喉部宽度(m)；
　　　D_{DS}——旋流竖井直径(m)；
　　　g——重力加速度(m/s²)，一般取 9.81；
　　　β——锥形入口垂直角度，一般取 20°～35°。

如果出现 $Q_F < Q_{CS}$ 的情况，则需要调整旋流竖井锥形入口高度 z 直至满足 $Q_F > Q_{CS}$。

③ 旋流空气区横截面积

旋流竖井中心的空气核会随着流量的增加而减少，其关键因素则是空气核与旋流竖井各横截面积的比值 λ。

$$\lambda = \frac{b^2}{a^2} \tag{4-15}$$

式中　a——旋流竖井半径(m)，如图 4-20 所示；
　　　b——空气区半径(m)。

λ 的取值必须要保证旋流竖井中涡流的稳定运行，因此一般需满足 $\lambda \geqslant 0.25$。另外，随着流量的增加，空气区的横截面积是不断减小的，空气区过小会影响空气在旋流竖井中自由通行，因此引入无量纲流量系数 F_a：

$$F_a = \sqrt{\frac{(1-\lambda)^3}{2\lambda^2}} \quad (4-16)$$

当确定 λ 值以后，F_a 需满足：

$$F_a \leqslant 4\left(\frac{Q^2 e}{g\pi^3 D_{DS}^6 \cos^4\beta}\right)^{\frac{1}{3}} \frac{1}{(1-e/D_{DS})} \quad (4-17)$$

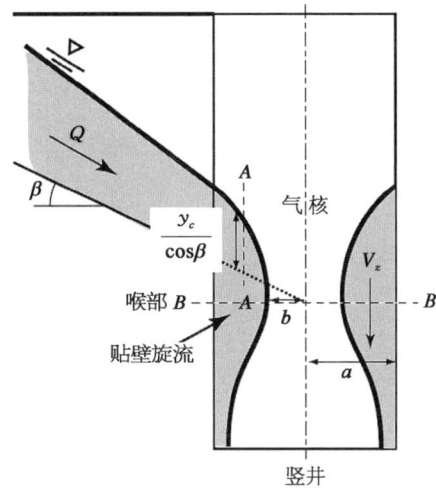

图 4-20　旋流竖井喉部气核计算参数示意图

式中　Q——设计流量(m^3/s)；
　　　e——竖井入口喉部宽度(m)；
　　　g——重力加速度(m/s^2)，一般取 9.81；
　　D_{DS}——旋流竖井直径(m)；
　　　β——锥形入口垂直角度，一般取 $20°\sim35°$。

4.3.1.5　螺旋形起旋器设计

螺旋形起旋器最早出现于 1947 年，由意大利设计师 Drioil 发明设计，被应用于墨西哥城排水深隧。经过 Jeanpierre 和 Lachal(1966)、Jeanpierre、Lachal 和 Thienen(1966)、Drioli(1969)以及 Zhao(2001)的不断研究，证明螺旋形起旋器无论在雨水分流或泄洪隧道工程，都具有诸多优势，见图 4-21。

Pica(1970)和 Hager(1985)做了进一步实验分析，螺旋形起旋器内水深和流量计算如下面经验公式：

$$H_0 = \frac{aR}{D_C} \quad (4-18)$$

$$Q_0 = \left(\frac{gaR^5}{D_C}\right)^{0.5} \quad (4-19)$$

式中　Q_0——设计流量(m^3/s)；
　　　a——入流渠与竖井轴心的距离(m)；
　　　g——重力加速度(m/s^2)，一般取 9.81；
　　　R——旋流竖井半径(m)；
　　　D_C——入流渠宽度(m)。

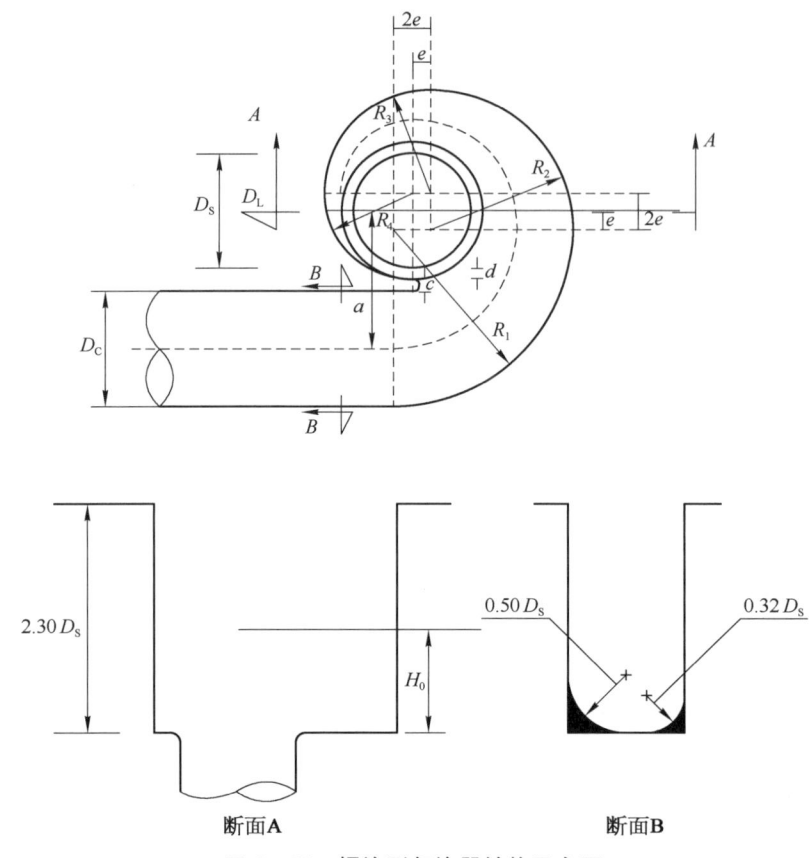

图 4-21 螺旋形起旋器结构示意图

为了进一步研究起旋器内水位和流量的关系,墨西哥大学工程学会实验室按弗劳德相似率搭建了 1∶10 旋流竖井物理模型,见图 4-22。

图 4-22 螺旋形起旋器实拍照片

入流量最大到 90 m³/s,对 D_L/D_C(竖井直径/入流渠宽度)比值为 1、0.833、0.667 三个相似模型做了入流量、水位测量实验。根据实验统计数据,以无量纲法,统计入流量、水位关系图表,如图 4-23 所示。图表曲线数据可以为起旋器室内高度设计做参考。

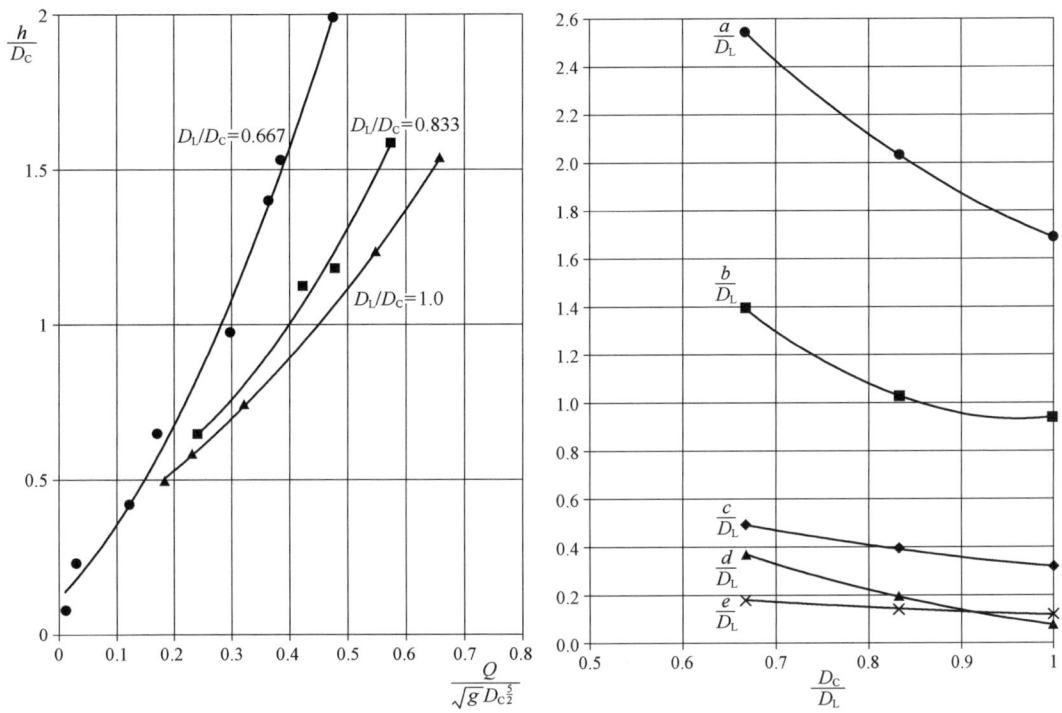

图 4-23 螺旋形起旋器入流量-
旋流室高度关系图

图 4-24 螺旋形起旋器结构尺寸与跌水
竖井直径 D_L 的关系图

Gabriel Echávez 和 Gerardo Ruiz 于 2008 年整合了之前的研究成果,整理出螺旋形起旋器各部位设计尺寸/竖井直径比值与入流渠宽度/竖井直径比值的无量纲关系图表。螺旋形起旋器各部位尺寸如图 4-24 所示。该图应用范围最大流量到 90 m³/s。

图 4-21 中螺旋形通道转变半径为:

$$R_1 = a + \frac{D_C}{2} - e \tag{4-20}$$

$$R_2 = a + \frac{D_C}{2} - 3e \tag{4-21}$$

$$R_3 = a + \frac{D_C}{2} - 5e \tag{4-22}$$

$$R_4 = a + \frac{D_C}{2} - 6e \tag{4-23}$$

螺旋形起旋器结构尺寸与跌水竖井直径 D_L 的关系,参考图 4-24。

4.3.2 折板竖井

折板竖井,作为一种重要的竖向消能构筑物,具有可适应多高程、多角度和多入流管等情况，还可适应非恒定的入流过程和不同的竖向输水深度等，满足城市深隧排水系统进水竖向消能的要求，将会伴随城市深隧排水系统的推广得到广泛的应用。

折板竖井最早出现在国外，1914年美国俄亥俄州的克利夫兰市市政污水管道就使用了折板跌水竖井结构的排水系统。但由于早期设计采用全断面方式过流，缺少通气设施，导致折板产生不利震动，最终使竖井损毁。近代的折板竖井对其结构进行了改进，由竖向中隔墙和一系列水平折板构成，水流在折板间往复运送至井底，通过折板间的跌落、掺气和冲撞达到消能的目的。竖向中隔墙把竖井分隔成"干区"和"湿区"两部分。水流进入竖井"湿区"后，经第一层折板承接跌落至第二层折板上，经过水流的掺气、跌落、碰撞、摔碎后，紊动水流调转方向，继续向下一层折板跌落，最终达到消能的效果。"干区"则用作机械吊装通道及气体通道。折板竖井结构如图4-25所示。鉴于折板式竖井具有易于安装维护、能有效避免空化、建造工艺简便等优点，近年来在深隧排水系统中得到应用。

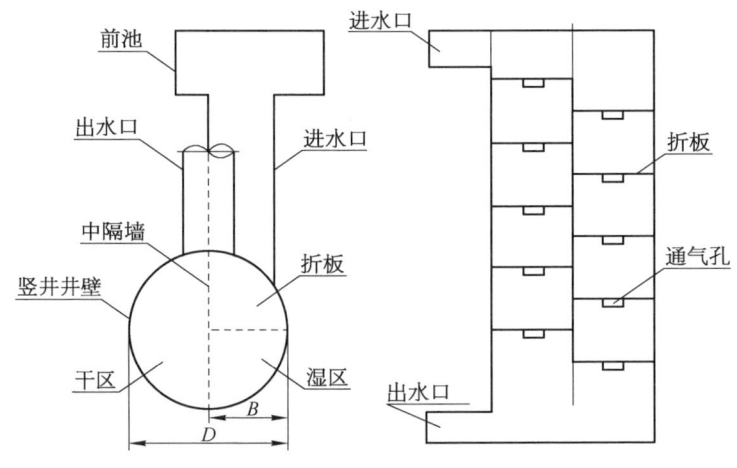

图4-25 折板竖井结构布置图

4.3.2.1 折板竖井中折板的功能

折板是折板竖井中最关键的结构。折板所处的位置和工作条件不同，折板竖井的最大过流流量和消能效果都会受到影响。按照折板在竖井中的相对位置，可将折板分为首层折板、中间折板和水下折板。

首层折板指折板消能竖井中最上一层折板，理论上是水流进入竖井后经过的第一层折板。首层折板的主要功能是承接并调节水流，使其平顺地跌向次层折板而不引起次层折板上出现冲击压力过大的不良水力现象。决定首层折板功能发挥的关键因素是首层折板与入口管中心间距，取值不宜过大，否则可能引起水流进入竖井后直接冲击垂直分隔墙或直接跌落到次层折板。

中间折板指折板消能竖井中首层折板与竖井底部水面之间的折板，是折板消能竖井中的主体部分。在不同的折板间距和进水流量下，折板消能竖井中可能形成S形贴壁流动或往复跌流,如图 4-26 所示。当折板间距较小且流量较小时利于往复跌流的形成,而折板间距的增大或过流流量的增大均易引起流动形态向 S 形贴壁流的转变。试验表明,当折板间距较大时,折板上所受压力较小,利于折板安全,但折板间水流形成了"S"形贴壁流动,折板间消能不足,水流流速较大,对竖井边壁及底部冲击较大,且易引起竖井底部水流剧烈波动及气流卷吸进入深隧。相比较而言,折板间距较小时形成的往复跌流的流态稳定,流速相对较小且恒定,对竖井边壁的冲击作用较小,利于竖井结构的安全。因此,综合认为中间折板的主要功能应为消能,进而促进折板间往复跌流形态的形成。中间折板间距在设计过程中应使折板间水流跌落时势能减少,释放的能量能够在下层折板的水垫上得以完全消除,从而保证动能不随水流的向下输运而增大。

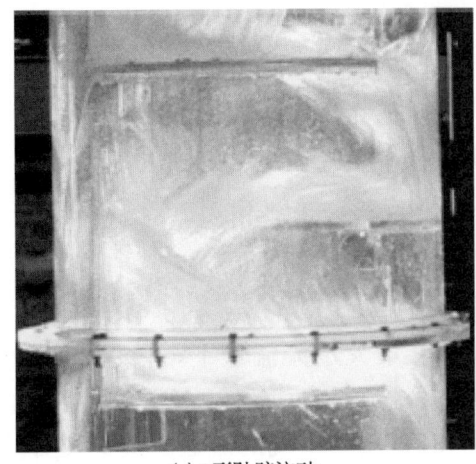 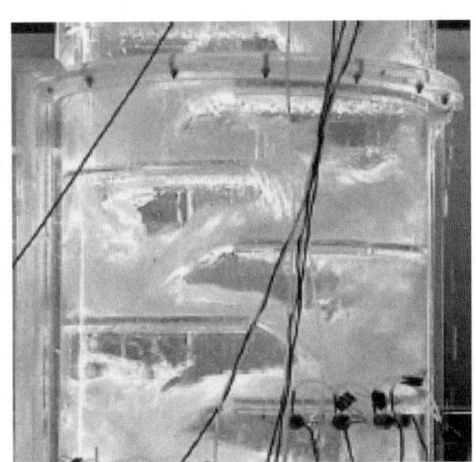

(a) S形贴壁流动　　　　　　　　　　(b) 往复跌水流动

图 4-26　中间折板典型流态

水下折板指折板消能竖井中位于底部水面以下的折板。竖井中水垫的深度均可淹没至少 3~4 层折板。根据折板消能竖井底部水垫中水流及气泡运动规律,水下折板的布置不但改变了水体的流动路径,延长了水流的流程,还促成了一些间歇性漩涡的生成,增加了水流的沿程阻力和局部阻力,利于水流更快地趋于平稳。同时折板的布置亦增加了水流的横向流动距离,利于随流气泡在浮力作用下上浮,减小了气泡向水垫更深处及下游管涵的输移。可见,水下折板的主要功能应为消能和除气。试验表明,气泡的下潜深度通常不深于水下两层折板以下,考虑到水下折板的消能作用,水下折板应至少设置 2~3 层。而对于水下折板的折板间距,为方便施工,通常可采用与中间折板相同的取值。

4.3.2.2　折板竖井设计的约束条件

(1) 首层折板与入口管中心间距

首层折板与入口管中心间距 h_t 不宜过大,否则可能引起水流进入竖井后直接冲击垂直分隔墙或直接跌落到次层折板,一般需满足下式条件:

$$\frac{4Q}{\pi d_0^2}\left(\frac{2h_t}{g}\right)^{\frac{1}{2}} < L \qquad (4-24)$$

式中　Q——设计流量(m^3/s)；

　　　d_0——入口管直径(m)；

　　　L——水流跌落距离(m)，不大于折板竖井半径。

(2) 支隧直径

支隧入口设置在竖井干区侧底部，为减少空气被夹带进入深隧，支隧入口尽可能远离最低折板边缘方向，支隧直径一般需满足下式：

$$Q = C_d A \sqrt{2g\left(H - \frac{d}{2}\right)} \qquad (4-25)$$

式中　d——支隧直径(m)；

　　　A——连接支隧截面面积(m^2)，若为圆管则 $A = \pi \dfrac{d^2}{4}$；

　　　H——竖井水深(m)，一般为 2～3 倍折板间距；

　　　C_d——流量系数，取 0.68。

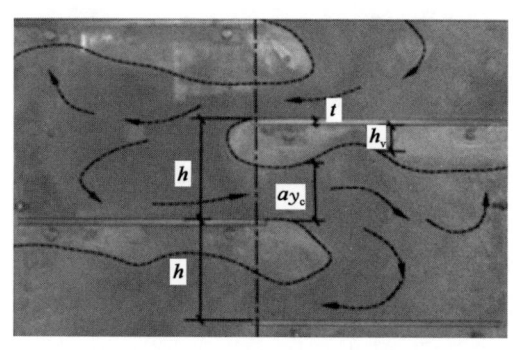

图 4-27　最大过流流量工况

(3) 最大过流流量的限制条件

在最大过流流量下，折板上方水面距离上一层折板底面有一定高度空间 h_v(图 4-27)，用于空气的流通。试验表明，为保证最大流量下不阻碍空气流动、拥堵通气孔，结合通气孔的位置与尺寸，得到水面距离上一层折板底面的空间高度 h_v 应满足：

$$\frac{h_v}{B} = 0.04 \qquad (4-26)$$

式中　B——折板边缘宽度(m)。

(4) 最大过流流量

在满足最大过流流量限制条件的基础上，不同折板间距限制下，最大过流流量均须满足式(4-27)，且折板竖井运行期间的流量不能超过其最大过流流量。

$$F \leqslant 0.544\,8\left(\frac{h-t}{B}\right) - 0.017\,3 \qquad (4-27)$$

式中　B——折板边缘宽度(m)；

　　　h——折板间距(m)；

　　　t——折板厚度(m)；

F——折板弗劳德数，$F = \left(\dfrac{Q^2}{B^5 g}\right)^{\frac{1}{3}}$。

（5）竖井稳定消能边界

随着流量的增大，水流的跌落距离 L（水流中心线跌落点到折板末端的水平距离，如图 4-28 所示）随之增大。当 L 增大并超越折板长度后，水舌不能直接跌落在折板上，而是冲向竖井边壁，并沿壁面向下流动，之后贴着折板表面水平射出，跌向下一层折板。折板竖井的消能方式是将水流直接引入折板上的水垫层中，并在水垫层中进行消能。而贴壁流态使水流直冲向井壁，不

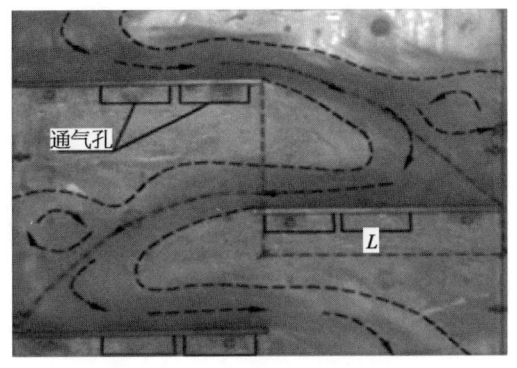

图 4-28　稳定消能临界工况

仅冲击井壁，还不利于消能。因此需要了解稳定消能边界，当在实际设计中满足：

$$\frac{h-t}{B} = 0.408,\ F = 0.205 \qquad (4-28)$$

折板竖井既满足最大过流流量条件，又满足稳定消能条件。当 F 或 $\dfrac{h-t}{B}$ 值偏大时，折板竖井不能获得稳定的消能，对折板及竖井产生危害；反之，折板竖井不能达到最大的过流流量，会造成不必要的浪费。

（6）折板间距界限

中间折板指折板消能竖井中首层折板与水面之间的折板，是折板消能竖井中的主体部分，所以这里主要确定中间折板的间距界限。中间折板间距的取值应使折板间水流跌落时势能减少释放的能量能够在下层折板的水垫上得以完全消除，从而保证水能不随水流的向下输运而增大。在此基础上，折板间距上限取值应满足：

$$2\left(\frac{h}{D}\right)\left(\frac{B}{D}\right)F + \frac{1}{\beta}\left(\frac{B}{D}\right)^2 F^2 < 0.1 \qquad (4-29)$$

式中　D——竖井内直径（m）；

　　　β——无量纲系数，$\beta = \dfrac{\delta^{\frac{2}{3}}}{\alpha}$，取 0.55；

　　　δ——有效宽度系数；

　　　α——水舌膨胀系数。

此外，折板间距的取值亦应满足最基本的过流功能。基于此，中间折板间距的下限取值应满足：

$$F \leqslant \beta\left(\frac{h-t}{B}\right) - \beta \frac{h_v}{B} \qquad (4-30)$$

式中 h_v——板上跌落水舌最高点与上一层折板底部的间距(m),如图 4-27 所示,一般取 0.04 B。

(7) 通气口

通气孔主要用来保持干区、湿区之间的气压平衡,同时,可以作为检查孔使用。通气孔可设计为长 3 m、高 1 m 的矩形孔或直径 1 m 的圆孔,为尽量减小折板底面空气空间高度,检查口应设置于挡板正下方,且同时满足检查孔与井壁距离不小于 0.5 倍折板长度。

4.3.2.3 折板竖井的设计

(1) 折板竖井的直径

$$D = \frac{6.0}{g^{\frac{1}{5}}} Q^{\frac{2}{5}} \tag{4-31}$$

式中 Q——设计流量(m^3/s)。

(2) 折板边缘宽度

$$B = D - E \tag{4-32}$$

式中 E——"干区"宽度(m),取值需满足用于干区机械吊装和人员检修的最小空间限制,一般为 $D/4 \sim D/2$。

(3) 折板间距

$$h = \beta(FB + h_v) + t \tag{4-33}$$

式中 t——折板厚度(m);

β——无量纲系数,取 0.55;

F——折板弗劳德数,$F = \left(\dfrac{Q^2}{B^5 g}\right)^{\frac{1}{3}}$;

h_v——板上跌落水舌最高点与上一层折板底部的间距(m),一般取 0.04 B。

在实际工程中,需要根据折板竖井深度,以及入口和支隧位置调整折板间距 h。

(4) 验算校核

根据调整后的折板间距 h,重新计算折板边缘宽度 B 及折板竖井直径 D。利用新得出的 h、B 及 D 进行式(4-27)、式(4-28)的上下限校核,检验是否满足要求;若不满足,再次调整 h,直到满足上下限要求。

4.4 浪涌现象

深隧在运行过程中,会产生两种极端水力状况——浪涌现象和气爆现象。管道在快速充满的瞬间,管道流态由非满流转变为满流状态过程中,由于水流惯性与刚性管道壁的强烈束缚而导致瞬间高压填充波(filling bore)的产生,填充波在管道内传播,并在检查孔或其他与大气相通的通道内形成强烈水位波动,这种水流瞬时波动现象称为管道内的浪涌现象。浪涌现象在雨水排水管道内是普遍存在的,尤其在暴雨期间,排水管道被填满的过程中,都会产生瞬间水压波动,比如出现会"跳舞"的井盖。大多数管道进水流量相对比较小,引起的浪涌现象相对微弱,不被人注意,也不会造成太大危害。对于储存和输运大流量水流的排水深隧,剧烈浪涌会导致跌水竖井或通风孔水流喷涌,称为排水隧道浪涌现象。浪涌现象可能会对周边行人或财产造成伤害或损失,瞬间剧烈的水压波动也会对深隧结构造成破坏,如图 4-29 所示。

图 4-29　排水深隧浪涌现象实景拍摄

另外,对于大型排水深隧,跌水夹带大量空气或隧道快速充满过程中都可能在充满水的隧道内形成空气包。深隧埋深大,当水深比较大的时候,空气包成为高压空腔。高压空腔在隧道内移动,到达跌水竖井或通气管部位释放到大气,高压空腔释放过程中形成猛烈气、水喷发,称为气爆。随后导致隧道局部水压力的强烈波动,也会形成浪涌现象,如图 4-30、图 4-31 所示。

在美国,对排水深隧浪涌现象的形成机理、影响因素等已经进行了广泛研究,甚至开发出专业计算机软件来模拟大型排水深隧浪涌现象的形成过程,模拟结果对深隧的设计工作和将来的运营工作都具有指导意义。但是,导致浪涌现象的进水流量拐点限值、隧道内水的流速、隧道坡度等,都对浪涌的形成有影响,加上可供研究的案例有限,深隧浪涌仍然有许多研究工作需要继续完善。虽然深隧浪涌方面的研究成果仍然存在缺陷,但是,已经可以对深隧浪涌的预测和防范具有重要的指导价值,避免出现严重的浪涌现象而导致致命性负面影响。

4.4.1　浪涌的成因

(1) 填充波

当隧道被快速充满的时候,在隧道下游的水流和连接隧道壁间的连接处会形成填充波,这可以看作一个移动的水跃。此时形成的浪涌高度有限,并向隧道上游移动,

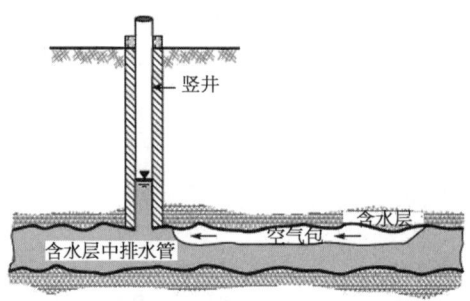

(a) 巨大的高压空气包向竖井移动

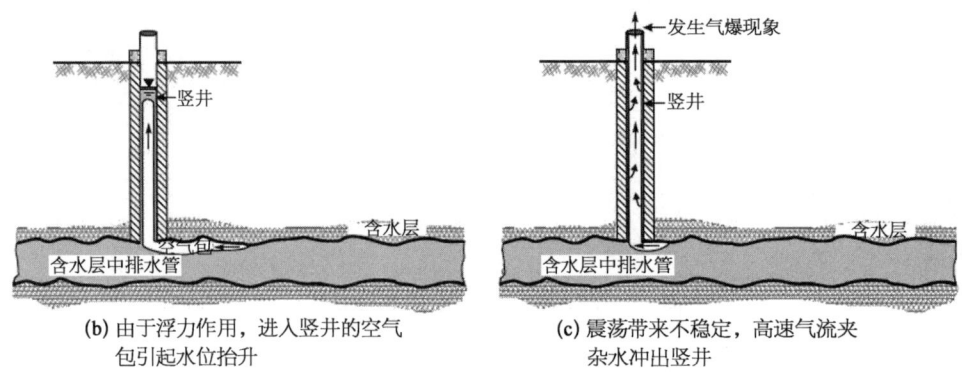

(b) 由于浮力作用,进入竖井的空气包引起水位抬升

(c) 震荡带来不稳定,高速气流夹杂水冲出竖井

图 4-30 深隧内气爆产生过程示意图

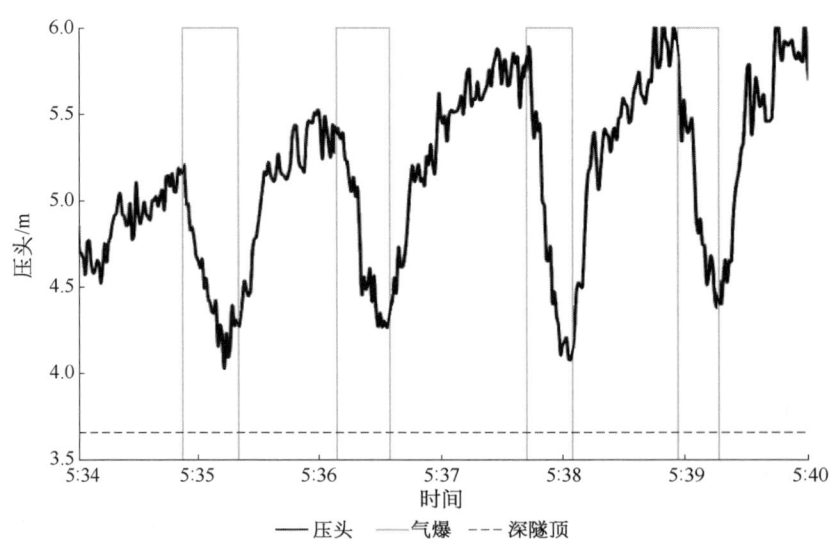

图 4-31 气爆导致深隧水压波动

如图 4-32 所示。当填充波移动到隧道的上游起始端时（这时候已经充满了水），反射的压力波向下游的隧道传播，并且会在隧道内产生反冲作用，在溢流井、跌水竖井或通风管处形成气爆水柱。

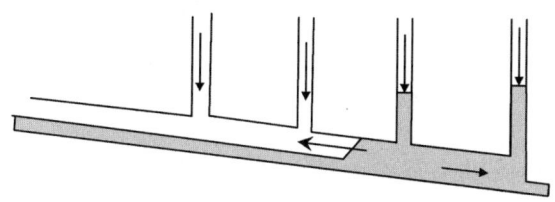

图 4-32 深隧内填充波的传播

（2）跌水竖井夹带空气

在竖井处可能产生过量的空气夹带，如跌水竖井可以通过在深隧顶部附近气泡的累积而形成巨大的高压空腔，如图 4-33 所示。当高压空腔通过可能的逸出点，如跌水竖井或通风管，都会有压强增加或者强制逸出现象。空腔由于浮力作用会后移阻碍水的流动，同样，在高压状态下，也可能会造成大量的空气反喷而损坏构筑物，或者当水流流到气体逸出的竖井时形成气爆水柱。

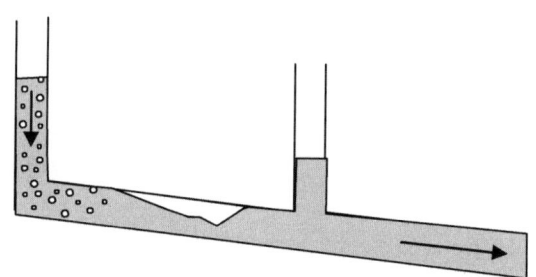

图 4-33 过量气体夹带而形成的高压空腔

（3）通风不畅

当深隧初始进水时为自由液面，流量增加过程中原本在水面上的空气就必须逸出深隧。假如隧道系统没有足够的空气排放点，那么空气可能被困在深隧中，且压力不断增加，形成高压空腔。正如前文中提到的，高压气体逸出深隧时形成气爆水柱。

（4）受困空气包

另一个产生空气包的潜在原因是上游来水的迅速增加，超过了下游深隧的重力流排水能力，入流的下游流量成为满管流而远处更下游仍为自由液面流，隧道内气体未能及时排放，形成受困气穴，如图 4-34 所示。受困气穴的压力会持续增加形成高压空腔，高压气体可能在与大气相通的通道处形成气体反喷作用或者形成气爆水柱而逸出深隧。

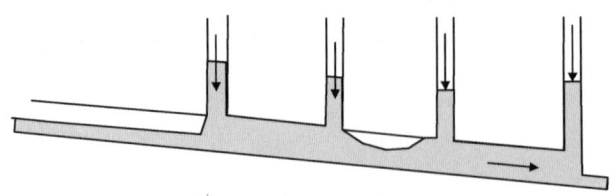

图 4-34　深隧内部受困空气包的形成

实践表明,深隧快速充满会造成瞬间水力波动,即浪涌现象。正常的浪涌现象在深隧运行中不可避免,合理的方案设计可以将浪涌的影响控制在可接受的程度。通常,高压空腔引发的气爆或喷涌现象对深隧的负面影响更大,所以,深隧设计过程中,如何避免气爆的发生应该得到更大关注。

4.4.2 浪涌分析

(1) 深隧弗劳德数

在详细分析浪涌之前,可以通过深隧弗劳德系数的计算,对深隧是否产生显著浪涌现象进行初步评估:

$$F = \frac{\sum Q}{\sqrt{gD^5}} \tag{4-34}$$

式中　F——深隧弗劳德数;
　　　Q——峰值流量(m^3/s);
　　　g——重力加速度(m/s^2);
　　　D——深隧内径(m)。

根据 Vasconcelos 和 Wright(2005)的计算,当深隧弗劳德系数小于 0.3 时,产生的浪涌有限。这个计算方法只是提供了一个初步的评判标准,因为深隧的系统配置影响因素较多,包括竖井的大小和形式、深隧的坡度、水流的分布、通风系统等,都可能产生浪涌。只有采用浪涌数学模型计算分析才可以充分论证是否会产生浪涌现象,上式计算得到的弗劳德数仅可作为初步参考。

(2) 影响浪涌的关键要素

形成深隧浪涌的关键要素包括深隧内径、坡度、初始水位和进水流量,Karen E. Ridgway 等人于 2009 年对影响深隧浪涌的各种因素做了尝试性研究。研究人员使用软件 TAP(Transient Analysis Program),按照不同的管径、坡度、初始水位和进水流量建立了一系列数学模型,根据每个模型计算得到最高浪涌水位高度与管径、坡度、进水流量的对应关系,得出导致深隧浪涌进水流量拐点值的经验公式。

模型布局图如图 4-35、图 4-36 所示。

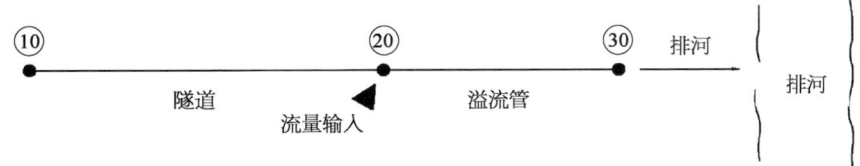

图 4‑35 浪涌研究 TAP 模型机理示意图

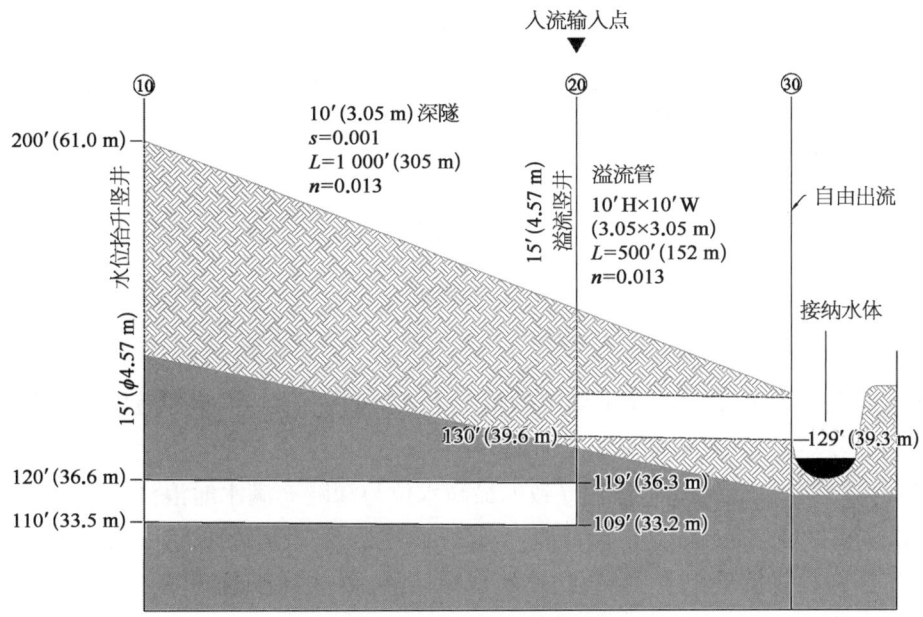

图 4‑36 研究模型纵断面示意图

随时间变化，水流从溢流竖井进入深隧，最高浪涌水位在水位抬升竖井内出现。进水流量在 10 s 内由最小增加到最大，然后保持最大进水量直到模拟结束。溢流管非满流排入水体，管底标高可以决定深隧的初始水位，试验过程中，溢流管管底标高按照 0.152 m 逐步降低，直到在水位抬升竖井内得到最高浪涌水位。同样，隧道内径、坡度也会做相应调整，以便得到不同内径、坡度的模拟结果。

研究结果表明，对于某一坡度、内径的深隧，有一个特定的进水量值。如果进水量大于这个数值，深隧会出现严重浪涌现象，这个特定进水量值称为拐点值。进水量拐点值与深隧内径呈线性关系，比如坡度为 0.001 的深隧，管径与进水流量拐点值的计算关系为：

$$Q = 2.7D^2 - 13D + 60 \tag{4-35}$$

式中 D——深隧管径(ft)；
Q——进水流量拐点值(cfs)。

对于其他坡度的进水流量拐点值与管径的关系，参考图 4‑37。

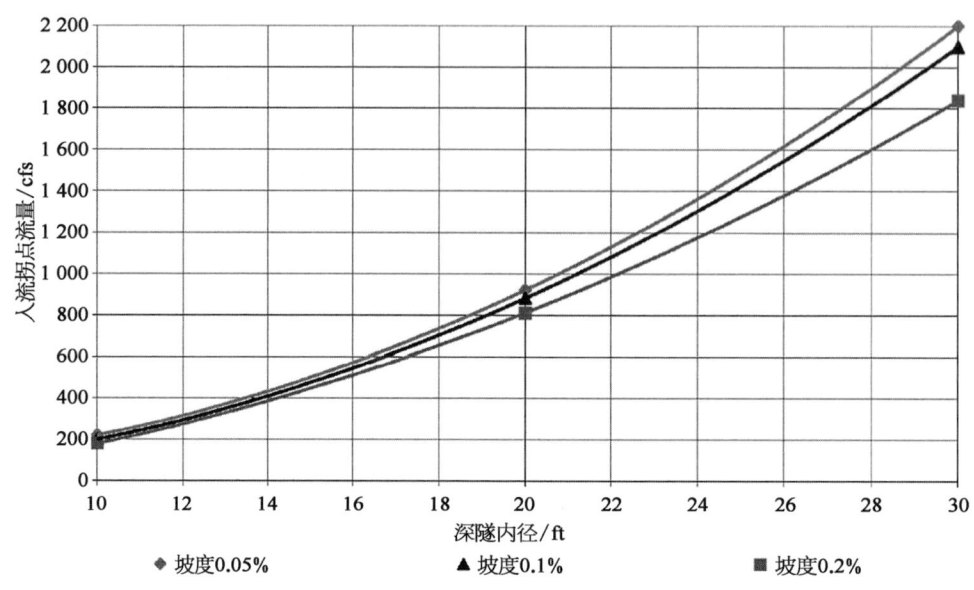

图 4-37 深隧内径与入流拐点流量关系图

根据研究结果可知：① 流量确定的情况下，隧道内径越小，越容易出现浪涌；② 隧道坡度越大，越容易导致浪涌；③ 浪涌最高水位一般发生在深隧充满水的时候。同时，研究发现，隧道将要充满水时，浪涌导致的最高水位与深隧充满水时浪涌最高水位非常接近；④ 跌水竖井对浪涌有一定的缓冲能力，竖井内径越大，浪涌造成的水位波动幅度越小。

该研究成果仅仅采用了 TAP 软件的模拟结果，并未得到物理模型的验证，而且模型中隧道长度有限，对于大型深隧工程，该研究成果未必适用。但是，该研究可以让大家清楚地认识到深隧内径、坡度、进水流量、初始水位、竖井内径等对浪涌的影响，对深隧设计工作、水力模型专题研究工作等都具有指导性作用。

（3）浪涌分析数学模型

导致浪涌现象的因素很多，产生机理复杂。对浪涌现象做相对准确的分析，需要引入计算机数学模型技术。数学模型分析浪涌现象遇到的难题有三个：① 浪涌现象为瞬时水压波动，数学模型需要有处理管道局部极短的时间步长的能力，使得计算更准确，同时使模型运行时间最小化；② 气爆导致浪涌的出现与空气传输有关，如何处理气—液两相流也是目前浪涌分析软件仍未解决的问题；③ 明渠流与压力流流态不同，计算机理也不同，如何处理两种流态交接点的水力学计算，同样也是浪涌分析软件必须面对的问题。

美国在深隧浪涌分析研究方面处于世界领先水平，并经过了大量工程实践应用，包括浪涌分析数学模型研究和开发，比如应用科学有限公司（Applied Science,Inc）开发的数学模型软件 TAP，在多个深隧工程项目中得到应用，包括深圳前海深隧项目。实践证明，该软件可以相对准确地分析深隧系统的浪涌现象，并得到多位深隧专家的认可。当然，其他一些软件在深隧项目中也有应用，比如 ITM（Illinois Transient Model）、

MXTRANS 等。其中,ITM 软件是芝加哥 TARP 项目数学模型专题研究成果之一。

可以应用于深隧浪涌分析的典型计算机软件,通常会对传统流体动力学算法做改进并引入几个关键数学模型,从而解决以上三个问题。本文简单介绍 TAP 软件解决这些问题的方法和对策,对深隧浪涌分析工作中如何选择数学模型软件以及应用有方向性指导。

(4) 求解圣维南方程

通常来说,对菱柱形明渠的非稳态模拟以圣维南方程组为基础,其由连续方程和运动方程组成[式(4-36)和式(4-37)]。方程假设流体不可压缩,不考虑水流沿长度方向的横向交换。

$$\frac{\partial A}{\partial t} + \frac{\partial Q}{\partial x} = 0 \tag{4-36}$$

$$\frac{\partial Q}{\partial t} + \frac{\partial \left(\frac{Q^2}{A} + gI\right)}{\partial x} = gA(S_0 - S_f) \tag{4-37}$$

式中　A——断面面积;
　　　Q——流量;
　　　g——重力加速度;
　　　I——从自由液面至计算断面的惯性矩;
　　　S_0——管段坡度;
　　　S_f——水力坡度。

由于式(4-36)和式(4-37)是一阶拟双曲型偏微分方程组,无法使用差分法来模拟测压管水头线的不连续性。举例来说,当使用特征线法(MOC),空间导数($\partial/\partial x$)在 x 方向上非连续点无法求解。此外,另一个问题是明渠流动和满管流之间的转变需要特殊处理。因为圣维南方程不能直接应用于满管流(有压)条件,需要修正。

如下所述,针对这种明渠流动和满管流之间的转变过程中的测压管水头线的不连续问题,通常使用的计算方法有两种。其一为交界面跟踪程序(interface tracking programs),如 MXTRANS 软件;其二为震动追踪程序(shock-capturing programs),如 TAP 软件使用有限体积法。

两种类型的计算程序都做出了一些一般的假设,以避免出现空的干管。此外,大多数计算程序允许空气在从明渠流动和满管流之间的转变过程中能与大气完成充分的气体交换(后文简称"完美通风")。

(5) 交界面追踪程序

交界面跟踪程序是在 20 世纪 70 年代和 80 年代开发的,应用特征线法模拟从明渠流动和满管流转变过程中的波阵面(wave fronts),并通过震动配符程序(shock fitting programs)追踪增压或减压波阵面在渠道或管道中的移动过程。

(6) 震动追踪程序

震动追踪程序借助其非线性数值求解方法和有限体积法,应用愈发广泛。作为震动追踪程序的一种,TAP 使用有限体积法来求解非线性圣维南方程组。对于每个时间步长,在每个网格单元计算网格中心点求解 A 和 Q。这些变量的更新取决于跨越单元格边界的通量的计算,使用近似黎曼求解器(Riemann solvers)计算。

冲击追踪程序通常使用 Preissmann 窄槽技术处理不同流态之间的转换。Preissmann 窄槽概念允许将单个方程组同时应用于明渠和有压流的模拟计算中。

使用管道内有压流部分的水流速度来对应估算有气体部分的气体声波速度,再以此估算槽段的宽度。计算槽宽度以匹配导管系统的加压部分中的水的估计声波速度。对于每秒 121.8~1 218 m 的声波速度,槽中部分可忽略不计。

Preissmann 窄槽宽度以下列方式计算。

$$B_{\text{slot}} = \frac{gA_{\text{full}}}{a^2} \quad (4-38)$$

式中　B_{slot}——槽宽;

A_{full}——管段横断面面积;

g——重力加速度;

a——声波速度。

Preissmann 窄槽概念的一个缺点是,由于在整个管道系统中施加了完美通风,导致其无法描述满管的、流体压力低于大气压的流动状况。而 TAP 克服了该缺点。对某一网格单元,当相邻网格或网格连接面处的压力值为大气压强时,则该网格的流动状态恢复至明渠流态。当流体压力低于大气压,TAP 假设槽宽(B_{slot})延伸至管道顶部。通过在 TAP 中进行设定,空气可通过该槽进入计算域。

(7) 罗伊一阶迎风格式(Roe's first order upwind scheme)

在 TAP 中,导管被分成小的、等间隔的网格单元,通过罗伊一阶迎风格式得到等距排布网格中心点的 A 和 Q 值。依据 Jacobian 矩阵局部线性排布,Riemann 求解器求得每个时间步长的网格单元交界面处的通过流量通量。该值仅取决于相邻网格单元的求解条件,并且其线性排布应满足 Rankine‐Hugoniot 假设,同时满足该处的函数不连续性。

其后,使用式(4-39)在网格单元 i 处更新速度矢量 $U = [A, Q]^{\text{T}}$:

$$\begin{aligned} U_i^{n+1} = U_i^n &- \frac{\Delta t}{2\Delta x} \left[(F_{i+1}^n + F_i^n) - \sum_j |\overline{\lambda^{(j)}}| (\delta w^{(j)})_{i+1/2} \bar{r}_{i+1/2}^{(j)} \right] \\ &+ \frac{\Delta t}{2\Delta x} \left[(F_{i-1}^n + F_i^n) - \sum_j |\overline{\lambda^{(j)}}| (\delta w^{(j)})_{i-1/2} \bar{r}_{i-1/2}^{(j)} \right] + \Delta t S_i^n \end{aligned} \quad (4-39)$$

式中　n——时间步长指数;

$\lambda^{(j)}$——近似特征值,对应的特征向量为 $r^{(j)}$,它的值首先需要计算网格单元连接面 $(i, i+1)$ 处的 Roe 平均值。

$$\overline{A}_{i+1/2} = \sqrt{A_i A_{i+1/2}} \qquad (4-40)$$

$$\overline{Q}_{i+1/2} = \frac{\sqrt{A_i} Q_{i+1} + \sqrt{A_{i+1}} Q_i}{\sqrt{A_i} + \sqrt{A_{i+1}}} \qquad (4-41)$$

$$\overline{c}_{i+1/2} = \sqrt{g \frac{I_{i+1} - I_i}{A_{i+1} - A_i}} \quad (if \quad A_i \neq A_{i+1}) \qquad (4-42)$$

$$\overline{c}_{i+1/2} = \sqrt{\frac{g(A_{i+1} + A_i)}{(B_{i+1} + B_i)}} \quad (if \ A_i = A_{i+1}) \qquad (4-43)$$

式中 B——网格单元中自由液面的顶宽。第一动量惯量 I_i 的值由 $I_i = A_i h_{c,i}$ 确定,其中,$h_{c,i}$ 是流动横截面积的自由表面和质心之间的距离。通过计算 Roe 平均值,可以获得连接面 $(i, i+1)$ 上的近似特征值 $\lambda_{(1),(2)}$ 和特征向量 $r_{(1),(2)}$。

$$\overline{\lambda}_1 = \frac{\overline{Q}}{\overline{A}} + \overline{c} \quad \overline{\lambda}_2 = \frac{\overline{Q}}{\overline{A}} - \overline{c} \qquad (4-44)$$

$$\overline{r}^{(1)} = \frac{1}{2\overline{c}} \begin{bmatrix} 1 & \overline{\lambda}_1 \end{bmatrix}^T \quad \overline{r}^{(2)} = \frac{1}{2\overline{c}} \begin{bmatrix} 1 & \overline{\lambda}_2 \end{bmatrix}^T \qquad (4-45)$$

最后,穿过该网格单元的波强使用相界面处的变量 δ_w 表示,其可通过式(4-46)计算得到。

$$\delta_w^{(1)(2)} = \pm \left[(Q_{i+1} - Q_i) + \left(-\frac{\overline{Q}_{i+1/2}}{\overline{A}_{i+1/2}} \pm \overline{c}_{i+1/2} \right)(A_{i+1} - A_i) \right] \qquad (4-46)$$

由于此数值离散求解方法为显式,该系统必须满足库朗法则。因此,需要在每个时间步长(dT)嵌入以下最大值限定:

$$dT = Cr \frac{dX}{(|V_i| + c)_{max}} \qquad (4-47)$$

式中 dX——计算网格单元长度;
Cr——库朗常数,通常取 0.9。

使用 Roe 一阶迎风差分格式时,由于明渠至满管区段内相界面处压力的升高,引起数值振荡。这些振荡可能相对较小,忽略声波速度的条件下,其值为每秒 121.8 m。

(8) 局部时间步长(Local Time Stepping)

等 TAP 使用小的时间步长对每个小单元格进行详细计算时,模型运行时间成为关注点。可使用 TAP 内局部时间步进(Local Time Stepping)程序来保持数值稳定性,同时最小化模型运行时间。相对于整个系统调整时间步长,局部时间步进程序所需的总计算量会显著减少。

稳定计算的时间步长与式(4-47)给出的库朗法则有关。库朗法则指出,时间步长必须小于单元长度除以波速加上单元格中平均速度绝对值的总和。在明渠流动条件下,波速通常小于 3.05 m/s,但是在满管(加压)条件下,波速成为声波速度。对于管道内的水,声波速度通常为每秒 121.8~1218 m。这意味着,根据流量状态,模型中所需的时间步长可以在系统中的通道/导管之间变化 1~2 个数量级。

对于每个单元,计算波速和加速度的绝对值之和。对于每段管段,对这些最大值作加和,并用来计算满足库朗法则的前提下的最大时间步长,其中,$Cr=0.9$。

模型的时间步长被选择为管段最小允许时间步长。对于具有小于或等于模型时间步长的两倍的允许时间步长的管道,使用模型时间步长对这些管道进行计算。

模型时间步长不允许变化太快,否则会引起不稳定状态。在每个时间步长间,变化幅度不得大于 10%。

模型每计算一次,时间步长的个数的设置不得小于 25 个。这为整个系统提供了一系列的条件,使模拟过程中出现不稳定中间结果时,模型可以反复迭代计算,用来保证系统稳定性。

综上所述,适合用来做深隧浪涌分析的软件,需要具备的功能包括:① 处理明渠流和压力流交界面水力计算的能力;② 自动调整局部管道运行时间步长的能力,并且能够模拟管道水压的瞬态变化过程;③ 至少在一定程度上可以模拟计算局部出现负压时系统压力变化的能力。目前,多个排水系统模拟软件在国内水务设计领域得到应用,但并不是所有软件都具备分析深隧浪涌现象的能力,比如 InfoWorks、MIKE Urban、SWWM、Water Hammer 等。不同软件对浪涌现象的模拟结果对比,本书不作细述。

深隧按照其使用功能有不同的类型,有些类型的深隧,由于流量相对稳定或进水量比较小,一般不会发生严重的浪涌现象,比如污水转输深隧、初雨调蓄深隧,在保障完善的通风系统的条件下,可以不必做浪涌分析。对于排涝深隧和复合型深隧,进水量变化大、峰值条件下流速大,更容易出现严重的浪涌现象,为了保障深隧将来的运行安全,必须做详细的浪涌分析,确保设计方案的安全性。

目前,国内对于深隧内水动力瞬态模型软件的研发和应用,还没有出现积极的成果。需要注意的是,美国开发出的数学模型仍具有诸多限制因素:① 对于空气在深隧系统的传输,尤其是气穴引起的增压现象,数学模型无法模拟,一般都假设明渠流到有压流过渡过程中,气体可以完全排放;② 当压力低于气化压强时,模型无法处理气化现象,仅可以处理压力低至气化压强时管道内压力情况;③ 对于大型深隧工程,数学模型计算结果对输入数据过于敏感;④ 模型模拟所涉及的改善措施需要与实际工程解决方案相结合。数学模型模拟始终与工程实际有出入。

空气传输会导致深隧数学模型建模、运行非常复杂,考虑到深隧两相动力流中水动力占主导地位,因此,目前广泛应用于深隧设计的数学模型往往会弱化空气动力学因素对浪涌现象的影响。实际设计工作中,对气相因素的处理办法为:① 不明确模拟空气传输,但是数学模型需要输入大气边界条件,模拟结果可以预测高压空腔可能出现的位置和体积;② 模型可以模拟出负压"空包"位置,在该"空包"消失后会导致类似水锤现象的瞬时水压波动。

4.4.3 缓解深隧浪涌的工程措施

深隧工程设计的原则是尽量避免浪涌和气爆的发生,将危险扼杀在设计和施工阶段,而不是在深隧运营后发现问题,"亡羊补牢"需要付出的代价往往比较沉重。浪涌现象在所有可能出现满流的排水管道内都会出现,完全避免浪涌现象在理论上是不可能的,但是,必须将浪涌造成的影响控制在安全范围内,不会对隧道结构和地面人身、财产造成任何负面影响。

在制定浪涌缓解措施之前,必须首先分析浪涌的成因,尤其是造成气爆的原因。多数情况下,气爆导致的破坏性结果比浪涌更大。比如,芝加哥 TARP 一期由于通风不畅,在运行过程中,多处发生气爆。造成浪涌和气爆的主要原因有:① 入流量大,深隧被快速充满,填充波在隧道内迅速移动,造成浪涌;② 通风不畅,引起空气在隧道某个部位累积,形成高压空腔。高压空腔移动到与大气相通的出口,如跌水竖井、通风管或溢流竖井,造成气爆,随后还引发水压的剧烈波动。

缓解浪涌、避免气爆的主要工程措施有加大深隧内径、加大跌水竖井内径、设置浪涌消解池、设置气水分离室、完善通风系统等。为了保障经济效益最大化,需要做必要的浪涌分析计算。

(1) 加大深隧内径

参考式(4-34)和图 4-37,在深隧入流量一定的情况下,加大深隧内径,将减小深隧弗劳德数,增加深隧入拐点流量,可以有效减小浪涌现象导致的压力波动幅度,缓解其负面影响。相反,加大深隧内径会导致工程造价的大幅度增加。因此,需要参考浪涌分析模型模拟结果,在将浪涌影响控制在合理范围内的前提下,使工程造价最小。

(2) 加大跌水竖井内径

对比折板竖井和旋流竖井,对于相同的入流量,旋流竖井内径远小于前者,工程量和造价也更小,但是,发生浪涌时,在旋流竖井内造成的水压力更大,浪涌水更容易喷出地面,造成局部地面淹水甚至人身、财产损失。因此,在距离可能出现严重浪涌的隧道段上游最近位置的竖井增大其内径,可以有效缓冲浪涌导致的水位抬升;或者在旋流竖井外围设置套筒竖井,套筒竖井干区部分既可以起到通风管的作用,也可以调蓄浪涌水流,起到消减浪涌的作用,典型断面如图 4-38 所示。英国泰晤士河深隧就采用了套筒式竖井。

折板竖井拥有巨大容积的干区部分,可以有效缓解浪涌影响。如果旋流竖井难以解决问题,在施工场地允许的情况下,可以选择折板竖井代替旋流竖井。

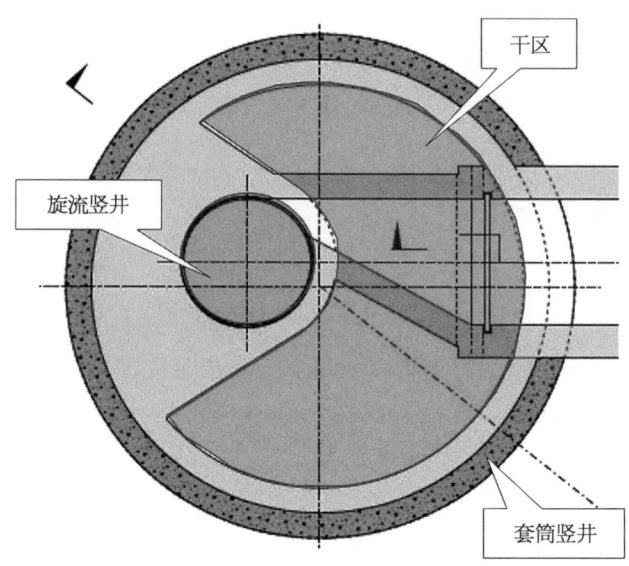

图 4-38 套筒式跌水竖井断面布置图

(3) 布置浪涌消解池

底特律胭脂河排水深隧(Upper Rouge Tunnel)长度 11 km,地下埋深 43～58 m。由于地质条件限制,分两段施工:上游段略高,内径 6.1 m;下游段略低,内径 10.5 m。为缓解溢流污水对胭脂河水质污染,总共设置 13 个跌水竖井,收集 17 个合流制溢流口溢流污水。等深隧被溢流污水填满时,截流井内的翻板闸关闭,关闭翻板闸在深隧内形成浪涌。为了消减浪涌的影响,在每个跌水竖井附近设置了浪涌消解池。消解池系统布置如图 4-39 所示,消解池蓄水体积共 2.85 万 m³。

(4) 布置气水分离室

旋流竖井跌水过程中,水流都会有夹带空气。如果夹带空气进入深隧并积累形成高压空气包,则会导致气爆的发生。因此,为避免夹带空气进入深隧,需要在连接支隧前设置气水分离室,跌水入深隧前完成气水分离,气水分离室顶设置通风管,与大气相通,或通往跌水竖井顶部,保持气压平衡,见图 4-40。

(5) 保障深隧通风顺畅

复合型深隧兼顾初雨调蓄和防洪排涝,运营工况复杂,在排空备用、初雨调蓄、洪水排放等工况之间不断切换,在隧道填充过程中会造成剧烈水压波动。除了上述工程措施缓解正常浪涌影响外,保持隧道在各种工况下通风顺畅是必须的,尤其是在浪涌发生过程中,通风系统必须具备足够能力应对短时间内巨大的通风量需求,避免深隧内形成高压空腔。

(6) 其他

除了具体的工程技术方面的应对措施,合理安排深隧运营管理、调度程序等,也可

第 4 章 深层排（蓄）水隧道系统工艺设计

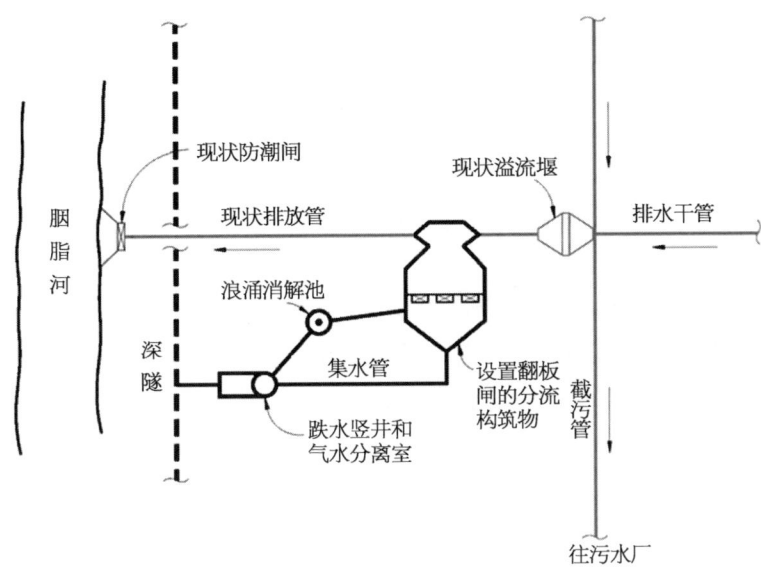

图 4-39 典型浪涌消解池构筑物布置

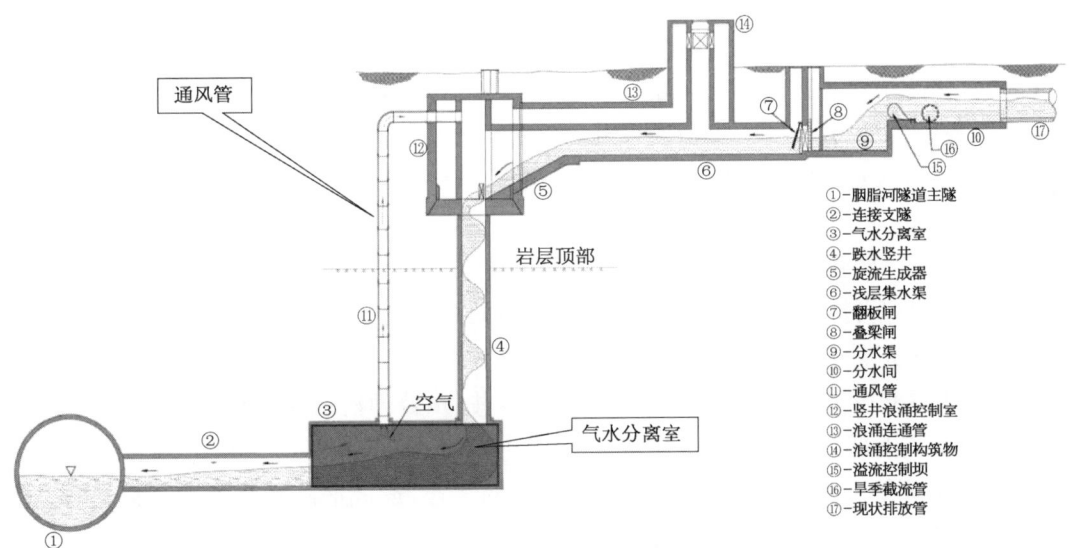

图 4-40 跌水竖井气水分离室和通风管布置图

以有效缓解深隧浪涌现象。底特律蓝山泵站（Bluehill Pumping Station）下游沿马克大街的深层合流制排水深隧系统，在运行过程中有严重的浪涌发生，曾经抛翻检查井盖甚至路上行驶的汽车。经过浪涌分析，采取一系列缓解措施，其中一个措施为调整蓝山泵站各台泵的开启间隔时间，最小间隔时间为 20 min，缓解因开启泵过快而引起的浪涌现象。

4.5 通风

4.5.1 深隧通风系统概述

对深隧通风系统进行分析的目的主要有：① 确认不同运行工况下、深隧不同部位所需要的通风量，合理选择通风除臭工艺和设备，避免臭气影响附近空气质量；② 通过对深隧在不同水量、水位时，系统内不同区域产生气压变化分析，选择合理通风平衡调节措施，以确保隧道内水流不会受气体压力变化影响而产生较大浪涌，从而对深隧内部结构产生危害，造成地面人身危害、财产损失；③ 研究深隧在施工期、检修期时，如何合理地采取合适的通风方式、通风量及通风频率来保证深隧内相关工作人员的作业安全。

深隧系统一般包括预处理构筑物、跌水竖井、连接支隧、主隧道、末端泵站、闸门竖井、溢流竖井等。不同流量、水位、流态条件下，每部分构筑物内的空气转输量、污染物浓度等都需要独立分析其通风量和处理措施，综合论证深隧通风、除臭系统设计方案。不同类型的深隧，其运营工况不同，其中，复合功能深隧运营工况最复杂，基本包含了其他类型深隧的各种运营工况。本节重点介绍复合深隧的通风系统，涉及的通风量计算、处理工艺选择等对其他类型深隧的通风系统同样适用。

复合深隧主要工况有初雨调蓄、防洪排涝、清空备用等，不同工况下和工况间的切换，根据各个构筑物水位变化、流态变化，深隧系统各个构筑物内通风量计算所需要考虑的因素都有区别。深隧系统通风量计算，需要考虑如下几种水流、水位变化过程相应的空气转输量：

（1）浅层系统进水携带进入深隧系统的诱导空气量。

（2）跌水竖井跌水过程中，气液混合流造成的夹带空气量。

（3）主隧充满过程中，主隧道内水流携带进入末端泵站的诱导空气量。

（4）主隧充满造成浪涌发生时，由于跌水竖井、预处理构筑物内水位瞬间剧烈抬升，造成深隧系统上部空气被上升水流置换造成的置换空气量。

（5）深隧清空过程中，由于排涝泵、排污泵的运作，造成深隧系统水位下降，下降的水位需要进入深隧的空气置换所要求的置换空气量。

对于复合功能深隧，浪涌发生会引起空气外排出系统，由于浪涌造成的外排空气量过大，而且出现频率低，一般会不经除臭装置处理直接排放大气。除此之外，其他因素造成的空气外排，都需要经过除臭装置处理，达标排放。

4.5.2 非满流重力排水管道空气动力模型研究现状概述

简单来说，深隧是深埋地下的重力流排水管道，非满流状态下隧道内的空气流动以及与隧道内水流的关系与普通浅层排水管道一样。

重力流污水管通常设计为非满流，类似于明渠流，并且在充满度 d/D（水流深度 d 与排水管道直径 D 的比值）为 0.5~0.75 时设计最小速度超过 0.75 m/s。最小设计流速是防止固体从废水中沉积，并提高废水的新鲜空气夹带能力。充分混合的充氧废水可以保持比较高的溶解氧，可以阻止厌氧环境下硫化氢（H_2S）的产生。但在湍流条件下，会促使废水中溶解态的 H_2S 向污水管道顶部空间释放，在产硫酸菌的作用下生成硫酸，腐蚀管道内壁，或最终会泄漏到大气环境中，影响周边环境。

为排水管道，尤其是大尺寸干管，设置完善的通风系统，可以阻止 H_2S 的产生，缓解管道内壁腐蚀现象，还可以避免臭气对周边环境的影响。通风量如何确定、通风设备如何选择以及除臭工艺如何选择等问题，都需要对排水管道内空气动力学及其影响因素有充分了解。

目前的研究成果表明，排水管道内由于水的流动而导致的空气流动受多种因素影响，包括被空气占据的管道上部空间、水的流速、水面宽度、排水系统内外温差、水深等，及其相互之间的作用。尽管对管道空气动力学有了诸多初步研究成果，水环境研究基金会（WERF）发布的报告指出："虽然废水导致的臭味和腐蚀性非常重要，但废水收集系统通风设计仅仅在污水处理专业人员中被简单地理解。"排水管道内空气动力学研究成果仍有缺陷，需要继续做更多的研究工作来完善。

4.5.2.1 深隧系统空气流动影响因素

排水系统通风模型方面仍然有多个问题需要解决，目前还没有一套完整的、得到业内人士一致肯定的空气动力学理论供工程人员参考。下面对深隧内空气流动有影响的几种因素做一个概述，希望对深隧通风系统的设计工作有一定的引导。

（1）水流摩擦阻力的拖拽作用

圆形深隧内水流移动产生的摩擦拖拽力，视觉上可以使管道上部空间的空气向与水流相同流动的方向移动。在气—液界面处产生的摩擦力，气—液两相接触面积越大，摩擦力就越大。对于圆形深隧管道，半满流时产生的摩擦力最大。由摩擦力引起的诱导空气流量是在评估排水干管顶部空间内空气的自然流动建模时的主要参数。

当水从跌水竖井落下时，在跌落过程中形成液滴，增加气—液接触面积，因此，更多的空气被携带在下跌水流中，导致跌水竖井下游隧道上部空气压力的增加，以及增加臭味释放到系统外部周边大气的潜在可能性。

（2）水流速度和深度的变化

水深和水流速度的变化会产生不同的瞬时条件，比如进入大型深隧的水流的增加，将引起水位上升，原本被空气占据的空间被增加的水流替换，这部分置换空气将被来水"挤出"深隧系统，这个过程在缺乏通风系统的深隧中更加明显。在通风系统比较完善的深隧管道中，这种空气置换通常小于风机的排风量。相反，等深隧内水流减小时，水位将降低，需要额外的空气来置换水位下降而空余出来的空间，这就需要通风系统能及时补充足够的置换空气量。

(3) 空气温度差及其引起的浮力

深隧深埋于地下,基本可以保持相对恒定的温度,比如 13℃。在寒冷的季节,外部空气温度比较低,外部空气密度比深隧管道内的空气密度要大,如果深隧系统有显著的空气流通通道,在这个密度差形成的浮力作用下,深隧内比较轻的气体会外溢到周边空气,这种效应称为烟囱效应。

在最早期的一些排水设计中,有些研究建议使用可以产生诱导气流的烟囱作为通风系统的核心构筑物,来改善排水管道系统的自然通风特性。在排水管道内的空气和外部空气之间存在足够温差的情况下,大而高的烟囱可以产生足够优良的空气流通。然而,近年建造的深隧系统,往往接入深隧的浅层支管数量比较少,加上深隧系统各种人孔、检查孔等基本完全封闭,形成了"封闭"系统。因此,由于浮力和温差引起的深隧内空气流动,几乎无法泄漏到外界。不管怎样,由于深隧系统缺乏明显的泄漏点,这个封闭系统倾向于加重由气液界面摩擦力形成的诱导气流带来的系统内局部空气增压现象。

(4) 风力传导

如果排水系统设有通风烟囱,烟囱口附近的风速比较大的时候,由于空气快速流动在烟囱口附近形成局部低压区,烟囱内外的气压差会造成排水管道内空气被"抽出"管道进入大气,这种现象称为风力传导。

为了防止隧道内臭气对大气的污染,现代排水隧道系统一般不会设置正面朝上的通风烟囱来专门将排水管道内空气排入大气。通风管会安装单向阀,仅允许新鲜空气进入排水管道,而阻止排水管道内臭气释放到大气中。

(5) 通风瓶颈位

通风瓶颈主要由局部管道内水位升高或管道本身标高布置引起,比如倒虹吸管,局部瓶颈位会阻碍排水干管顶部空间的空气流通。这些瓶颈可以减小管道顶部空气流动断面面积,甚至在管道全断面完全阻塞管道内空气流动。由于瓶颈位的阻碍,上游水流带来的诱导空气在该处聚集,形成管道顶部气压升高,会导致臭气逸散进入周边大气。典型排水管道中瓶颈位附近的空气流通过程如图 4-41 所示。

(6) 机械通风

排水隧道的机械通风可以通过风机来从隧道顶部空间抽取空气,目的是保持隧道顶部空间内相对大气环境而言有一个轻微的负压环境。机械通风技术手段可以有效地在局部空间受限或受控的"密闭"排水隧道系统中实现良好的通风环境。美国已在大管径污水干管上进行了抽气试验,表明:① 使用风机可以在排水隧道顶部空间内产生负压;② 负压力可能在干管内很长距离内得到保持,特别是在检查孔等密闭性相对较好,且没有主要的横向支管接入的情况下。

为了避免深隧内臭气对周边环境的影响,排水隧道通按照"密闭"系统设计,因此,系统内外温度温差、烟囱效应和风力传导等因素对空气流动的影响远远小于水流摩擦阻力和通风瓶颈位的影响。因此,对于"密闭"的非满流排水隧道或截污工况下运作的

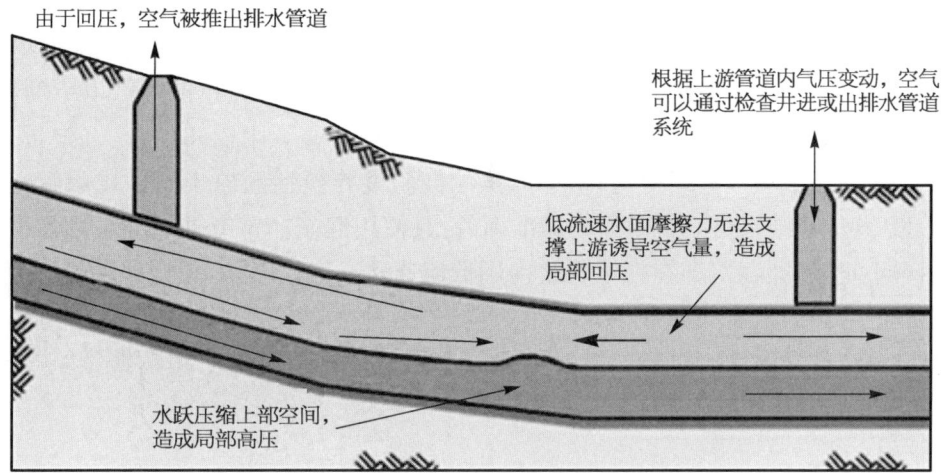

图 4-41 典型污水系统空气流动示意图

复合型隧道,各种影响因素对于新建深隧系统的通风设施设计的重要性,总结如下:

① 水流摩擦阻力的拖拽作用是设计的主要控制因素。

② 污水流速和深度的变化不如摩擦阻力显著,不应该在通风设计中起主要作用。

③ 系统内外温差以及引起的烟囱效应可忽略不计,但该压力差可作为主隧内需要保持的最大负压(机械通风需要保持的系统内外气压)。

④ 风力引导对污水隧道通风影响不大。

⑤ 特定位置设置通风瓶颈位,比如主隧内设置风挡,以控制臭气在隧道内的运动方向。

对于复合型深隧或排涝深隧,暴雨期间入流量非常大,有可能形成严重浪涌现象。浪涌过程中,通风系统设计着重考虑瞬间水位升高导致的大量置换空气所需要的通风量,需要根据深隧断面尺寸、水位升高速率等因素,确认浪涌过程中深隧系统最大的排风量。一般需要设置专门的通风口来处理这种特殊工况下的巨大排放量需求。

4.5.2.2 排水管道空气动力学模型

排水管道中气体运动的最主要动力是在气液交界处水流与空气间的摩擦力。通常认为,在水面处的空气流速最大且接近水流速度,而距离水面越远,空气流速越小。排水管顶部空间的空气压力的变化主要受空气流速、空气量以及整个下水道的气密性的影响。当井盖有操作孔或有多条支管接入时,排水管道内的空气压力自然比较低。这种情况与带有孔洞的通风管中的气压变化相似。密封井盖或连接支管较少时,易导致压力增加,并使高压区在管道系统内扩展距离达数千米。

目前在北美,针对排水管道内空气流动的研究已经有了多个研究成果和计算流体动力模型,主流的动力学模型有三个:① 1981 年,Pescod 和 Price 的经验推导模型。这个模型来自一个 300 mm 直径的实验室重力管试验结果。② 2004 年,Edwini-Bonsu 和 Steffler 建立的计算流体动力模型(computational fluids dynamic,CFD)。该模型的建立基于二维的管道几何断面形状和废水流量的 CFD 分析结果。③ 1997 年,Olson 等人开发的热力学模型。这个模型以一个已完成的工业排水管道的气液两相研究成果为基础。

在 2009 年,在水环境研究基金会支持下,《排水系统通风研究报告》(以下简称《报告》)通过实测数据,对设计师广泛应用的以上三种模型做了比较和评价。《报告》认为没有一个模型与现场数据匹配得特别好,虽然经验推导模型倾向于高估排水管道内通风量,但是其计算结果是三个模型中最准确的,且使用起来非常方便。经验推导模型进行了相对小规模的实验,即在污水管道内用低流速诱导空气流动,缓慢移动的层流将在空气中产生最小的阻力并携带相对较小的空气,这种小规模实验在大型污水隧道中的应用具有一定的局限性。《报告》针对上述三个模型计算结果与实测数据做了对比,如图 4-42 所示。

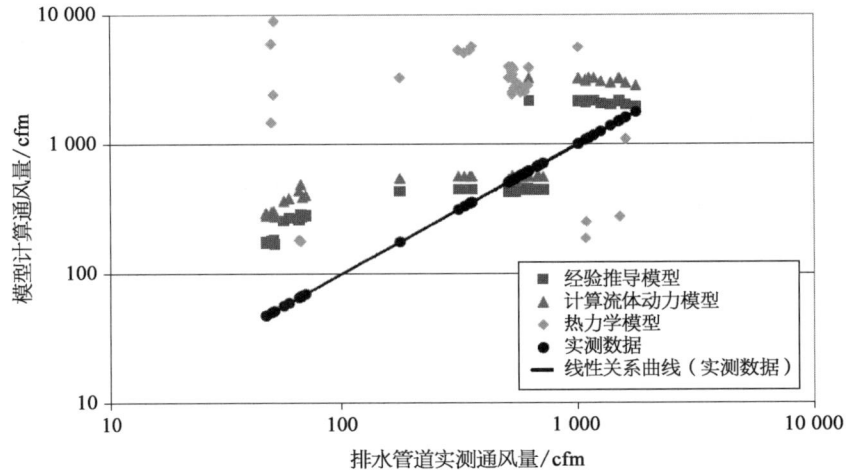

图 4-42　不同排水管道空气动力学模型计算结果对比

(1) 经验外推模型

Pescod 和 Price(1982)搭建了直径 300 mm 的实验室规模的重力管物理模型,测量各种水深、流速组合下的管道上部空间通风量。使用外推法,以 300 mm 管道的测量数据外推计算出重力流大管径的通风量,并应用于多个工程实践中。下式为 Pescod 和 Price 实验研究得到的重力流排水管道的通风-水力学能量关系式:

$$V = 0.397 \left(\frac{WV_{\mathrm{w}}}{P_{\mathrm{air}}} \right)^{0.7294} \tag{4-48}$$

式中　V——排水管道上部空间空气平均流速(m/s);

　　　W——排水管道内水面宽度(m);

　　　V_{w}——排水管道内水流平均速度(m/s);

　　　P_{air}——排水管道干周,即管道断面周长减去湿周(m)。

根据《报告》实测通风量数据校核、验证,经验外推模型模拟结果与实测数据做比

第 4 章 深层排(蓄)水隧道系统工艺设计

较,平均相对误差为 103%,而且普遍比实测数据大,尤其在上下游通风受限的位置,误差最大。在每个测量点位置,经验模型模拟通风量数值变化不大。比如,在某些位置的实测通风量数值可能差 4 倍,但是经验模型模拟结果仅有 5% 的偏差。这是因为排水系统局部的水流流速变化比较小而导致的结果。

(2) 计算流体动力学(CFD)模型

Edwini-Bonsu 和 Steffler(2004)开发了一个 CFD 模型,基于水面流速和水力几何学来估算排水管道上部通风量。对于层流和紊流两种气液条件,该 CFD 模型输出结果的适配关系式如下。

层流:

$$\frac{V}{V_{ws,ave}} = 1.028 \frac{W}{P_{air} + W} \tag{4-49}$$

紊流:

$$\frac{V}{V_{wc}} = 0.8560 \frac{W}{P_{air} + W} \tag{4-50}$$

式中 $V_{ws,ave}$ ——水流在气液交界面平均流速(m/s);

V_{wc} ——水流在气液交界面中心线的流速(m/s)。

水流在水面中心线流速的计算,可以参考瓦诺尼法[Vanoni(1941) method]。该方法用来计算一条假设宽度无限的明渠在某个水深时的水流流速,如下式:

$$V_{wc(Z_d)} = V_w + \frac{1}{K_a} \sqrt{gdS} \left(1 + 2.3\log \frac{Z_d}{d}\right) \tag{4-51}$$

式中 $V_{ws(Z_d)}$ ——明渠中心线处,距离渠底 Z_d 处流速(m/s);

d ——明渠中心线水深(m/s);

S ——明渠坡度(m/s);

K_d ——Von Karman 常数,等于 0.4。

等 Z_d 等于 d 时,中心线水面流速计算式如下:

$$V_{wc} = V_w + \frac{1}{K_a} \sqrt{gdS} \tag{4-52}$$

参考 Edwini-Bonsu 和 Steffler(2004)整合的关系式来计算水流的水面平均流速 $V_{ws,ave}$:

$$V_{wc(y)} = V_{wc}\left(\frac{W-2|y|}{W}\right)^{0.25} \Rightarrow V_{ws,ave} = \frac{\left[\int_{-W/2}^{W/2} V_{wc}\left(\frac{W-2|y|}{W}\right)^{0.25} dy\right]}{W} \tag{4-53}$$

式中 y ——距离水面中心线长度(m)。

这个CFD模型计算结果的准确度比经验外推模型更低，平均相对误差为173%，虽然计算结果与经验外推模型的计算结果在趋势上类似，但是在数值上更加过高估算通风量。这是因为，与经验外推模型一样，这个CFD模型也是基于管道几何结构和水流流速来预测管道上部通风量，并没有考虑其他干扰因素，比如温差引起的空气压力差、风速等。上述计算式会受到初始边界条件的限制，每根排水管道的边界条件都可能不同。为了得到更加准确的CFD模型模拟结果，需要对排水系统的每个独立组成部分分别建立、运行特定的模型。这样对于大多数工程项目来说，计算量将非常大。

（3）热力学模型

Olson等人（1997）为计算一个热动力系统的工艺输水管上部的空气流通而建立了一个数学模型，该输水管上部空间的空气，从输水管上游进入管道，从下游溢出管道。Olson模型有以下几个假设：① 假设管道上下游各一个通风口，供空气进出；② 调整对流热传递以适应埋地管道的实际情况；③ 工艺管道内的水自由流出管道系统，并假设为稳定流。

热力学模型如下式：

$$m = \frac{Q_{\text{Lat}} + Q_{\text{con}} + Q_{\text{rad}} - W_{\text{net}}}{e_{\text{out}} - e_{\text{in}} + \left[\frac{V^2}{2}\right]_{\text{out}} - \left[\frac{V^2}{2}\right]_{\text{in}} + gZ_{\text{out}} - gZ_{\text{in}} + gH_{\text{L}}} \tag{4-54}$$

式中　　　　m——空气流量（kg/s）；

Q_{Lat}、Q_{con}、Q_{rad}——潜热传递、对流热传递和辐射热传递（J/s）；

W_{net}——气液界面间拖拽力、管道壁摩擦力对空气所做的功（J/s）；

e——空气的比焓（J/kg）；

Z——标高（m）；

H_{L}——空气流动过程中沿程水头损失（m）。

与《报告》实测通风量数据做比较，热力学模型计算结果的平均相对误差为3 400%，很大程度是因为难以估算管道上部空气与土壤间的热传递。上式将各种机械能计算项（功、水头损失、动能、势能、重力流等）与热功相关的计算项（热传递、焓）混合到一起，意味着热工计算项将弱化机械能计算项；或者，如果热工计算项不显著，将导致计算结果出现渐进性偏差。

4.5.3　跌水竖井通风

市政排水深隧一般建于建筑密集的市区，考虑用地限制，跌水构筑物绝大多数选择折板竖井或旋流竖井。这里简单介绍旋流竖井、折板竖井内部空气流动特征以及通风量计算。

（1）旋流竖井通风

旋流竖井核心构件为旋流起旋器，应用比较多的起旋器有锥形、螺旋形、圆涡形等。

起旋器形式不同,对旋流竖井夹带空气量可能有影响。对于市政排水深隧工程旋流竖井夹带空气量的研究,针对锥形起旋器旋流竖井的夹带空气量研究成果比较多。

来水在旋流竖井的跌落过程中,水流会夹杂部分空气,为了避免主隧内产生气爆现象,在旋流竖井与主隧之间的连接支隧上设置气水分离室,气水分离室上部设置通风管道,将夹带空气排放至大气或跌水竖井上部,避免夹带空气进入主隧,同时保持跌水竖井上下游气压平衡,如图4-43所示。

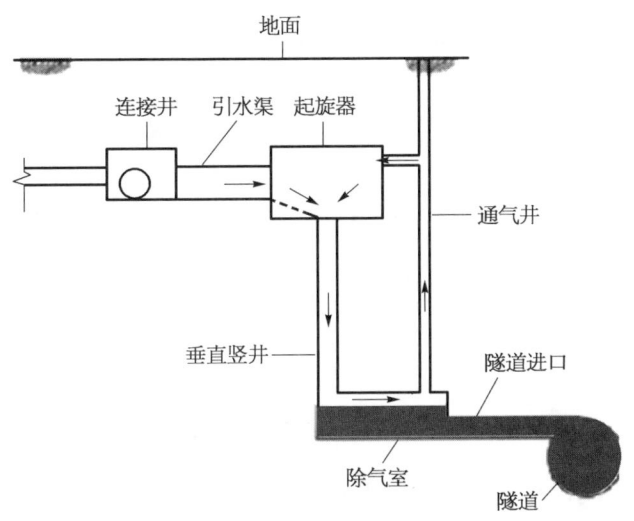

图4-43 旋流竖井通风系统图

根据实验室物理模型实测数据,锥形起旋器旋流竖井夹带空气量计算经验公式如下:

$$Q_a = 0.0078 X^{0.7338} \tag{4-55}$$

式中 X 为多变量组合参数,计算式如下:

$$X = d_e^2 V_\infty^3 L^{0.5} \tag{4-56}$$

式中 V_∞ ——竖井内水流跌落流速(m/s),计算式如下:

$$V_\infty = \left(\frac{1}{n}\right)^{0.6} \left(\frac{Q}{\pi D}\right)^{0.4} \tag{4-57}$$

式中 D ——竖井直径(m);
n ——曼宁系数;
d_e ——竖井内水流断面面积当量直径(m);如图4-44所示。

图中所示旋流断面当量直径 d_e,可以计算出空气核直径 d 后推算出来,参考相关研究成果 $\lambda = d^2/D^2$ 的计算式(见图4-45):

$$\sqrt{\frac{(1-\lambda)^3}{2\lambda^2}} = 4\left(\frac{Q^2 e}{g\pi^3 D^6 \cos^4 \beta}\right)^{\frac{1}{3}} \left(\frac{1}{1-e/D}\right) \tag{4-58}$$

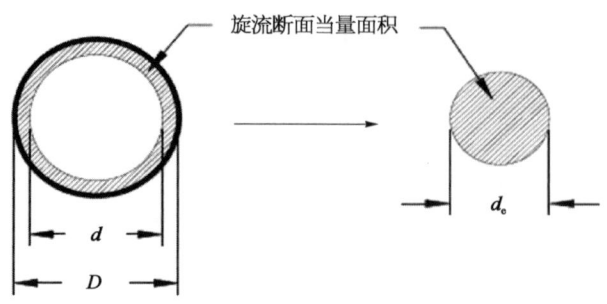

图 4-44 旋流断面尺寸图

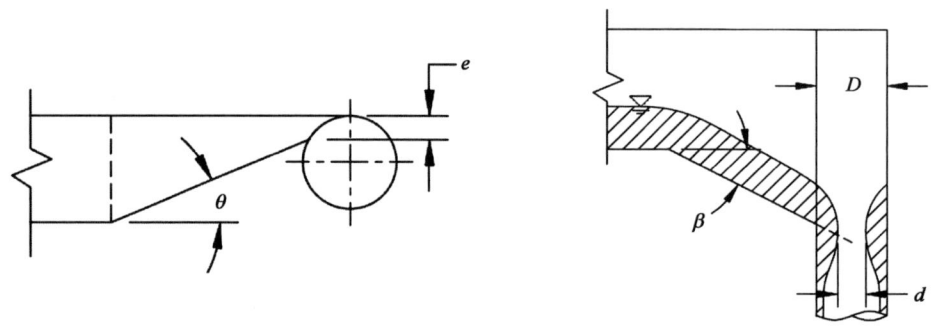

图 4-45 旋流断面计算参数图

式中　e——锥形入流口在竖井侧壁的开口宽度(m);
　　　β——锥形入流口坡度角。

当然,上述研究成果是基于一定流量范围内物理模型研究成果之上的经验公式,并不代表可以计算任何设计规模旋流竖井的夹带空气量计算。建议在工程实践中,搭建 1∶4 至 1∶10 的物理模型,充分验证夹带空气量以及其他相关设计参数。

(2) 折板竖井通风

折板竖井分干区和湿区。干区的设置有两个功能:保持竖井内空气流通、维修通道。折板竖井每层折板下设置通风孔,可以保持干区和湿区之间的气压平衡。参考相关研究成果,通气孔可设计为长 3 m、高 1 m 的矩形孔或直径 1 m 的圆孔,为尽量减小折板底面空气空间高度,检查口应设置于挡板正下方,且同时满足检查孔距井壁距离不小于 0.5 倍折板长度。

同时,研究人员研究了折板竖井的通风情况,将折板竖井上部加盖密闭,将烟雾泵入竖井空间内,观测是否有空气在跌水过程中被排出竖井。试验观察结果显示,在跌水过程中并没有发现明显的空气进入或排出折板竖井,即使入流管道会携带少量诱导空气进入竖井,这部分空气量也非常有限。竖井内各部分气压与外部大气压基本一样。因此,对于折板竖井通风设计需要考虑以下几点:折板下设置通风孔,保持干区、湿区空气流通;设计流量规模下,保持 2～3 层折板淹没,便于气水分离;连接支隧直径尺寸设计需要满足支隧处于满流状态,避免夹带空气进入主隧。

4.5.4 深隧通风系统设计

参考以上内容可知,在自然通风条件下,包括排水深隧在内的排水管道内空气动力学条件比较复杂,影响因素多,包括气液交界面拖拽力、管道壁摩擦力、系统通风孔分布、系统内外温差、风速、管道内水力条件、管道纵向布置等。深隧分为多种类型,不同类型的深隧,功能、运行工况、深隧内空气质量等都有所不同,相对应的通风系统需要适应不同工况、不同水力条件下的通风、除臭的要求。

(1) 设置深隧通风系统的目的

① 保障深隧系统空气流通,缓解污水中硫化物对内壁的腐蚀。

② 确保空气排放及时,避免气爆现象导致严重浪涌和瞬间高压对隧道结构的破坏。

③ 维持深隧系统内部有一定负压,避免臭气外溢而影响周边空气质量。

(2) 深隧通风系统设计原则

排水深隧通风系统与深隧类型、工况、水力条件等密切相关。通风系统设计原则介绍如下:

① 除防洪排涝深隧外,污水转输深隧、截污深隧、复合型深隧建议采用机械通风。

② 机械通风应保持深隧系统内有一定的负压,负压值不小于烟囱效应产生的负压,避免隧道内臭气外溢。

③ 浪涌条件下的短时置换空气外排,应设置独立通风孔、管,这部分外排空气发生概率低,不必处理。

④ 分别计算各种工况下预处理构筑物、支隧、主隧、末端泵站等的通风量,风机、除臭设备的选型按照各种工况下最大通风量计算。水流流动导致的诱导通风量计算参考经验外推模型,虽然计算通风量偏大。

⑤ 对于复杂深隧系统,手动建立空气动力学模型比较复杂,可以使用计算机 CFD 模型来模拟系统通风量,ANSYS/CFX 软件,如图 4-46 所示。

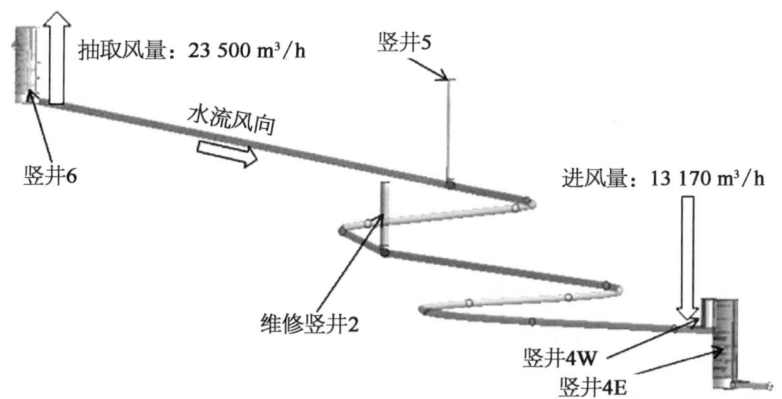

图 4-46 SeC 污水转输深隧系统 CFD 模型示意图

4.6 臭气控制

考虑到排水隧道旱季收集的漏排污水将会产生大量的臭气,其中的腐蚀性成分会腐蚀隧道结构,而且臭气溢出周边环境,影响周边居民的生活。为了缓解对周边居民工作、生活的不利影响,保护隧道结构,深隧系统需要设置一整套通风、除臭系统。

4.6.1 排水管道臭气主要成分和危害

排水管道内的污水以及沉积物,会释放各种臭气物质进入管道上部空间与其中的空气混合,在一定水力条件下,通过排水系统构筑物缝隙或其他通道排入周边大气,影响周边居民生活。臭气的主要成分有硫化氢(H_2S)、甲硫醇(CH_4S)、甲硫醚(C_2H_6S)、氨气(NH_3)、二甲二硫($C_2H_6S_2$)、二硫化碳(CS_2)、苯乙烯(C_8H_8)、三甲胺(C_3H_9N)等,其中主要致臭物质为硫化物、氨气等。硫化氢不但对周边环境产生影响,在一定条件下还会被氧化成为硫酸,腐蚀管道内壁,如图4-47所示。

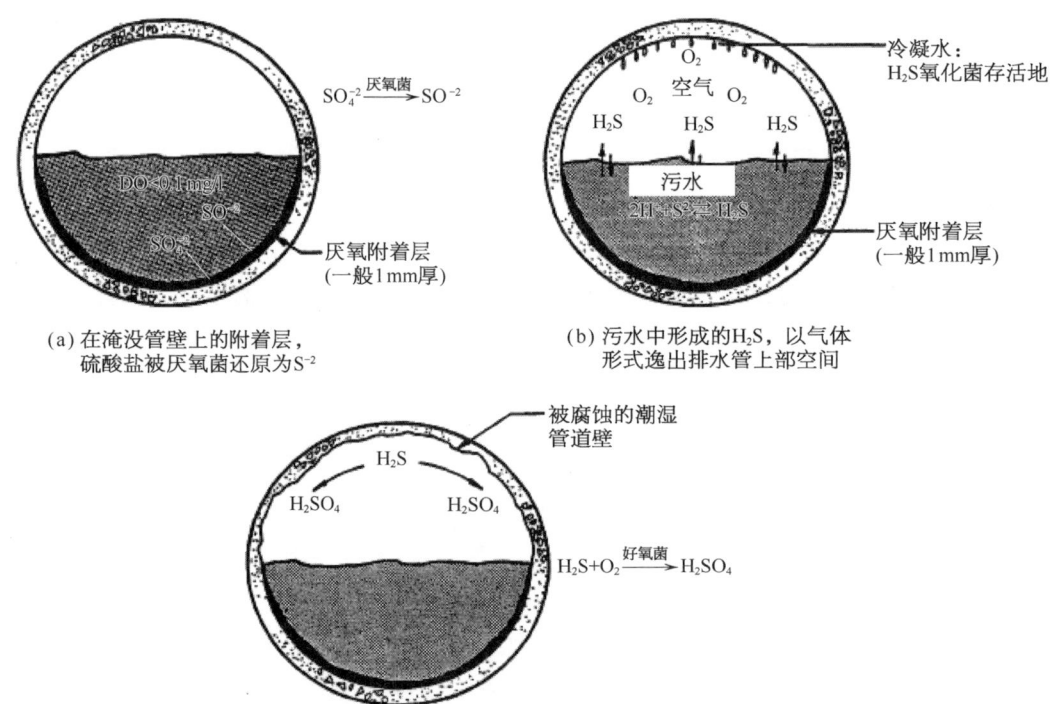

图 4-47 污水管道内硫酸生成机理图

4.6.1.1 硫化氢对管道内壁的腐蚀机理

(1)生活污水、工业废水以及地表径流中含有硫酸盐。排水管道与污水接触,在水下管道壁形成一层黏滞层,黏滞层内为厌氧环境。溶于水的硫酸根离子(SO_4^{2-})在黏滞层内厌氧菌的作用下,被还原为二价硫离子(S^{2-})。

(2)硫离子(S^{2-})进入污水,形成硫化氢(H_2S),H_2S以气体的形式溢入管道上部空气,形成硫化氢气体。在管道上部潮湿环境下,形成H_2S氧化菌的生存环境,滋生产硫酸杆菌的生长。

(3)在产硫酸杆菌的作用下,H_2S气体和管道上部空气内的O_2结合,生成H_2SO_4。

排水管道内特殊的环境条件下生成的硫酸,对暴露的管道内壁,包括混凝土结构、钢铁结构等都会产生强烈腐蚀,导致排水管道使用寿命减短。因此,为了抑制大型排水管道内硫酸对管道的腐蚀,从20世纪90年代开始,研究人员进行了大量研究工作,建议排水管道防腐的途径有两个:① 污水中添加过氧化氢、氯化铁等氧化剂,抑制H_2S气体的产生;② 设计完善的通风、除臭系统,不但保护管道不被腐蚀,同时净化污水管道排除的臭气。

4.6.1.2 硫化氢的产生机理和影响因素

在废水收集和处理系统中,硫化氢产生的主要原因是:厌氧条件下硫酸盐发生还原反应,生成硫化氢,如图4-48所示。其反应过程分为两个阶段:

阶段1

$$SO_4^{-2} + 有机物 \xrightarrow{厌氧菌} S^{-2} + H_2O + CO_2 \qquad (4-59)$$

阶段2

$$S^{-2} + 2H^+ \longrightarrow H_2S \qquad (4-60)$$

(1)温度对阶段1的影响

在大都市地区的降雨过程中时常伴随着硫酸盐的出现,使得硫酸盐成为了自然水体中最为常见的阴离子之一。对上述阶段1反应中的其他硫的来源还有人类排泄物中存在的有机硫化合物,将会形成阶段1中的反应物。

在深隧系统内部水面以下,有机物将在壁面形成一层薄薄的黏液层,其中生存着各种活细菌。由图4-48所示,该黏液层的第一层内存在好氧菌,它可将水中的溶解氧分解生成二氧化碳和水;第二层内存在厌氧菌,其使用硫酸盐和有机物质产生硫化物;它们的生化反应方程式见上文中的阶段1。但是需要说明的是,若黏液层内溶解氧充足,厌氧区内的硫化物会被好氧区内的好氧菌利用、氧化为硫酸盐。只有当氧气不存在或很少时,厌氧区内的生化反应才足够活跃以使得硫化物产物释放至污水中。因此,针对阶段1,溶解氧的含量是主要控制因素。

温度对水中溶解氧的含量影响很大,进而影响硫化物的产生量。具体原因如下:

① 随着水温升高,氧气在水中的溶解度降低。因此,水温升高,溶解氧随之降低,而硫化物浓度升高。

② 研究表明,硫酸盐还原菌的生物活性随温度升高而增强。参考相关文献、资料均

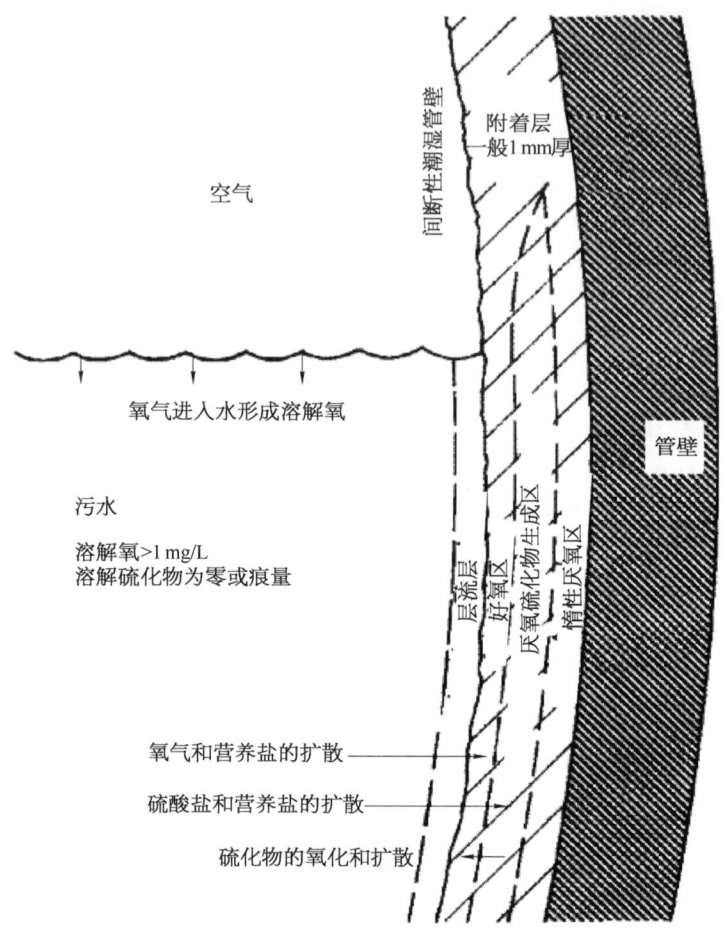

图 4-48 排水管道壁硫化物转化机理图

指出：当水温不高于 30℃时，水温每升高 1℃，硫化物的产生率可提高 7%。在水温不高于 30℃的条件下，这相当于每升温 10℃，反应速率便加快一倍。

由上可知，随水温升高，阶段 1 的反应速率增加，则中间硫化物产物和最终产物硫化氢的数量也会增多。

（2）温度对阶段 2 的影响

阶段 1 产生的硫化物在水中以三种不同的化学平衡的形式存在：硫化物离子（S^{2-}）、氢硫化物或二硫化物离子（HS^-）和硫化氢水溶液[$H_2S(aq)$]。其中，只有硫化氢水溶液可以生成硫化氢气体[$H_2S(gas)$]逸出水面，导致恶臭和管道腐蚀的问题。此外，溶液的 pH 是决定硫化氢水溶液占硫化物总量比例的最重要因素。溶液 pH 越低，硫化氢水溶液含量越高。依据亨利定律和水流的湍流程度，可推算得到以 $H_2S(gas)$ 的形式逸出水的 $H_2S(aq)$ 的量。

由于亨利定律有赖温性，温度对 H_2S（气体）的释放量的影响用该值表征，H_2S 的无单位亨利定律常数由下式给出：

$$H = 0.0084T + 0.2043 \tag{4-61}$$

式中 H——H_2S 在亨利定律中的常数(无量纲);

T——污水的温度(℃)。

根据溶液 pH 确定硫化物浓度,进而确定 $H_2S(aq)$ 浓度。这样可以使用亨利定律常数计算平衡 $H_2S(gas)$ 浓度如下:

$$H_2S(gas) = H \times H_2S(aq) \tag{4-62}$$

由公式可知,温度越高,亨利定律常数越大;反向作用于 H_2S 的浓度计算时,其平衡气相的 H_2S 浓度越高。这与大多数气体的溶解度随温度升高而降低的事实一致。因此,可以得出结论,在阶段 2 的反应中,水温增加有利于 H_2S 向外界大气的释放。

(3)硫化氢平衡浓度的估算

某工程项目采样硫化物浓度最高值为 0.15 mg/L,实测 pH 为 7.0。依据此 pH,作为 $H_2S(aq)$ 存在的硫化物的比例为约 50%,浓度为 0.075 mg/L。基于这些输入参数,表 4-3 列出了各种温度下的亨利定律和 $H_2S(gas)$ 平衡浓度。

表 4-3 亨利定律常数和 $H_2S(gas)$ 平衡浓度

温 度	0℃	10℃	20℃	30℃	40℃
亨利定律常数/H	0.20	0.29	0.37	0.46	0.54
硫化氢气体平衡浓度/(mg/L)	0.015	0.022	0.028	0.034	0.041
硫化氢气体浓度/ppmV	10.08	14.75	19.72	24.99	30.57

计算每 10℃温度变化 H_2S 的平衡浓度变化百分比,结果如图 4-49 所示。

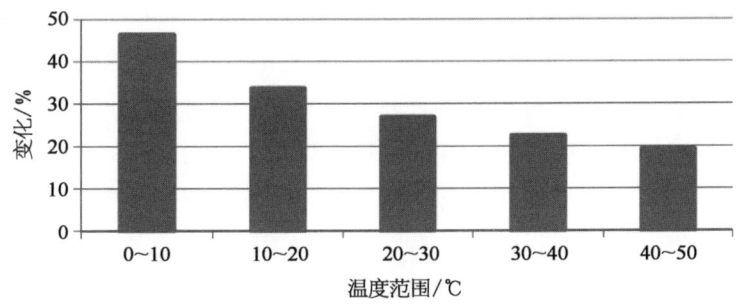

图 4-49 随温度升高的 H_2S 浓度变化率

与预期一致,H_2S 浓度的百分比变化随温度升高逐渐下降,并在 30℃后开始稳定。

4.6.2 除臭技术

(1)生物滤池

生物过滤是一种传统除臭技术,其中包括物理吸附、水吸附和臭气混合物的微生物氧化等过程。从根本上说,一个生物滤池填料是土壤、堆肥或工程无机介质等物质,以使增长的细菌可以代谢臭气化合物。生物过滤器除臭技术已被广泛应用于污水处理厂、泵站、污水收集管道系统和食物垃圾回收厂等工程项目中。

生物滤池的设计是多样的,可以建成掩埋式(图4-50)或者地上式。地上式的生物滤池可以由不锈钢或者纤维增强塑料容器组装而成,也可以在现场用混凝土浇筑而成。生物滤池顶可以用固定材料封顶或者用可拆卸木板覆盖。生物滤池也可做无盖设计,使空气可以从介质中直接扩散。有盖设计的生物滤池把处理过的空气通过排气塔向外部排放,从而使废气呈现出高分散的状态。有盖生物滤池虽然更为昂贵,但是对易被臭气影响的敏感受体来说,这种设计有更好的性能表现。

图4-50 掩埋式生物滤池除臭系统照片

实践经验表明,场地内的堆肥、污泥堆肥、木材和树皮屑都可以有效地去除硫化氢和其他气味引起的污染。在缓冲区和营养区由惰性材料组成的工程无机介质可以为臭味化合物的微生物氧化过程提供理想的环境。工程无机介质可以弹性应对介质因压缩或者附着沉积物增加导致气体通过介质引起的阻力的升高和去除效率降低的问题。与有机介质相比,工程无机介质有更长的使用年限,在一般情况下具有更高、更稳定的去除效率。有机介质的更新期为2~4年,而工程无机介质则是10年以上。许多无机介质供应商都有10年无机介质使用期的保证。

生物滤池对处理大范围臭气混合物非常有效。这些臭气混合物由H_2S、有机硫化合物[如甲硫醇(MM)、二甲基硫(DMS)和二甲基二硫化物(DMDS)]、氨和在生物滤池介质污染物负荷范围内的某些特定的挥发性物质组成。当H_2S的平均进气负荷高于30 ppm时,填料床的pH值会降低,因为微生物进行H_2S代谢后产生的副产物硫酸量会增加。填料床pH值为中性时,硫化物和挥发性化合物更容易被氧化,低pH值可以降低这些有机物的去除效率。气体通过介质阻力的增加会导致生物滤池风机消耗的增加,才能使臭气通过填料床而达到去除目的。

生物滤池适用于需要不间断处理且包含多种混合物的臭气处理。由于通过填料床

第 4 章　深层排(蓄)水隧道系统工艺设计

时的停留时间相对较长,此项技术适用于中等风量的情况。风量越大,所需要的生物滤池规模也越大,工程占地也越大。

生物滤池除了用于喷淋工艺的循环泵和风机外,仅有少数可移动设备。相对于其他臭气处理技术,生物滤池需要更少的维护工作。无机介质的使用年限为 10 年以上,因此几乎不需要移动和更新介质。通过加湿设备,进入滤池的空气相对湿度为 99%,有助于生物过滤过程的进行。加湿室可以被整合成一个密闭空间,或者可以在现场建混凝土生物过滤器。臭气穿过填充材料时需要不间断地喷洒水,在喷洒过程中形成的水滴通过扰动作用增大了水表面积,也有助于增加空气的湿度。空气中的湿度有利于介质颗粒周围的湿润生物膜吸附臭气污染物,也有助于生物膜的生物代谢。填料床需要在一定的时间间隔内加水以保持生物填料床的湿度。间隔一定时间,在微生物膜堆积过量时需要冲洗填料床,这个过程称为反冲洗,通常间隔时间为几天,进行一次一小时或两小时的反冲洗。

通常来说,生物滤池的 H_2S 去除率为 99%,同时有 90% 的其他臭气混合物也被去除,比如甲硫醇、甲硫醚、氨等。在某种程度上,生物滤池可以去除所有由废水产生的臭气混合物。臭气去除率至少为 90%。为了提高生物滤池性能,有时候可以在生物滤池前配置前置生物洗涤器,或者在生物滤池后安装后置干介质生物洗涤器,这样的组合可以提高整个系统的去除效率。若进入生物滤池的臭气 H_2S 浓度高,通过安装前置生物洗涤器可以减少 H_2S 负荷。结合前置生物洗涤器,除臭系统的 H_2S 的去除率可以升高到 99.5%。结合后置安装的碳过滤器,除臭系统可以吸收或者氧化任何难以去除的 H_2S 和剩余的硫磺气味的化合物。干介质生物洗涤器在整个系统中扮演了一个抛光的角色,干介质生物洗涤器吸收和去除生物滤池处理后残留的臭气化合物。目前,臭气污染物可以通过生物滤池去除,去除不了的微量臭气可以通过排气筒排出。

(2) 生物洗涤器

生物洗涤器(见图 4-51)和生物滤池很相似,它们都是基于物理吸附、水吸附和臭气化合物的微生物氧化等过程。类似地,在生物洗涤器中,臭气也是通过一个具有高表面积的填料床而达到去除臭气的目的。生物洗涤器一般采用耐腐蚀无机介质,以确保系统可以承受由于 H_2S 被氧化后所造成的低 pH 值(1~3)环境。耐腐蚀无机介质的使用期可达到 10 年以上。相对于生物滤池,生物洗涤器的冲洗具有周期性,在与臭气流动相反方向上连续喷洒冲洗水在介质顶部。臭气从介质的底部往上扩散,最后从生物洗涤器顶部排出再进行下一级的处理或者直接排放到空气中。水喷头安装在洗涤器的顶部,从而可以使水直接喷洒到介质表面。水通过介质渗透后被收集在生物过滤器底部的池子里,再通过安装在洗涤器旁的循环泵把水池里的水输送到洗涤器顶部的喷头。氧化 H_2S 的微生物更喜欢酸性环境,而且氧化 H_2S 后会产生副产物硫酸。系统中循环水最佳的酸性条件下的 pH 值范围在 1~3。为了保证循环用水的质量,一小部分的水被排到排水系统中,生物洗涤器水池里的水可以由新的干净的水补充。

图 4-51 生物洗涤器除臭设施现场照片

相对于生物滤池，臭气在生物洗涤器填料床的停留时间更短。减少停留时间可以减少臭气处理所要求的介质体积。因此，生物洗涤器的占地面积比生物滤池的要小。生物洗涤器在去除高浓度的 H_2S（浓度在 50~300 ppm）方面也有很好的表现，但是对于其他还原性硫化合物（MM、DMS 和 DMDS）和挥发性有机物效果不明显。因此，臭气中 H_2S 浓度较高时，生物洗涤器去除效率比较高。生物洗涤器作为生物滤池后置处理设施使用时，对于去除空气中含有多种臭气混合物和高 H_2S 负荷的废气非常有效。此外，生物洗涤器可用于预处理过程，以延长干介质洗涤器的使用期限。这些干介质洗涤器可在气体排放前去除其他的臭气混合物。生物洗涤器用微生物去除气体中的 H_2S，因此，生物洗涤器不可以停止工作太久。如果没有 H_2S 作为食物来源，一般使用四五天后微生物将会失去活性，需要重新运行生物洗涤器一段时间，微生物才可自我恢复。

除了要求在循环水中添加营养以保证微生物的健康外，生物洗涤器的维护和以无机介质为填料床的生物滤池的维护方式相似。通过小计量泵可以不断地把营养液注入循环水中。营养液可从一个专门的储存罐中泵出。营养液需要维护人员每月至少进行一次营养液的混合和准备。如果安装区域的环境温度低于 0℃，为了避免结冰和保持进入洗涤器的空气温度高于 10℃，生物洗涤器下部的水池里的水需要加热。气温低于 10℃时，微生物氧化 H_2S 去除效率会降低。循环水的 pH 值较低（pH 值为 1~3）时，为了保证生物洗涤器高效运作，需要用清洁水代替部分循环水，排放的那一小部分循环水水质需要进行中和处理，达到市政污水管网对 pH 值的要求。

通常来说，生物洗涤器对最大浓度为 300 ppm 的 H_2S 的去除效率是 99%。但是，如果 H_2S 浓度高于这个值，生物洗涤器处理效果相对较差。生物洗涤器也可以去除一些还原性硫化物和氨氮化合物，但是最显著的功效是去除 H_2S。生物洗涤器后续流程可以添加生物滤池,或者安装干介质单元,这将提高除臭控制系统的去除能力。根据设计进气污染物浓度,同时考虑到处理过的气体可以通过排气筒排放,选择单一除臭工艺就可以达到要求的排放标准。臭气去除效率取决于进气的污染物成分,如果臭气主要由 H_2S 组成,去除率可以至少达到 90%。假如臭气中含有其他气体成分,则除臭系统在处理这些气体成分之前需要首先处理高浓度的 H_2S,则其他臭气污染物去除效率将会降低。

(3) 化学洗涤器

化学湿式洗涤器已有效地用于众多城市的臭气控制并展现了其高效性的优势。化学湿式洗涤器的气味控制系统的原理是从气流中用化学溶液吸收恶臭污染物,使污染物氧化后变成无味气体。对于 H_2S 的处理,化学溶液通常采用的是氢氧化钠(NaOH)或氢氧化钠和次氯酸钠(NaOCl)混合物。

化学洗涤器对硫化氢的去除率比有机物更有效,H_2S 的去除率大于 99%,通常与洗涤液含有的化学物质成分密切相关,但是,化学洗涤器去除有机化合物效率相对较差。化学湿式洗涤器的气味控制的主要缺点是洗涤液化学物质的腐蚀性很强,可导致较高的操作和处理成本。化学品的腐蚀性和危险性要求有严格的化学处理要求。化学品储存罐用来储藏整个系统所需添加的化学物质,甚至运作过程中产生的废液。另一个明显的缺点是主要设备的计量的复杂性,包括化学计量泵、循环泵、pH 探针、氧化还原电位探针与控制器,以及潜在的软水器等。使用危险化学品的要求是化学洗涤器的一大缺点,容易造成严重的健康和安全问题。为此,臭气控制发展趋势已经从该技术转移到其他技术,如生物过滤器、干燥介质或洗气装置。由于材料处理的安全性问题,以及臭气去除性能的不一致性,这项技术在污水系统除臭领域的应用越来越少。

(4) 干介质吸附罐

干燥洗涤器(见图 4-52)是一个用于气味控制应用时间最长久的方法,通常利用活性炭或其他制式炭当作吸附介质。炭具有较高的比表面积,为气味的吸附提供了大量的表面积。干介质吸附各种异味物质包括 H_2S 和产生臭味的其他有机化合物。在活性炭的气味处理系统中,通过活性炭颗粒表面的物理吸附把污染物从空气中除去。特定的气味控制应用的吸附介质也可以是氧化铝或其他化学黏合剂,吸附和氧化臭气污染物,并转化为无害的固体物质留在介质空隙中。对于其他类型的干燥介质,可以在臭气控制单元内加入活性炭,以提高单位体积吸附介质对气味的去除性能。浸渍高锰酸钾或高锰酸钠的吸附介质可以扩大从臭气中去除恶臭化合物的范围,包括有机化合物、硫化合物、醛和 H_2S 等,都可以通过双重干燥介质去除。

干燥介质气味控制单元操作便捷。介质床可以特殊设置,使得气流垂直或水平通过处理容器。垂直气流系统通常是圆柱形容器,恶臭空气从底部进入,向上通过介质,并从顶部溢出的。水平气流处理装置将介质从底部到顶部"V"形排列在容器中。空气通过"V"形介质床的开口端到排气侧端。水平气流通道处理容器顶部设置检查孔,用来

图 4-52 绝缘干介质除臭设施现场

置换吸附介质。水平气流处理单元的一个缺点是它比相同体积介质的圆柱形处理单元占地更大。如果空间足够，推荐采用水平装置，更容易拆卸和更换介质。

深隧系统中的臭气湿度可以达到 98% 以上，对于深隧系统的臭气控制，选择的干燥介质必须能够在一个具有很高的相对湿度的环境中去除污水源的气味。冷凝可以使干燥介质变湿并降低其吸附性能，因此在处理器入口设置除湿设备很有必要。具有疏水性的介质可以抵抗高湿度的环境，但去除冷凝和水滴的保护措施还是需要的。除雾器应安装在容器的入口侧，用来吸收任何细粉、油脂或在气流中夹带的水滴。在非常潮湿的进气口处，环境和温度的差异会导致明显的结露，用空气除湿机加热空气来降低空气的相对湿度，有助于保持介质和处理容器的干燥性。为了减少除湿系统的运行成本，使用绝缘物质包裹干燥介质容器，以减少冷凝，这是一个具有成本效益的解决方案，并能保持系统的性能。

干燥介质单元体积的大小取决于恶臭化合物的进入量和进气速度。为了确保合理的介质寿命，必须设置足够体积的干燥介质，以容纳需要吸附的恶臭化合物的质量。当介质内的所有空隙都充满了吸附和氧化后的恶臭污染物时，干燥的媒体系统就会失去功效。当这种情况发生时，需要用新介质替换失效介质。

与基于生物处理方法不同的是，干燥的介质系统可以关闭很长一段时间，即使重新运作也不会影响到它们的臭气去除性能。该设备也可以在夜间或当气味处理系统不需开启的时候关闭，而不会影响未来的性能。

(5) 光化电离除臭设备

光化电离除臭设备（见图 4-53）利用紫外光（UV）和催化剂来氧化臭气混合物（如 H_2S）。光化电离系统由多个电离室组成，在电离室内利用紫外光（UV）反应生成羟基和氧自由基，在催化剂的作用下，自由基和臭气混合物进行氧化反应。该催化剂通常是一种碳基介质。这种技术在氧化方面和去除污水臭气方面非常有效，即使进入电离室的气体湿度较高,对其性能也没有太多负面影响。该过程可以关闭一段时间而不会因为一次又一次的重复操作而降低系统性能。系统运行不需要添加水和其他试剂,只需要电力系统支持。

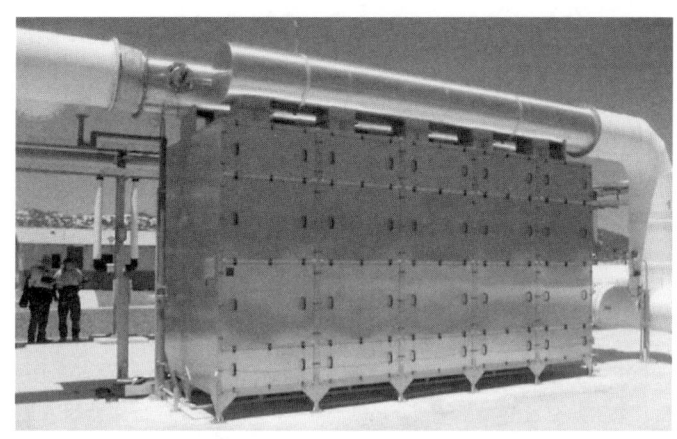

图 4-53　光化电离除臭系统现场照片

光化电离作用对高浓度少量空气中的 H_2S 和其他臭气混合物的去除作用明显。如果需要处理大量的低浓度或者中等浓度臭气,在电离过程中产生的氧自由基没有完全反应,残留部分将逸出除臭设备进入附近大气环境。典型的自由基是臭氧,具有极强的氧化作用,附近人体接触臭氧或者吸入臭氧会导致呼吸系统的损害。因此,需要在排气装置处安装臭氧检测仪,以避免大量臭氧扩散。

通常,每年更换一次催化剂和对紫外光灯进行常规检查。随着系统所需处理气体量的增加,设备维护频率也需要相应增加。

一般情况下,光化电离作用和生物滤池对臭气的去除效率相近,99% 的 H_2S 被去除,将近 90% 的臭气混合物也同时被去除。维护检查是为了确保紫外线灯没有被烧毁,确保催化剂可以正常进行催化作用,从而使整个系统正常运作。假如紫外线灯不能正常操作,那么臭气处理中将不会产生所要求数量的自由基。假如催化剂的状态不稳定,那么自由基将会从系统中逸出而造成臭氧扩散。因此,光化电离设备需要得到良好的维护来保障设备的最优性能。

第 5 章

深层排(蓄)水隧道结构设计

根据深隧系统工艺流程,深隧工程主要由预处理构筑物、跌水竖井、连接支隧、主隧道、末端提升泵站等组成。从结构形式上看,这些构筑物和我们传统的城镇排水工程构筑物类似,但深隧工程最突出的特点就是埋置很深,通常都在 30 m 以上,这在目前我国大规模城市地下空间开发应用中也属于罕见的超深地下结构。由于深隧工程通常都是建在城市密集地区,埋置又很深,环境影响控制要求高,这就给结构设计、施工提出了新的技术挑战。

深隧工程中的竖井在运营期间起到竖向接纳和排放主隧道蓄水功能,在施工阶段又是施工主隧道的工作井,是属于深隧工程中最深的构筑物。根据国内外已有的工程案例,竖井通常采用钢筋混凝土结构,大都选用圆形布置方案。这是因为圆形结构受力条件好,具有环向轴向受压的特点,能充分发挥混凝土抗压强度高的特性,有利于承受大深度竖井外部巨大的水土压力。竖井施工多数采用地下连续墙围护加钢筋混凝土内衬结构形式,也有采用沉井形式,比如,日本寺畑前川调节池,竖井深 47 m,直径 30 m,采用自动化沉井(SOCS)工法。如果竖井施工对环境影响控制要求高,且基坑又很深,地下连续墙作为围护结构有突出的优势。

主隧道是深隧的重要构筑物,在深隧系统中起到接纳、调蓄和储存水体的作用。根据国内外已建的工程案例,其结构形式都为圆形,直径 5~10 m,长度短的几公里,长的也有几十公里。根据地质条件选用盾构法施工或矿山法施工隧道。特别是盾构法隧道,由于深隧的主要功能是储水,主隧道不同于我们通常所见的道路隧道和轨道交通隧道,它受力工况更复杂,在内水压作用下,管片处于小偏压或受拉状态,对盾构衬砌结构受力非常不利,这对管片结构形式、接缝止水、连接件的设置都提出了新的技术要求,同时还要考虑污染水对衬砌结构腐蚀的影响。

深隧工程的特点在于深,就会碰到许多常规工程技术无法解决的问题,或常规工程无须考虑的问题。为了解决深的问题,需要从结构计算方法、结构构造、施工工法等方面进行深入系统研究。根据深隧的特点,本书主要针对超深竖井、主隧道、超深地下连续墙、超深基坑盾构进出洞止水、隧道耐久性和抗震等方面进行论述。

5.1 超深竖井

5.1.1 作用竖井上竖向土压力

在土压力理论的发展历史中,根据不同的计算假定,衍生出多种计算方法,库伦土压力和朗肯土压力是最具代表性的经典理论。其中朗肯土压力概念假定明确,计算方法简便,且可以直接得出土压力沿墙体的分布情况,特别适用于工程验算,因而在国内外基坑工程规范中得到了广泛使用。

现行的行业标准《建筑基坑支护技术规程》(JGJ 120—2012)中土压力的计算采用了朗肯土压力的理论,如图5-1所示。外侧的主动土压力强度标准值、支护结构内侧的被动土压力强度标准值按下列公式计算:

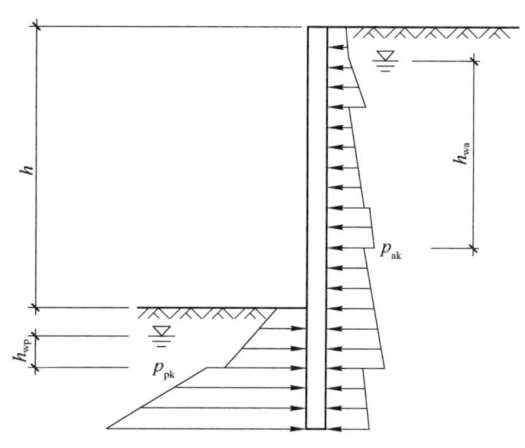

图5-1 《建筑基坑支护技术规程》土压力示意图

(1) 地下水位以上或水土合算的土层。

$$P_{ak} = \sigma_{ak} K_{a,i} - 2c_i\sqrt{K_{a,i}} \tag{5-1}$$

$$P_{pk} = \sigma_{pk} K_{p,i} + 2c_i\sqrt{K_{p,i}} \tag{5-2}$$

(2) 水土分算的土层。

$$P_{ak} = (\sigma_{ak} - u_a) K_{a,i} - 2c_i\sqrt{K_{a,i}} + u_a \tag{5-3}$$

$$P_{pk} = (\sigma_{pk} - u_p) K_{p,i} + 2c_i\sqrt{K_{p,i}} + u_p \tag{5-4}$$

式中 P_{ak}——支护结构外侧,第i层土中计算点的主动土压力强度标准值(kPa),当$P_{ak} < 0$时,应取$P_{ak}=0$;

P_{pk}——支护结构内侧,第i层土中计算点的被动土压力强度标准值(kPa);

σ_{ak}、σ_{pk}——分别为支护结构外侧、内侧计算点的土中竖向应力标准值(kPa);

$K_{a,i}$、$K_{p,i}$——分别为第i层土的主动压力系数、被动压力系数;

c_i——第i层土的黏聚力(kPa);

u_a、u_p —— 分别为支护结构外侧、内侧计算点的水压力(kPa)。

上海市工程建设规范《基坑工程技术标准》(DG/TJ 08-61—2018)(图 5-2)中,当坑外地表面为水平面、基坑围护墙背为竖直面时,由土体本身与地面超载产生的静止土压力强度标准值应按下列公式计算:

$$P_{0k} = (\sum r_i h_i + q_k) K_0 \quad (5-5)$$

式中 P_{0k} —— 计算点处的静止土压力强度标准值(kPa);

r_i —— 计算点以上第 i 层土的重度(kN/m³),地下水位以上取天然重度,地下水位以下取浮重度;

h_i —— 第 i 层土的厚度(m);

q_k —— 地面超载标准值(kPa);

K_0 —— 计算点处土的静止土压力系数。

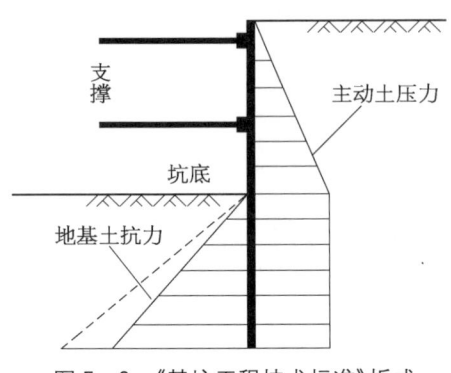

图 5-2 《基坑工程技术标准》板式支护体系带支撑围护墙土压力分布模式

当坑外地表面为水平面、基坑围护墙背为竖直面时,由土体本身与地面超载产生的主动土压力强度标准值按下列公式计算:

$$P_{ak} = (\sum r_i h_i + q_k) K_{a,i} - 2c_i \sqrt{K_{a,i}} \quad (5-6)$$

当对围护结构水平位移有严格限制时,宜采用静止土压力或提高的主动土压力值,提高的主动土压力强度标准值在主动土压力强度标准值 P_{ak} 与静止土压力强度标准值 P_{0k} 之间。

坑底以下由土体本身产生的被动土压力强度标准值,应按以下公式计算:

$$P_{pk} = \sum r_i h_i \cdot K_p + 2c_i \sqrt{K_{ph}} \quad (5-7)$$

式中 K_p, K_{ph} —— 计算点处的被动土压力系数。

库伦土压力和朗肯土压力均属于平面应变问题。对于圆形基坑而言,墙后土体的应力分布属于三维问题,且圆形基坑自身的承载力特征也明显有别于直线型基坑,因此圆形基坑的土压力计算方法是否适用朗肯土压力还存在争议。

有关于圆形基坑的土压力计算方式,主要分为三类:

(1) 第一类:平面朗肯主动土压力

《港口工程地下连续墙结构设计与施工规范》(JTJ 303—2003)、《公路桥涵地基与基础设计规范》(JTG D63—2007)为了保持规范的延续性,有关圆形地下连续墙的荷载计算沿用了直线型基坑的计算方法,采用平面朗肯主动土压力理论计算。

(2) 第二类:平面静止土压力

部分研究认为,圆形地下墙基坑由于支护刚度大,墙体变形小,墙侧土压力处于非极限状态,计算分析应采用平面静止土压力。

(3) 第三类:考虑土拱效应的土压力

相关理论研究表明,圆形基坑的墙后土压力存在"土拱效应"。该效应一般与土体性质、基坑半径、开挖深度和地表超载等有关。

国内外很多学者,Terzaghi、Berezantzev、Prater、Cheng 等对圆形竖井、轴对称条件下的土压力进行了系统研究。分析表明,在轴对称条件下,土体存在明显的环拱效应。图 5-3 以砂土为例,对比了不同土压力理论的计算结果。图中 q 为超载,c 为土体黏聚力,Φ 为摩擦角,r 为土体重度,R 为基坑半径,h 为计算点深度,p 为计算点压力。

由于土体的力学性能具有各向异性和离散性的特点,即使土层分布较为均匀,实测土压力沿环向仍具有一定的不均匀性。此外,基坑周边如果存在非均匀性超载或卸载的情况,也会加剧环向偏压。以下是一些工程实测土压力的情况。

(1) 日本明石海峡大桥 1A 锚碇基础

日本明石海峡大桥 1A 锚碇基础圆形地下墙内直径 80.6 m,挖深 63.5 m,墙厚 2.2 m。

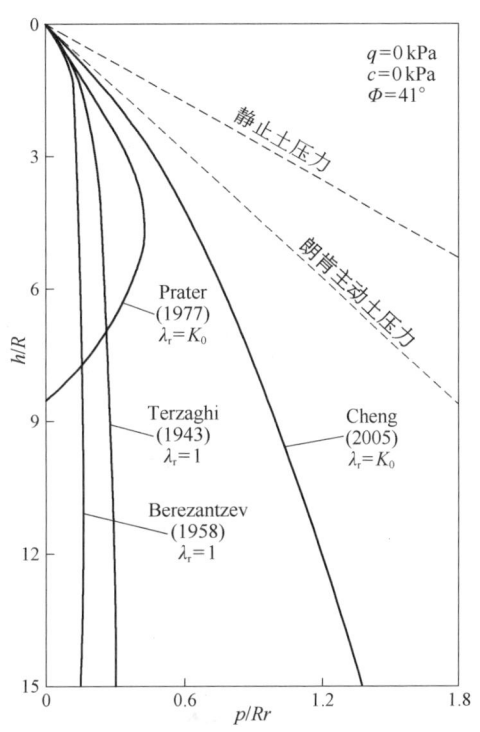

图 5-3 圆形基坑侧压力计算方法汇总

图 5-4 汇总对比了几种压力理论计算值与该项目实测值的关系,可以看出:① 实测值的水土侧压力沿环向具有明显的不均匀性,环向差异值普遍超过 30%;② 基坑浅部土层为冲积层,其侧压力平均值与静止土压力差异较小,但是深部地层为中新式沉积岩,实测坑外土压力明显小于静止土压力,实测值与 Prater 土压力理论更为吻合。

(2) 日本东京都外围圈隧道工程 1#竖井

日本东京都外围圈隧道工程 1#竖井圆形地下连续墙内径 36.6 m,挖深 72.6 m,墙厚 2.1 m。图 5-5 为该项目的实测压力数据汇总,可以看出:① 实测总压力略小于设计预期,实测平均值约为设计值的 87%;② 综测压力沿环向分布,具有一定的不均匀性,实测偏压值达到了总侧压力的 28%;③ 基坑竖向受力范围内主要为洪积层,黏性土层和砂性土层交互分布,地面下 60 m 内各土层渗透系数普遍在 $10^{-3} \sim 10^{-5}$ cm/s。该范围内实测水压力接近静止水压力,而深度 60 m 以下区域土层渗透系数普遍在 $10^{-6} \sim 10^{-7}$ cm/s,实测水压力明显小于静止水压力,环向差异明显。

(3) 宝钢轧机旋流池

上海宝钢轧机旋流池圆形地下连续墙基坑内径 22.6 m,挖深约 32 m,采用厚 1 m、

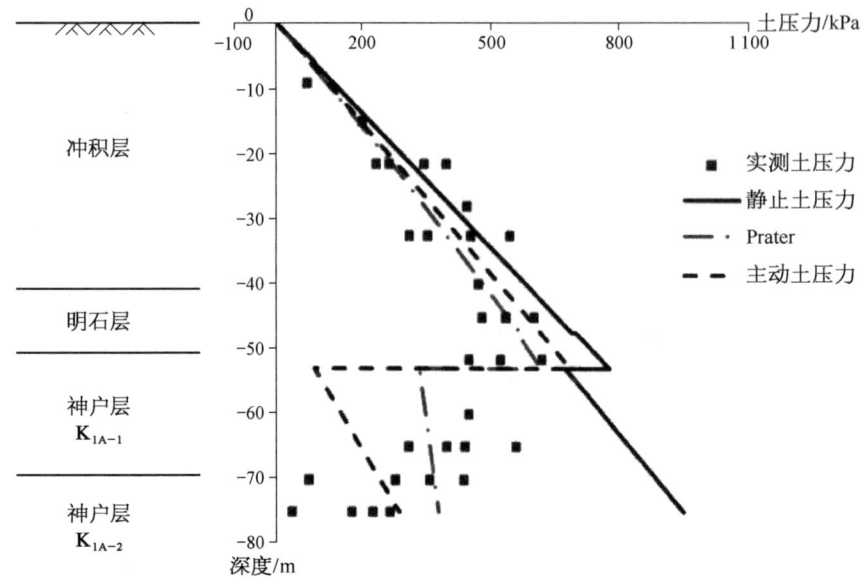

图 5-4 明石海峡大桥项目水平侧压力监测值

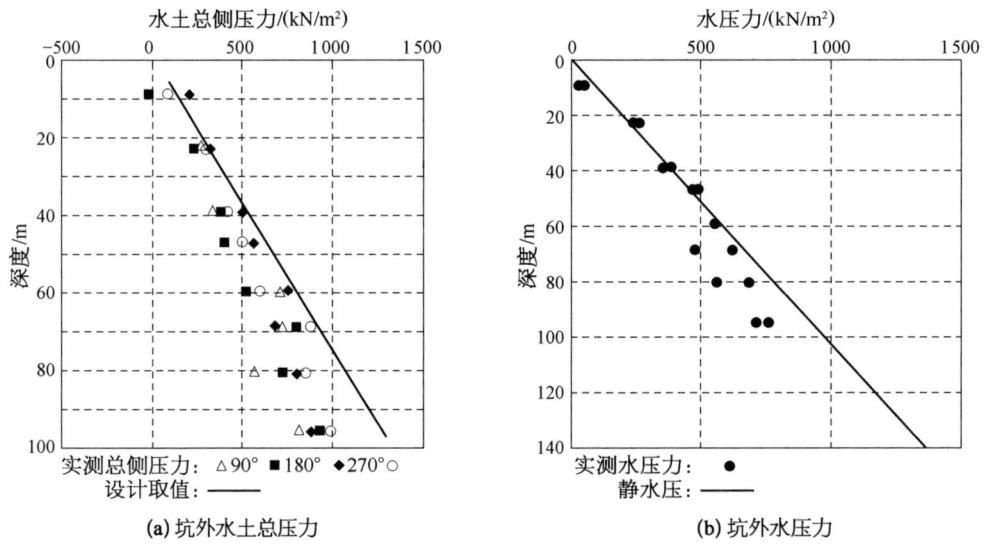

(a) 坑外水土总压力　　　　(b) 坑外水压力

图 5-5 日本东京都外围圈隧道工程 1#竖井侧压力监测值

深 51 m 地下连续墙。该工程浅部 30 m 以上为黏性土为主的软土层,地面 30 m 以下为砂性土层。图 5-6 为几种土压力理论计算值与实测值的对比,可以看出:① 初始阶段,实测土压力与几种土压力理论的计算值都有一定的差异,但整体侧压力更接近静止土压力,此处静止土压力是根据地质报告提供的 K_0 计算获得的;② 基坑开挖完成时,最终的实测土压力小于理论计算值。

基坑维护结构上的土压力计算是一个复杂问题,每一种土压力理论都有各自的假定和局限性,合理选择土压力计算方法对于基坑工程的安全性和经济性至关重要。圆

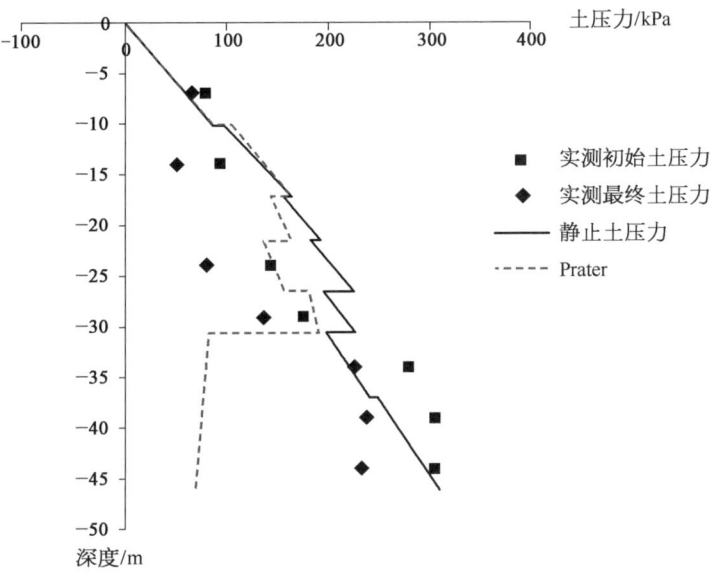

图 5-6 上海宝钢轧机旋流池基坑侧压力监测值

形基坑的荷载取值有朗肯主动土压力、静止土压力、考虑土拱效应的侧压力等计算方法，具体可根据工程特点和地质情况合理选择。

5.1.2 柱壳结构力学分析

直线型基坑支护以竖向受弯为主，而圆形地下连续墙的环向拱效应使支护结构同时包含了环向受压和竖向受弯两种状态。考虑到地下连续墙是由一幅幅槽段组合而成，槽段接缝处如果控制不当，可能会产生施工缺陷，影响墙体槽段间的传力，进而会影响地下连续墙的承载性能。

在基坑开挖阶段地下连续墙计算，目前通常采用平面杆系分析模式，即水土压力全部由围护墙竖向承担，计算模型采用施加水土压力和支撑前期位移的方式，模拟开挖过程中水土压力的分配，即"先期位移法"计算；回筑阶段则采用增量方法，最后得到全过程的内力和变形，并以此合理选择地下连续墙的截面尺寸，进行相应的弯剪配筋。

采用平面弹性地基梁分析模式，地墙配筋偏于安全，但不尽合理，变形值对环境保护也很不利，因此圆井方案不适合采用竖向设计的理念。

5.1.2.1 圆形竖井地墙的空间受力特点分析

圆形竖井的地下连续墙受力，有明显的空间效应，目前的规范分析方法和破坏模式并不完全合适。这主要是因为：

（1）计算模型：竖井基坑采用逆作结构，构件厚度在不断变化，难以采用"先期位移法"，每一步都需采用增量模型、最后逐步叠加的方法。

（2）计算荷载：由于圆井基坑的空间效应，每步开挖的荷载增量，都沿竖向和环向进行分配,且环向分配比例更高。

(3) 破坏模式:圆井基坑环向受力为主,除了竖向弯剪破坏,还要更注重分析环向地墙接缝张开、错动等可能性。

有效发挥圆形竖井环向受力,可以减少地墙竖向配筋,控制变形,提高保护环境的能力。

5.1.2.2 竖井围护墙分析模式

(1) 环向分析:圆形竖井(深度 $H>$ 直径 D)的优点是结构以环向受压为主,但实际工程中,圆形围护结构的环向受力,受地墙分幅、定位偏差、垂直度偏差、周边建筑荷载、不均匀超载、局部渗漏水、不均匀开挖等不利因素影响,因此需要对这些不利因素进行量化分析,复核地墙厚度、施工精度等内容是否满足环向受力要求。

(2) 竖向分析:当偏载、施工精度等不利因素占比较大时,地下连续墙将由环向受压转向小偏压乃至大偏压,地下连续墙由环向受力逐渐转向竖向受力;墙缝夹泥或局部缺陷等不确定性质量因素,也将影响到圆形围护的环向受力,需要对地下连续墙竖向进行设计。

竖向分析可采用弹性地基梁模式,如图 5-7 所示。其中开挖面上部的支撑刚度采用环梁+地下连续墙刚度,或者内衬+地下连续墙环向刚度,开挖面范围考虑地下连续墙环向刚度,开挖面以下采用地下连续墙环向刚度+土弹簧刚度。

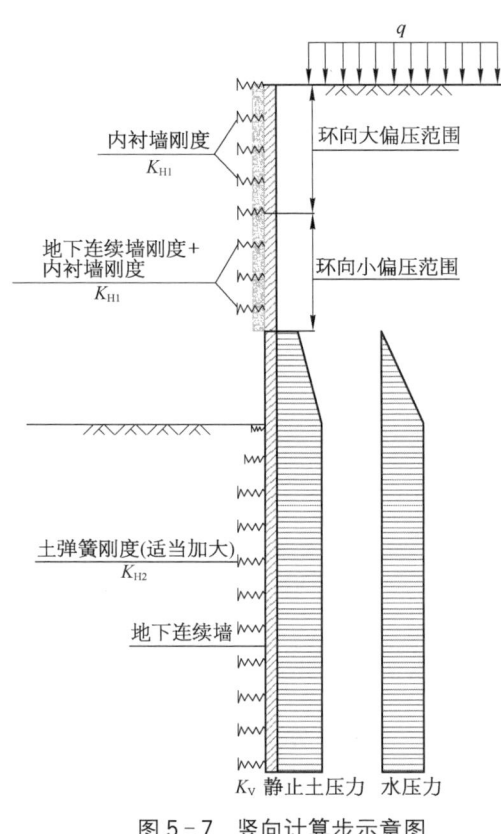

图 5-7 竖向计算步示意图

5.1.2.3 竖井围护墙环向分析

(1) 环向破坏模式

理想圆形结构在均匀荷载作用下,结构以环向受力为主,较薄的墙厚就可以抵抗很高的外荷载。实际圆形竖井工程中,受地下连续墙分幅(以直代曲)、定位及垂直度偏差、建筑荷载、局部超载、局部渗漏水、不均匀开挖等不利因素影响,圆形竖井围护墙环向轴心受压难以实现,而是逐渐转向偏压受力。当上述不利因素占比越来越大时,环向受力会向大偏压发展。此时墙幅接缝张开、环向作用变弱,地下连续墙转向竖向弯剪受力,围护变形增大,渗漏风险增加,圆形结构的优势不复存在,如图 5-8 所示。

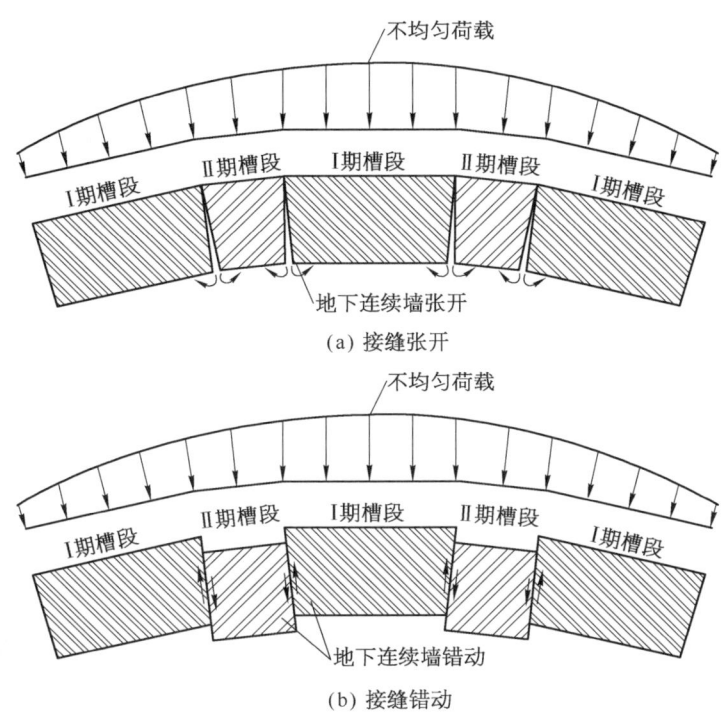

图 5-8 地下连续墙接缝问题

因此需要对地下连续墙的施工精度、超载、渗漏水、不均匀开挖等不利因素进行分析限定,确保圆形竖井围护墙的环向受力,使地下连续墙环向受力满足以下 3 条件:

① 墙缝不张开:地下连续墙环向不发展至大偏压,即 $E_S < ER = B/6$(B 为墙幅有效搭接厚度);

② 墙缝不错动:墙缝剪力 $V_S < V_R = \mu N$(N 为地墙环向轴力,μ 为摩擦系数,取 0.4);

③ 环向轴压满足:即 $1.25 N_S < N_R = f_C B$(N 为轴力设计值,f_C 为混凝土轴心抗压强度设计值)。

(2) 环向受力不利因素分析

① 日本指南偏载分析方法

日本竖井设计施工指南的圆井环向分析模式中,针对影响圆形围护墙环向受力的不利因素,采用施加(综合)偏载的方式进行模拟(图 5-9),即对围护墙施加综合偏载来反映不利因素的影响,综合偏载取全部侧向压力(水压力+土压力)的 5%～10%或者土压力的 20%。

对像东京都外围隧道工程这类史无前例的大规模地下构筑物,日本方面对 1#～4# 竖井的受力情况进行了实测和分析,包括作用在构筑物上的外压及受力响应等进行了实测,再根据得到的实测数据对大规模、大深度构筑物的设计方法进行了验证。

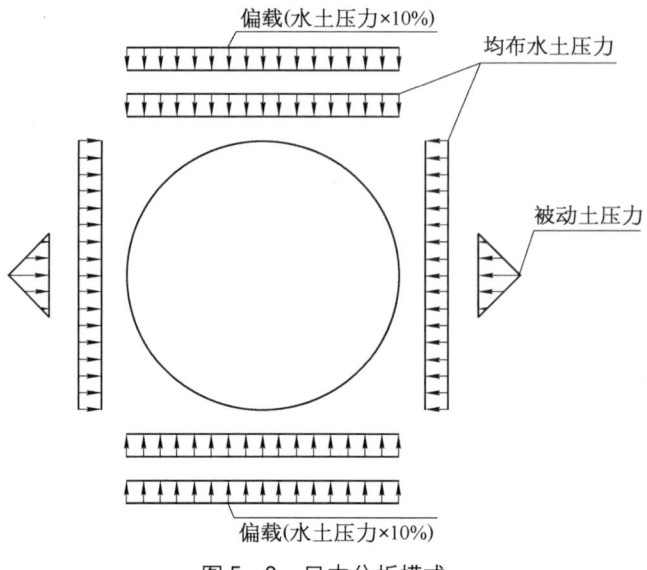

图 5-9　日本分析模式

竖井的计算模型是采用横断方向模型(环向型)和垂直方向模型(弹塑性法)两种计算模型进行(图 5-10)。

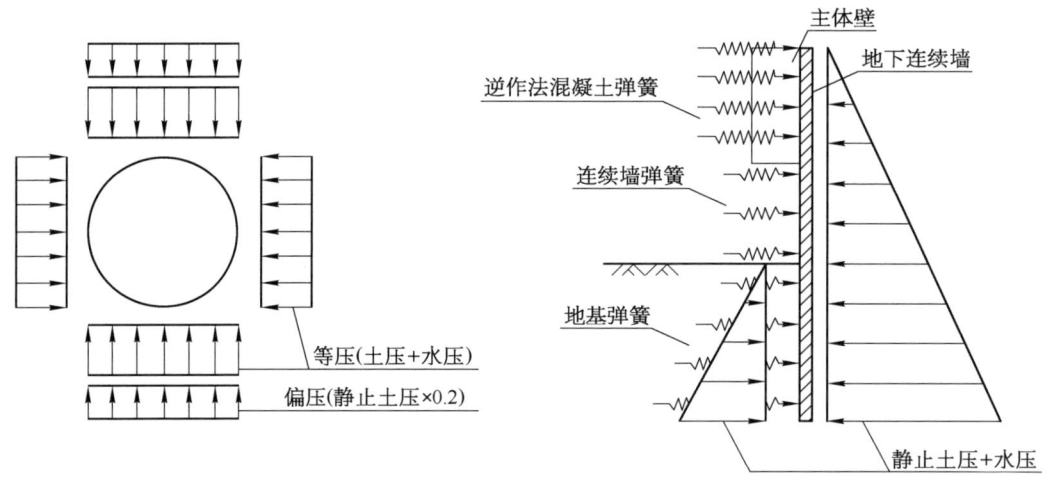

图 5-10　竖井设计计算模型

根据各参考断面中钢筋应力度的测量值计算出的偏压值(实测值),比设计采用的偏压值(设计值)小,见表 5-1;相对设计上有效土压实测值的偏压比列在 20% 以下,推测设计时设定的偏压值是妥当的。

同时,通过计算设计中采用的侧压(有效水压+土压)的偏压比例,大致在 2%~6% 及 10% 以下,因此又得出偏压值取全部侧向压力(水压力+土压力)的 5%~10% 是妥当的。

第 5 章　深层排（蓄）水隧道结构设计

表 5-1　相对设计有效土压的实测偏压值的比例

参考断面/m²	设计有效土压/(kN/m²)	设 计 值		实 测 值	
		偏压/(kN/m²)	偏压比/%	偏压/(kN/m²)	偏压比/%
	A	B	B/A	C	C/A
第1竖井 AP-32.60	121.12	24.2	20	9.45	7.8
AP-61.60	208.10	41.6	20	12.00	5.8
第2竖井 AP-35.40	116.30	23.3	20	0.79	0.7
AP-56.40	177.97	35.6	20	12.28	6.9
第3竖井 AP-27.30	153.50	30.7	20	5.08	3.3
AP-53.30	173.00	34.6	20	33.91	19.6
第4竖井 AP-43.50	128.80	25.8	20	—	—
AP-55.50	164.80	32.3	20	20.83	12.6

② 偏载组合模式分析

挡土墙受到的偏压值，对设计结果影响很大，影响圆形竖井地下连续墙环向受力的因素可以分为两大类：第一类是荷载不均匀性，包括地层不均匀、相邻构筑物荷载不均匀、施工荷载不均匀等；第二类是结构不均匀性，包括围护墙圆度、围护墙质量等，如表 5-2 所示。

表 5-2　圆形围护墙环向受力的影响因素

荷载不均匀	地层不均匀	暗浜暗塘
		地层倾斜
		进出洞加固
	相邻建筑不均匀	相邻地下构筑物
		相邻地上建筑超载
	施工荷载不均匀	局部施工超载
		不均匀开挖
		局部渗漏
结构不均匀	围护墙圆度	围护墙定位偏差
		折线模拟圆弧
		垂直度偏差
	局部质量不均匀	地下连续墙局部质量缺陷
		地下连续墙局部接头不良
		地下连续墙浇注温度应力

由于偏载较多，相互之间的组合较为复杂。圆形筒体围护结构在外荷载作用下，环向刚度明显大于竖向刚度，环向承担大部分荷载，因此为简化偏载的组合分析，可以将偏载的空间组合作用分析简化为不同深度的平面环向受力分析，通过分析平面的偏载组合，计算其最不利环向受力状态，从而判定围护墙环向受力是否满足要求。

偏载平面组合的目的，是分析圆环平面最不利的受力状态，从变形角度应使圆环产生最大变形,即偏载组合应使圆环尽可能向扁平(偏压)发展(图 5-11),以最大变形点和变形方向作为偏载组合的基准。

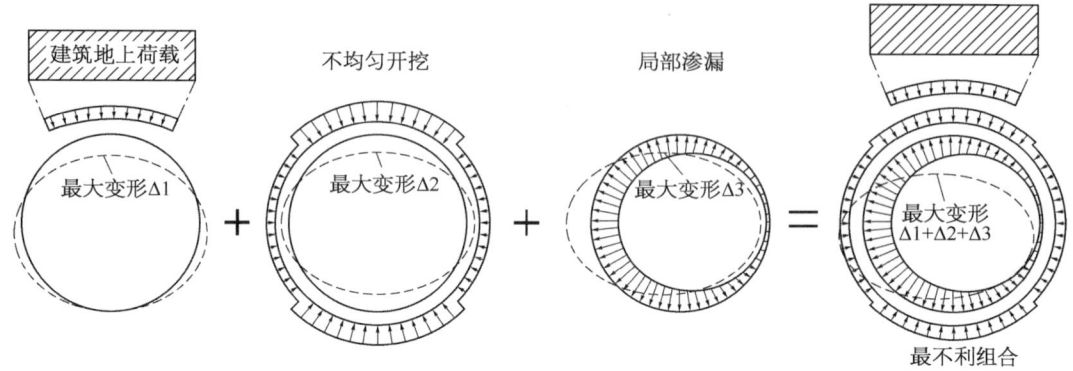

图 5-11 偏载最不利组合示意图

大深度地下连续墙接缝施工质量控制难,竖井内外水压差又很大,局部渗漏引发的竖井周边水压不均匀风险是存在的。国内外大深度竖井(穿黄隧道、东京湾隧道、东京都外围隧道等)渗漏事故并不少见,墙幅接缝、墙身裂缝、预埋接驳器等,均是高风险漏点。

东京都外围隧道工程 1♯ 竖井施工中,在连续墙的后行槽壁中发现裂缝并发生涌水。1♯ 竖井的挡土连续墙,先行槽壁长 6.33 m,后行槽壁长 2.4 m。由于接头时采用混凝土切铣工法施工,后行槽壁受到很大的外部约束,由温度应力引发了贯通裂缝,导致连续墙的止水性能降低。对于透水系数小的土层,由于连续墙局部止水性能发生变化,作用在连续墙上的水压也发生变化,这成为产生大的偏水压的原因。

在大深度、大规模圆形工作井中,偏压主要是由水压产生的,尤其是透水系数在 10^{-4} cm/s 以下的土层,当挡土墙的止水性能下降时,水压大幅度降低,并对挡土的连续墙的受力带来很大的影响。

在大深度圆形工作井中,由于偏侧压作用对设计的影响是很大的,因此事先对包括抽水试验等的地质调查方法及挡土墙的施工方法都进行充分考虑的基础上来设计荷载是十分重要的。此外,在地连墙施工和抽水时,选择不发生侧偏压的施工方法和运行方法也是十分重要的。

由于被预计偏侧压的方向在各土层是不同的,在二维模型中无法准确分析挡土墙受力特性,因此,采用三维模型分析就比较重要。

5.1.2.4 围护墙竖向受力分析

根据竖井围护型式,取顶圈梁、环梁、内衬墙作为平面框架,计算等效支撑弹簧的刚度。刚度可按以下公式计算:

$$K = \frac{EA}{R^2} \tag{5-8}$$

式中 K——环梁的等效弹性支撑系数(kN/m^2);
　　　E——环梁材料的弹性模量(kN/m^2);
　　　A——环梁截面面积(m^2);
　　　R——环梁中心线初始半径(m)。

5.1.3 圆形地下连续墙设计方法

特深竖井深度大,建设难度和风险很大。目前采用的圆形竖井+明挖逆作方案,按现有规范和标准进行设计,地表变形、围护墙内力和深度均过大,不符合特深竖井的受力特点。目前国内尚无类似规模案例,国外类似规模、地质的工程相对较少,可以直接借鉴的经验并不多,设计缺乏合理的分析模式和技术标准。

目前基坑规范的计算,认为基坑外侧水土压力全部由围护墙竖向弯剪承担,故围护墙内力和变形较大;对于圆形竖井基坑,通常调研结果表明其围护墙竖向变形和内力明显小于规范分析模式,这是因为基坑外部水土压力沿竖向和水平向进行分配,通过研究两个方向的分配比例,将三维的计算模式拆分成竖向、水平向两个平面模式,使计算更符合实际情况。

圆形竖井充分发挥了混凝土环向轴心受力的优点,但它容易受不均匀荷载、真圆度误差的影响,要发挥圆形竖井的受力优点,需要对外部不均匀荷载(局部超载、不均匀开挖、局部地下水渗漏等)、真圆度误差(地墙折线布置、垂直度误差、定位偏差)等因素进行定量分析。

国内现行规范中,有关圆形地下连续墙基坑的计算方法尚不完善。其中,《建筑基坑支护技术规程》没有包含圆形基坑的设计内容,而《港口工程地下连续墙结构设计与施工规程》和《公路桥涵地基与基础设计规范》仅提供了"考虑地墙拱效应的二维弹簧地基梁法"。该计算方法按照理想的轴对称围压进行计算,缺少偏压问题的设计方法,既未考虑地层起伏剧烈或基坑周围超载变化等造成的偏压问题,还会使得圆形地下墙偏于不安全,低估了偏压带来的风险。此外,现行规范中,有关地下连续墙环向拱刚度折减系数的取值原则也较为模糊,未考虑接头形式对墙刚度的影响,有时会过高估计了圆形地下墙的环拱效应,造成计算结果小于工程实测。

国内的一些学者[8]根据国内外的工程案例实测数据、经典土力学理论和大量的分析研究,总结了一些圆形地下连续墙的设计方法。这里做一个设计思路的介绍。

(1) 荷载计算原则

① 圆形基坑设计中可根据基坑变形控制标准合理选取侧压的计算方式:当墙体变形要求小于0.1H‰时,应考虑采用朗肯静止土压力进行验算;当墙体变形要求小于0.3H‰时,采用朗肯主动土压力计算比较合适;当墙体变形要求介于0.1H‰~0.3H‰时,可根据土质条件和环境特点选取土压力计算方法,从偏于安全的角度出发,宜优先选取朗肯静止土压力。当本地区有可靠且广泛的实践经验时,可采用"考虑土拱效应的

土压力"计算方法。

② 土压力计算中应根据土层渗透性选取合适的计算方法。当土层的水平渗透系数 $k_h \geqslant 10^{-4}$ cm/s 时,该层的土压力计算应采用水土分算的方式;当土层的水平渗透系数 $k_h < 10^{-4}$ cm/s 时,该层的土压力计算可采用水土合算的方式。此外,计算中应根据基坑的降水和隔水设计,预估坑内外地下水的渗流状态,评估其对墙体侧压力的影响。

③ 应根据工程地质和环境条件合理评估偏压荷载。

a. 圆形地下连续墙偏压取值可参考 5.1.2 节内容。

b. 当地层起伏变化剧烈、基坑周边的超载明显不均匀时,应根据工程实际情况计算荷载沿环向的偏载分布。

c. 考虑到岩土材料性质具有明显的离散性,在计算中尚应考虑土压力变异性的影响。

(2) 计算模型的选型

① 圆形基坑计算模型的选取原则。

a. 当工程中存在明显的偏压作用时,应采用三维计算模型进行分析。例如,场地地层起伏变化剧烈、基坑周边超载不均匀或因场地限制不能均衡对称开挖土方等,属于明显的偏压作用,应在三维计算模型中合理模拟上述非轴对称因素产生的偏压问题。

b. 如工程中不存在明显的偏压因素,可采用二维计算模型进行分析,但计算时应考虑土压力变异性的影响,土压力计算中应乘以荷载增大系数。

② 当采用二维计算模型时。地下连续墙的环向拱弹簧应计入真圆度偏差和接缝缺陷的影响,弹簧刚度可根据地墙厚度、接缝厚度、单幅地下连续墙平均长度、地下连续墙及接缝填充物的弹性模量等参数进行必要的折减。

③ 当采用三维计算模型时。

a. 计算模型宜按照地下连续墙实际分幅布置建模,采用一幅幅地下连续墙组成的正多边形来拟合基坑的实际形状。

b. 计算模型应合理考虑地下连续墙接缝的影响,应考虑真圆度偏差、接缝缺陷造成的地下连续墙环拱刚度折减。

c. 三维模型应合理模拟地层起伏、超载变化、非对称开挖方式等因素造成的偏压影响。

④ 加劲构件的计算原则。当采用二维计算模型时,加劲构件一般分为:

a. 加劲环梁、内支撑等构件。

b. "复合式"内衬墙。

c. "叠合式"内衬墙。

应根据加劲构件的结构受力特点,合理选择计算原则和计算方法。

(3) 支护结构承载力及变形验算

圆形地下墙支护结构的承载力及变形验算应包含以下内容:

① 竖向截面承载力验算。

a. 一般情况下,地下连续墙竖向的正截面承载力可按照纯弯构件验算。

b. 当圆形地下连续墙作为竖向承重构件,或存在其他直接作用在地下连续墙上的竖向荷载时,墙体竖向的正截面承载力应该按照压弯构件验算。

c. 地下连续墙应验算竖向的斜截面承载力。

② 环向截面承载力验算。

a. 地下连续墙的环向正截面承载力应按照压弯构件进行验算。

b. 环梁或内衬墙应按照压弯构件进行验算。

③ 墙体最大变形验算。墙体最大变形应满足基坑变形控制标准。

④ 其他验算内容。当地下连续墙兼做永久结构时,还应根据主体结构设计要求进行相关验算。

5.1.4 超深竖井的施工

深隧工程中,竖井在工程施工中一般作为主隧道的施工工作井,深度都在 30 m 以上,有的工程深度要达到上百米。根据不同的地质条件和施工环境条件,超深竖井的施工可以采用地连墙围护法、沉井法或竖向导洞法等。由于地连墙围护施工具有深度深、水密性好、对环境影响小等优势,在大量的深隧工程竖井施工中应用。

地下连续墙施工技术最早在 20 世纪 50 年代由意大利开发,并在 Santa Malia 大坝的防渗墙中应用。我国的地下连接墙施工技术于 20 世纪 70 年代开始发展,经过近几十年大量工程的施工实践,地下连续墙施工技术有了长足的发展,对地下连续墙的施工深度和接头形式都有新的突破。目前我国地下连续墙施工已达到了深度 150 m,垂直度控制在 1/1 000H 的技术水平。超深地下连续墙的技术难点主要体现在施工机械设备能力、垂直度控制、接头渗水和槽壁稳定等方面。

5.1.4.1 超深地下连续墙的施工机械设备

常用的地下连续墙的施工机械设备有悬吊式液压抓斗成槽机(图 5-12)、水平多轴回转钻机(铣槽机),如图 5-13 所示。

(1) 悬吊式液压抓斗成槽机

工作原理:采用履带式起重机来悬挂蚌(蛤)式抓斗,抓斗通过抓齿切削土体,并将土体提出沟槽,如此循环往复挖土成槽。

主要机型:宝峨(BAUER)公司的 DGH 系列、GB 系列抓斗,真砂(MASAGO)工业株式会社的 MHL 和 MEH 抓斗,利勃海尔(LIEBHERR)公司的 HSWG 抓斗,上海金泰(JINT)公司的 SG 系列抓斗。

适用环境:地层适用性广,是目前地墙施工的主力设备。在 N<40 的黏性土、砂性土及砾卵石土等中,除大块的漂卵石、基岩外,一般的覆盖层均可。

局限性:掘进深度及遇硬层时受限,需配合其他方法一起使用。

图 5-12 悬吊式液压抓斗成槽机　　图 5-13 水平多轴回转钻机(铣槽机)

(2) 水平多轴回转钻机(铣槽机)

常用铣槽机及其设备参数如表 5-3 所示。

表 5-3　常用铣槽机设备参数

铣槽机型号	BC32	CBC33	BC40	BC40
起重机型号	BS6100	HD1200/2	MC96	MC128
切削厚度/mm	800~1 200	800~1 200	800~1 800	800~1 800
切削宽度/mm	2 800	2 800	2 800	2 800
最大切削深度/m	52	80	120	150
泥浆泵最大能耗/kW	82	120	150	150
操作重量/(整机,t)	126	120	182	253

工作原理:铣槽机是目前国内外最先进的地下连续墙成槽机械,通过安装在铣轮上的不同形状和硬度的铣齿来切削地层,并通过排泥回浆泵和泥沙分离系统处理回收泥浆,最大成槽深度可至 150 m。

主要机型:德国宝峨(BAUER)公司的 BC 系列、法国的 HF 型、意大利卡沙特兰地(Casagrande)公司的 K3 和 HM 型、日本的 TBW 型等。

适用环境:地层适应性强,淤泥、砂、砾石、卵石、中等硬度岩石均可铣削,配置特种铣刀可钻进强度达到 200 MPa 左右的坚硬岩石。其强大的切削能力结合纠偏装置及分别控制铣轮的转速可以使垂直度偏差小于 1‰。

局限性：设备价格昂贵、维护成本高。不适用于有孤石和较大卵石的地层。

（3）两种机械设备的对比如表 5-4 所示

表 5-4 设备对比表

适 用 情 况	液压抓斗成槽机	水平多轴回转钻机（铣槽机）
垂直度控制	较差	好
操作难度	低	高
最大成墙深度	80 m	150 m
适用于超深地下连续墙	不适用	适用

5.1.4.2 地墙接头形式

目前实际应用的地墙接头形式主要包括有：柔性接头（锁口管）、刚性接头（十字钢板、型钢）、橡胶止水接头（CWS）和套铣接头等。

（1）柔性接头（锁口管）（图 5-14）

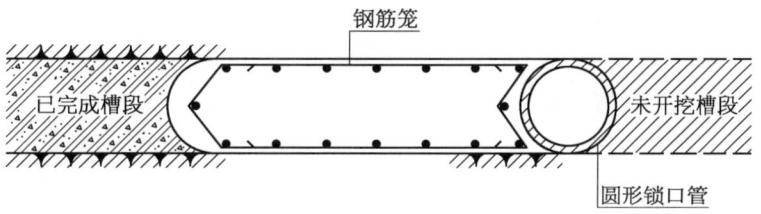

图 5-14 柔性接头（锁口管）示意图

优点：构造简单；施工方便，工艺成熟；刷壁方便，易清除先期槽段侧壁泥浆；后期槽段下放钢筋笼方便；造价较低。

缺点：属柔性接头，接头刚度差，整体性差；抗剪能力差，受力后易变形；接头呈光滑圆弧面，无折点，易产生接头渗水；随着成槽深度加深，不容易控制混凝土初凝时间及侧摩阻力的加大，增加了锁口管起拔的难度。

（2）刚性接头（十字钢板、型钢）

刚性接头如图 5-15、图 5-16 所示。

优点：增长了渗流路径，防渗漏性能较好；接缝位置刚度大，不容易错开，抗剪性能较好。

缺点：施工工序多，施工烦琐；回填石子密实度较难保证，清除钢板接头外侧的回填石子难度较大；接头处钢板用量较多，造价较高，同时增加了钢筋笼重量，加大了起吊风险；和锁口管接头一样，随着深度增加，接头箱的起拔的难度增大；起拔接头箱和回填石子的同步性较难保证。

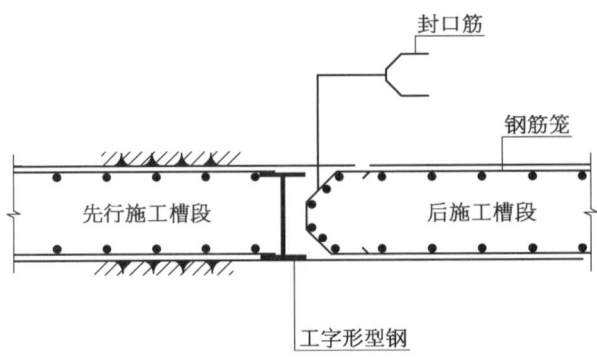

图 5-15 刚性接头(型钢)示意图

图 5-16 刚性接头(型钢)现场照片

(3) 橡胶止水接头(CWS)(图 5-17)

优点:通过横向连续转折曲线和纵向橡胶防水带延长了地下水渗流线路,接缝止水效果好;施工过程中无须再进行刷壁处理;无须对接头箱进行顶拔,从槽壁侧面将接头箱剥离即可。

缺点:施工深度不宜超过 45 m;在特殊地质条件下,橡胶材料存在老化风险。

(4) 套铣接头(图 5-18)

优点:接缝混凝土相互咬合,抗渗性能优于柔性接头;不使用锁口管或接头箱,无顶升风险;可施工深度大;槽段稳定性强,对环境影响小;可降低吊装设备的吨位和节约周转钢材。

缺点:专业性强,施工精度要求高;对作业人员的施工水平要求高;设备昂贵,存量少,设备损坏后维修时间长。

第 5 章 深层排(蓄)水隧道结构设计

图 5-17 CWS 接头扳现场照片

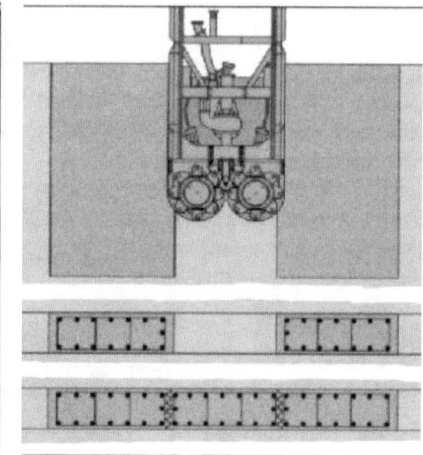

图 5-18 套铣接头示意图片

(5) 不同地墙接头形式的对比

不同地墙接头形式各有优缺点,如表 5-5 所示。

表 5-5 不同地墙接头形式的对比

适 用 情 况	柔性接头 (锁口管)	刚性接头 (十字钢板、型钢)	橡胶止水接头 (CWS)	套铣接头
接缝止水效果	较差	好	好	好
施工风险	低	高	低	低
最大成墙深度	1 m 厚地下连续墙 60 m 1.2 m 厚地下连续墙 48 m	60 m	<45 m	约 120 m
适用于超深地下连续墙	不适用	不适用	不适用	适用

综上所述,铣槽机施工的套铣接头目前最适用于超深地下连续墙施工。

5.1.5 超深土体加固及出洞措施

随着基坑深度的加深、盾构直径的加大,盾构的进出洞存在着巨大的风险,主要有以下方面:

(1) 封门外土体加固效果欠佳、地下水丰富、土体软弱自立性差、封门拆除工艺不合理及土体暴露时间长等,都有可能引起凿除封门时土体坍塌。

(2) 盾构进洞时,由于接收基座中心交角轴线与推进轴线不一致,盾构姿态发生突变,盾尾使在其内的圆环管片位置产生相应的变化;最后的两环管片在脱离盾尾后,与周围土体的空隙由于洞口处无法及时填充,在重力作用下产生沉降。

(3) 洞门加固方案选取不合理,造成加固土体底部抗承压水不能满足要求,在洞门打开后出现涌水、涌砂。

（4）盾构机进洞过程中，如果纵向渗漏水通道封堵效果不好或封堵不及时，洞口短时间内就将会与承压水层连通，造成洞门大量涌水、涌砂和地面沉陷，甚至基坑坍塌等严重事故。

（5）盾构机进洞后，洞门封堵不及时、洞口补注双液浆不及时或补浆不饱满，使压注的油溶性聚氨酯封堵失效，造成大量涌水、涌砂和洞口成环管片大量下沉和拉裂。

（6）若采用冻结法加固，盾构机切削冻结加固体时，土仓被冻住，刀盘被卡死，造成长时间停止掘进，而被部分破除的地下连续墙不能满足冻结土体解冻后的侧压力，造成门口坍塌。

盾构隧道的始发施工时的端头加固主要有以下几种类型，如表 5-6 所示。

表 5-6 进出洞土体加固方法

方法	特点及适用性	安全性	工期	造价
深层搅拌桩	对土体扰动较小，不会造成地面沉降，全长无接缝，止水效果好，噪声和振动小，适应各种土体类型，水泥土强度高，后期可能给盾构切削造成麻烦	土体强度、加固质量及防水效果均较好，安全程度较高	较短	相对较低
高压旋喷桩	可调节注入参数，成桩部位及尺寸可控，防渗效果较好，施工简单，占地面积小，适应大部分底层，对周围管线和构筑物可能造成影响	加固土体强度较高，在桩身搭接效果好的情况下，抗渗防水效果可以保证	较短	较高
冻结法	土体加固效果好，强度高，止水性能好，土体的冻融对地面沉降有一定的影响，适用于含水量高或含微承压水的土层	土体强度和抗渗性能好，安全程度高	较长	较高
降水法	井点布置灵活、使用方便，可反复使用，可改善土的性质，适用于地下水位高的土层	降低地下水位，配合其他工法施工，安全程度较高	施工速度快	较低
水中进洞	当盾构破洞门后，刀盘受到一定的水压力，转换为千斤顶对管片的挤压作用，进洞段的管片连接更加密实、可靠，提高隧道的稳定性	管片连接密实、可靠，但土体强度、抗渗性能没有增强，需要其他方法辅助	施工速度快	较低

5.1.5.1 深层水泥搅拌技术（CSM）

CSM 是双轮铣深层搅拌水泥土墙（Cutter-Soil-Mixing），该技术是法国地基建筑公司、德国宝峨公司等于 2004 年研发的。它吸收了液压铣槽和搅拌技术的优点，避免了铣槽机成本高、配套设备多的缺点，也避免了搅拌设备深度和精度受限的缺点，具有深度大、精度高、速度较快、质量可靠、成本相对低、能适应复杂地层的优点，如图 5-19 所示。

CSM 工艺分为下钻成槽和上提成墙两部分。下钻成槽时，两个铣轮铣削地层，并通过注浆管路系统向槽内注入膨润土泥浆护壁；上提成墙时，铣轮依然旋转，并通过注浆管路系统向槽内注入水泥浆液，然后浆液和渣土混合凝固成墙，如图 5-20、图 5-21 所示。

通常一期槽段完成后再实施二期槽段，下面介绍其优缺点：

① 深度大、精度高：CSM 设备分为悬索式和导杆式两种。导杆式成墙深度一般小于 50 m；悬索式最大成墙深度达 80 m，垂直度可达 1/500。

第 5 章 深层排（蓄）水隧道结构设计

(a) 悬吊式CSM

(b) 导杆式CSM

图 5-19 CSM 设备

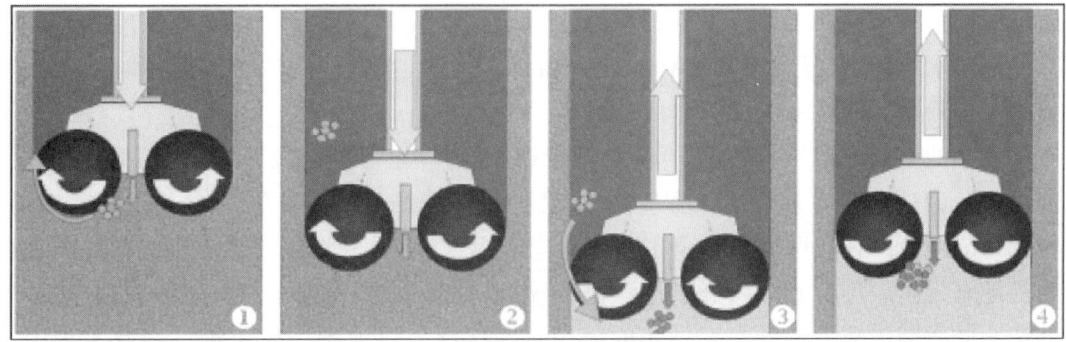

图 5-20 CSM 成槽工艺

图 5-21 实际效果和最终成型墙体

② 施工速度快：根据目前实践，下钻速度 0.5～1 m/min，上提速度 1～2 m/min，与三轴搅拌桩相近，工效明显高于其他成槽设备。

③ 泥浆量少：CSM 不需要抓斗出渣，仅因在下钻注入的膨润土泥浆产生少量废浆，约为成槽方量的 10%～20%，对泥浆场地要求相对较低。

④ 质量可靠：上提成墙过程中注入的水泥浆液，可根据需要调配配比，最终成墙墙体的抗压强度可以达到 Rc 28＝1～12 MPa，渗透系数可以达到 1×10^{-8} m/s。

⑤ 应用领域：该工法目前在德国、日本、意大利、美国等已有大量成功应用案例，国内天津等地下连续墙近年来也有较多应用，应用领域在深基坑挡土止水、防渗等方面。通过在 CSM 成墙槽段内插入型钢，可作为基坑挡土结构，型钢可以拔出重复使用。另外，也可以直接用作防渗墙。在特深竖井工程中，CSM 技术应用可以有两处：进出洞加固和止水帷幕。

5.1.5.2　冻结法帷幕技术

人工地层冻结技术起源于 19 世纪的英国和德国。1883 年在德国阿尔巴里煤矿中首先应用冻结法施工井筒。到 20 世纪 50 年代，冻结技术已经广泛用于矿山、地铁、隧道、基坑、边坡等许多工程建设中。冻结法具有技术成熟、可靠性高、实施深度大、无须降低地下水等优点，显示出其独有的加固和封水优势，在其他工法难以应用时，它往往成为工程师最后的技术手段。

我国的地层冻结技术始于 1955 年开滦煤矿风井，之后冻结技术在国内得到快速发展，目前已有 1 000 多座煤矿工程应用冻结法，最大冻结深度近 1 000 m，处于国际先进行列。冻结技术在我国城市地下工程中的应用相对较晚，20 世纪七八十年代在沈阳、南通等地有零星应用。到 20 世纪 90 年代，上海地铁 1 号线、延安东路隧道等成功应用冻结法。此后国内地下工程中冻结法的应用日益广泛。目前国内软土地区市政工程中，地层冻结法主要用于盾构隧道进出洞止水、旁通道水平加固、基坑涌水涌砂局部封堵等，作为大范围整体式冻结帷幕的案例相对较少。

(1) 从工程实践来看，软土地层采用冻结法止水帷幕的经验

① 冻结帷幕局部止水的可靠性高：受地层不确定性、地下水流动、成孔垂直度偏差、基坑开挖变形等因素影响，软土地层大范围整体冻结帷幕尚有不足。

② 冻结法宜与其他工艺结合：冻土壁怕流水，冻土壁形成过程中即使土中存在着流速极低的水流，也会对冻土形成产生很大的影响。因此，冻结法宜结合注浆、旋喷加固等封闭工艺减缓地下水流速，减少对冻结影响，这也有利于降低后期融沉影响。另外，结合人工示踪等方法，明确渗漏点位置和地下水流向后采用相应处理措施，可有效提高冻结成功率。

③ 重视冻胀、温度应力的影响：润扬大桥南锚锭工程即使采取控制冷冻液温度、设置卸压孔等措施，冻胀力依然比预估值（近水土压力 50%）大得多，而且局部渗漏后补冻产生的最大冻胀力甚至达到水土压力的 1 倍以上。另外，基坑开挖后，围护墙两侧温度

差较大,对结构尤其是逆作结构有影响。

(2) 冻结形式

① 墙外整圈冻结(图 5-22):将冻结孔沿地下连续墙的外圈布置,孔深度同地下连续墙,净距离约 0.5 m,冻结管间距约 1.2 m。竖向冻结范围可主要针对特殊土层,也可视情况采用全深冻结。

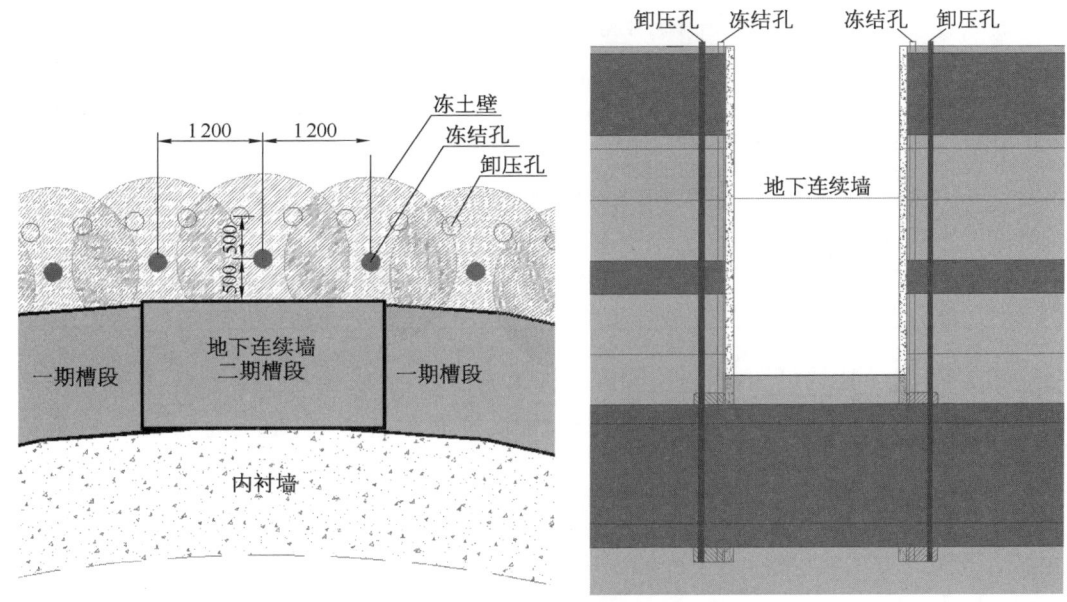

图 5-22 墙外整圈冻结方案平、剖面图

② 墙缝冻结(图 5-23):在地下连续墙(二期槽段)施工时,冻结管与钢筋笼整体绑扎,冻结管布置于地下连续墙接缝位置,主要是针对墙缝止水冻结,竖向冻结范围可以是局部冻结或者全深。

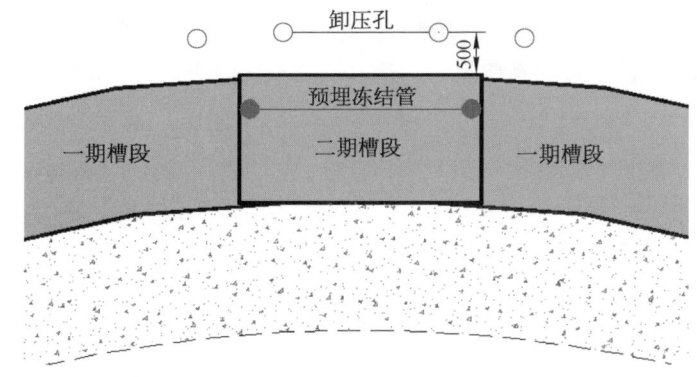

图 5-23 墙缝冻结方案平面图

两种方式优缺点对比见表 5-7。

表 5-7 冻结帷幕的方案比较

	墙外整圈冻结	墙缝冻结
优点	冻结孔施工受围护墙制约小,可根据渗漏情况进行灵活补孔	① 冻结管垂直度高,可保障冻结管不断裂,冷冻液无泄漏风险。 ② 冻结管垂直度相对较好,冻结效果好,冻土量小,冻胀危害较小
缺点	① 大深度冻结孔垂直度控制难,成孔容易偏斜,存在断管可能。 ② 孔偏斜造成终孔间距过大,冻结效果不良,渗漏风险较大。为了保证封水效果,势必加大冻结范围,冻胀不可避免增大。 ③ 冻结范围大,冻胀的环境影响较大。 ④ 众多冻结、卸压孔可能引发各层地下水窜通	① 冻结管难以与墙缝完全密贴,当地墙垂直度偏差大时,冻结管外侧混凝土包裹厚度大,冻结效果受影响。 ② 出现渗漏时再补孔难度较大(可在外侧钻孔补孔)
工期	① 钻孔时间长,预计 1 个月。 ② 积极冻结时间长,预计 1 个月。考虑冻结管偏斜,相对冻结时间更长	① 无须钻孔,施工速度快。 ② 积极冻结时间短,预计 0.5 个月

根据表 5-7 比较可知,墙外整圈冻结施工灵活,但受成孔垂直度影响,冻结效果不易控制,冻胀危害较大;墙缝冻结具有可靠性高、冻胀危害小、实施难度低等优点,但一定程度上受地墙施工水平的影响。

从表 5-8 中的已施工案例分析,对超深竖井的进出洞加固都采用了两种以上工法相结合的施工方法,且都使用了冻结方法。

表 5-8 已建超深竖井施工案例

序号	工程名称	竖井深度/m	盾构隧道外径/m	进出洞方法
1	上海轨道交通 9 号线源深路风井	32.7	6.2	水平加竖直相结合的冻结方法
2	青草沙过江管隧道工程浦东竖井	35.6	6.4	搅拌桩+垂直冻结的加固措施,采用了接钻杆的超深搅拌桩施工工艺
3	青草沙过江管隧道工程长兴岛竖井	37.3	6.4	旋喷加固+冻结法
4	南水北调中线穿黄隧洞工程	50.5	8.7	高压旋喷+冻结法
5	台湾新北龙门核电站排水隧洞	35	8.3	地层加固+冻结法
6	东京湾横断道路川崎人工岛竖井	62	13.9	DDM 工法+冻结法

盾构进出洞加固采用水泥系加固与冻结法相结合的方法进行加固,利用水泥系加固抵抗洞口的水土压力,冻结法主要用于止水。

目前根据国内水泥系加固的深度,可采用 CSM 工法与 MJS 工法。CSM 工法目前施工深度已可达 65 m 左右的施工业绩。上海已引进宝峨公司 BCM10 型 CSM 工法设备,其成墙深度可达 80 m,成墙垂直度 1/500。MJS 工法在上海有施工达到 62 m 的施工业绩,目前正在开展深度达 100 m 的 MJS 工法试验。通过采用超深水泥系土体加固工法,可满足盾构进出洞时的土体强度和均匀性,为超深工作井盾构进出洞的安全提供了保障。

5.2 深层隧道

盾构隧道具有施工技术成熟、适应工程环境能力强等特点,被广泛应用于轨道交通、城市道路和市政输水工程中。深隧工程具有大直径、超深、长距离的特点,非常适合采用盾构法施工。根据国内外已建的深隧工程案例,其主隧道主要采用盾构结构形式。由于深隧主隧道的主要功能是排(蓄)水,它不仅要承担隧道外部荷载,还要承受内部输水压力,使得结构形式和计算分析比常规隧道要复杂。

5.2.1 隧道结构型式

目前盾构法输水隧道主要有单层衬砌、双层衬砌两类结构型式。其中双层衬砌细分为叠合式双层衬砌、复合式双层衬砌、分离式双层衬砌三种。应根据输水隧道功能要求、建设环境、线路特点、地质条件、施工技术,选用合适的衬砌型式。

5.2.1.1 单层衬砌结构

主要由盾构施工期间形成的拼装式管片环组成,为单层钢筋混凝土衬砌结构;出于保护管片结构,增加结构的耐久性和减糙等目的,也有设置内衬的实例,但不参与衬砌结构受力。单层衬砌结构主要承受自重和外部水土压力等荷载,在运行阶段还需要承担内水压力等荷载。单层衬砌结构计算模型如图 5-24 所示。

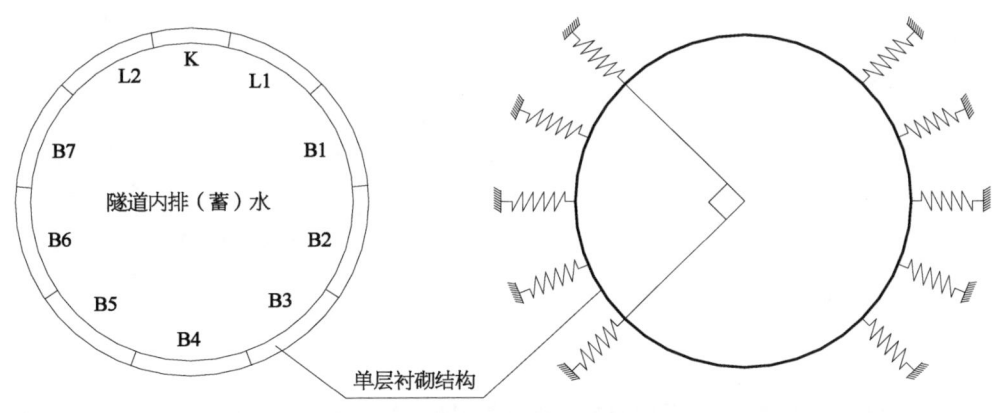

图 5-24 单衬砌结构计算模型

主要优点:① 结构受力明确。② 内外水压力部分抵消,当内外水压差较小时,较经济、合理。③ 施工简单。④ 施工工期短。

主要缺点:① 管片结构除外表面承受水土压力外,因内表面直接承受内水压力作用,对结构耐久性有一定影响,故耐久性要求较高。② 不能承受过高的内外水压差。③ 未设置内衬,表面接缝多,糙率较大,水头损失较大,为抵消此不利影响,需适当增大输水断面。若设置薄层内衬防护,也会带来投资的增加。④ 当内水压力较高于外水压力时,存在内水外渗的风险,需加强接缝防水。

5.2.1.2 双层衬砌结构

指以盾构施工期间形成的拼装式管片环为外衬,以此围护下形成的钢筋混凝土衬砌(含预应力混凝土衬砌)为内衬,共同组成的双层衬砌。外衬因先于内衬形成,除单独承担自重外,主要单独承担外水土压力;内衬形成后,因界面结构不同致使结构力学特点各异,故又可分为叠合式双层衬砌、复合式双层衬砌和分离式双层衬砌。

(1) 叠合式双层衬砌:外衬形成后,通过对外衬内表面加糙、设置阻滑键和插筋等界面结构措施与内衬紧密结合,界面结构不仅可以传递其后荷载产生的压力,还可以传递拉力及剪力。相应施工阶段由外衬承担其自重和外部水土压力等荷载,在形成叠合式结构后,内衬的自重以及运行阶段的内水压力等荷载由内外衬共同承担,具联合受力特性。其计算模型详见图 5-25。

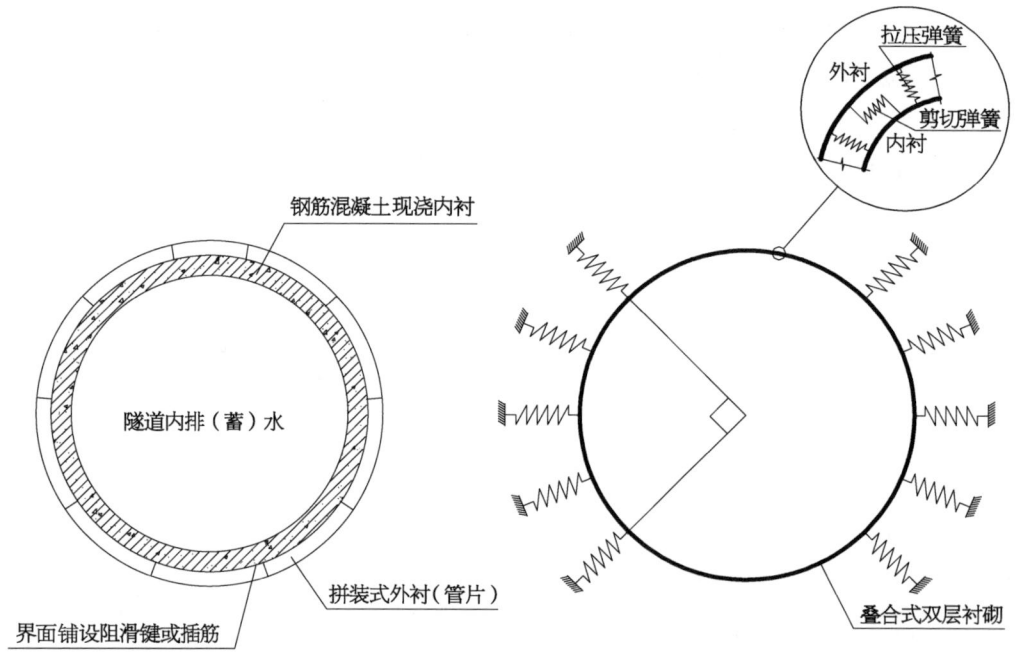

图 5-25 叠合式双衬砌结构计算模型

主要优点:① 内衬为迎水面,结构缝较少,糙率较小,水头损失也较小。② 外衬与内衬结合为整体结构,共同分担内水压力等主要荷载,因内外水压力可部分抵消,对结构受力有利,宜在内外水压差较大的工程采用;且因结构刚度大,有较强的抵御变形能力。③ 外衬接缝无须考虑内水压力直接作用。④ 外衬内表面的耐久性要求较低。

主要缺点:① 内外衬作为叠合构件工作,受力较复杂。② 内衬相应于管片接缝处是应力集中部位,易产生裂缝,需采取加强措施。③ 为使内衬与外衬紧密结合,界面结构措施通常包括接触面加糙、设置阻滑键与插筋,费用较高。④ 施工质量要求较高,施工难度较大,工期较长。

(2) 复合式双层衬砌:外衬形成后,通常在其内表面铺设传力垫层形成界面结构,再浇筑内衬,以组成复合式双层衬砌。此种界面结构可认为只能传递压力,但不能传递拉力及剪力。因此施工阶段由外衬承担其自重和外部水土压力等荷载,形成复合式结构后,内衬的自重及运行阶段的内水压力等荷载由内衬与外衬分担,分担的比例取决于内外衬的线刚度,具一定程度的联合受力特性。其计算模型详见图 5-26。

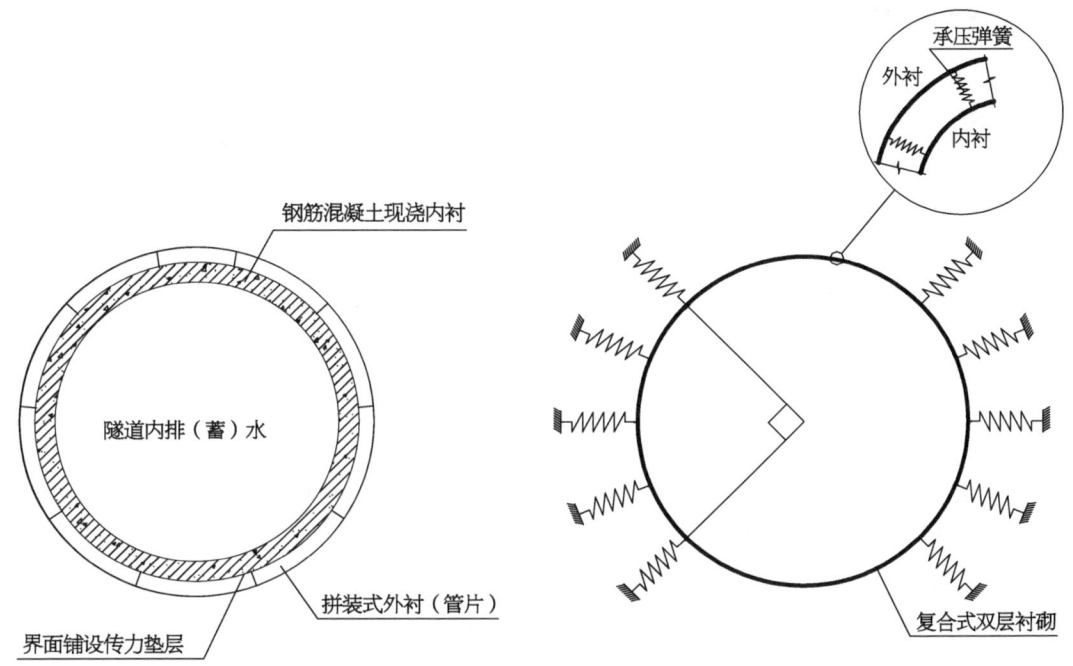

图 5-26 复合式双衬砌结构计算模型

主要优点:① 内衬为迎水面,结构缝较少,糙率较小,水头损失也较小。② 外衬参与分担部分内水压力等主要荷载,相应内外水压力可部分抵消,宜在内外水压差较大的工程中采用。③ 外衬只需回填手孔,内壁面不用处理。④ 外衬内表面的耐久性要求较低。

主要缺点:① 界面结构通常为软垫层,因具联合受力特性,软垫层不宜过厚。当内水压力较高时,若内衬压力水渗至界面,易因排水不畅,形成较高的界面水压力,对外衬受力不利。② 若较高压力的内水渗至界面,存在渗出外衬的风险,需加强接缝防水。③ 界面结构的软垫层长期使用、弹性模量的变化,内衬与外衬对内水压力等荷载的分担具有一定的不确定性。④ 双层衬砌,工程费用较高。

(3) 分离式双层衬砌:外衬形成后,当在其内表面铺设的软垫层有足够厚度,或内衬与外衬分离(为防止内衬转动,在不影响内、外衬控制截面内力条件前提下,内衬与外衬在拱底有局部连接),可认为内衬与外衬之间无力的传递,或力的传递可忽略不计;相应外衬、内衬分别承担外水土与内水压荷载,可视为具单独受力特性。其计算模型详见图 5-27。

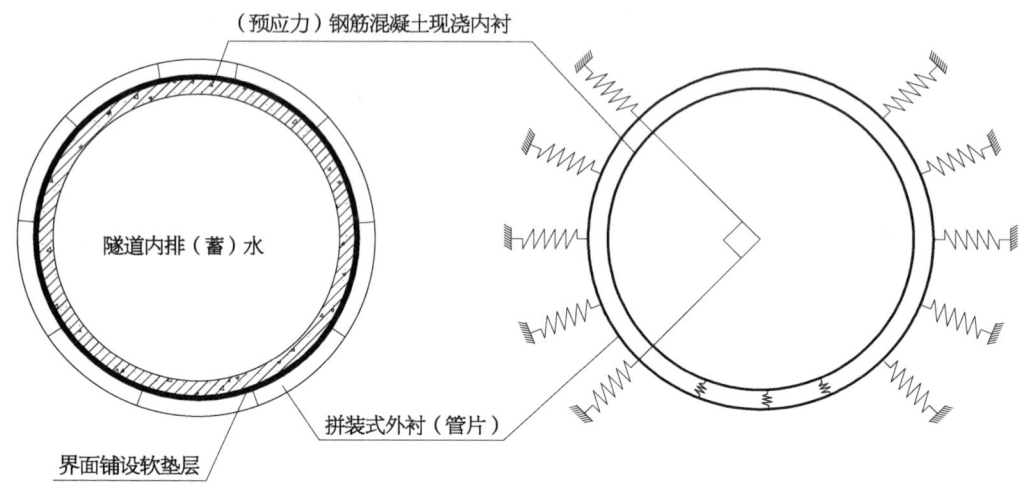

图 5-27 分离式双衬砌结构计算模型

主要优点:① 内衬为迎水面,结构缝较少,糙率较小,水头损失也较小。② 内衬与外衬分别单独承载,受力明确,宜在内外水压差较大的工程中采用。③ 外衬只需回填手孔,内壁面不用处理。④ 外衬内表面的耐久性要求较低。

主要缺点:① 当较高压力的内水渗至界面时,若排水不畅,存在渗出外衬的风险,因此为顺畅排放界面压力水,需设置较完善的排水设施,并需加强监控。② 为防止内水渗至界面,需加强接缝防水。③ 因具单独受力特性,当内外水压差较高时,内衬多采用钢管或采用预应力混凝土结构。④ 双层衬砌,内衬断面较单层衬砌大,工程费用较高,工期也较长。

5.2.1.3 衬砌选型

衬砌应根据输水隧道功能、建设环境、线路特点、地质条件,并综合考虑施工技术条件,选用单层衬砌结构或双层衬砌结构。一般情况下,无压输水隧道或内外水压差低的输水隧道可采用单层衬砌结构。对于穿行于河床(或海床)冲淤变化明显的水底隧道、内外水压差较高或输水流速较高的隧道、承受偏压荷载的隧道,宜选用双层衬砌结构。双层衬砌结构按界面结构分为叠合式双层衬砌、复合式双层衬砌和分离式双层衬砌,其中叠合式双层衬砌和复合式受力具联合受力特性,分离式双层衬砌具单独受力特性,应根据工程环境、工作特点、承载要求、地质条件选取合适的结构型式。深隧工程应根据运行功能、水质条件、埋深和环境地质条件等选择衬砌型式。

东京江户川深隧排水工程采用了单层钢筋混凝土平板管片或单层复合管片的衬砌形式(图 5-28),隧道内径达到 10.6 m,管片壁厚 650 mm,隧道埋深达到了 50 m,最大内水压达到 0.6 MPa。

青草沙水源地长兴岛域输水管线工程采用单层钢筋混凝土平板管片的衬砌形式（图 5-29），隧道内径 5.5 m，管片厚度 450 mm，环宽 1.5 m，每环由 6 块管片组成。隧道最大埋深 33.8 m，最大内水压 0.35 MPa。

南水北调中线穿黄隧洞采用分离式双层衬砌的结构形式（图 5-30），隧道内径 7 m，外衬管片厚 400 mm，环宽 1.6 m，每环 7 块管片；内衬采用预应力钢筋混凝土结构（图 5-31），厚 450 mm，界面软垫层采用 10 mm 厚格栅式复合土工膜。隧道最大埋深 35 m，最大内水压 0.51 MPa。

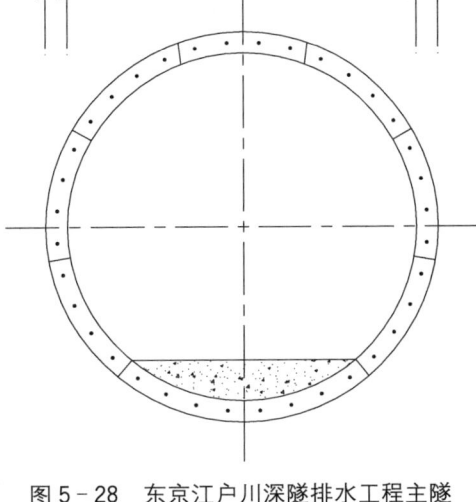

图 5-28 东京江户川深隧排水工程主隧

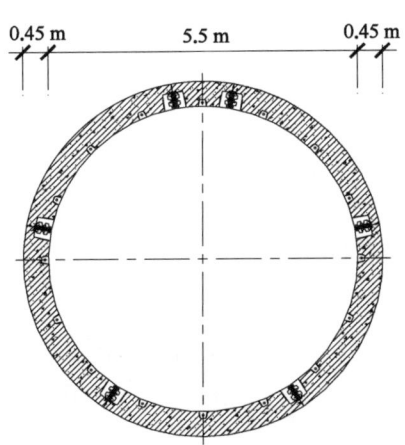

图 5-29 青草沙水源地长兴岛域输水管线工程主隧

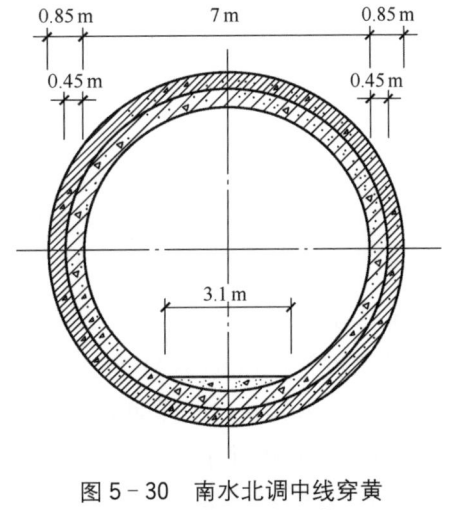

图 5-30 南水北调中线穿黄隧洞工程主隧

5.2.2 管片构造

目前运用在各类工程的管片形式愈发多元化。按管片的材料，可分为钢筋混凝土管片、铸铁管片、钢管片以及复合管片；按管片的形状，可分为箱形与平板形；根据管片在隧道直、曲线上应用的不同，可分为标准环管片与楔形管片。此外，也存在同时满足直、曲线拼装要求的通用楔形管片。

（1）钢筋混凝土管片

目前钢筋混凝土管片仍为国内应用最广泛的管片形式。其优点为制作便利、耐久性好、造价低廉等，缺点是体积重量较大、运输困难、施工过程中边缘易破损等。

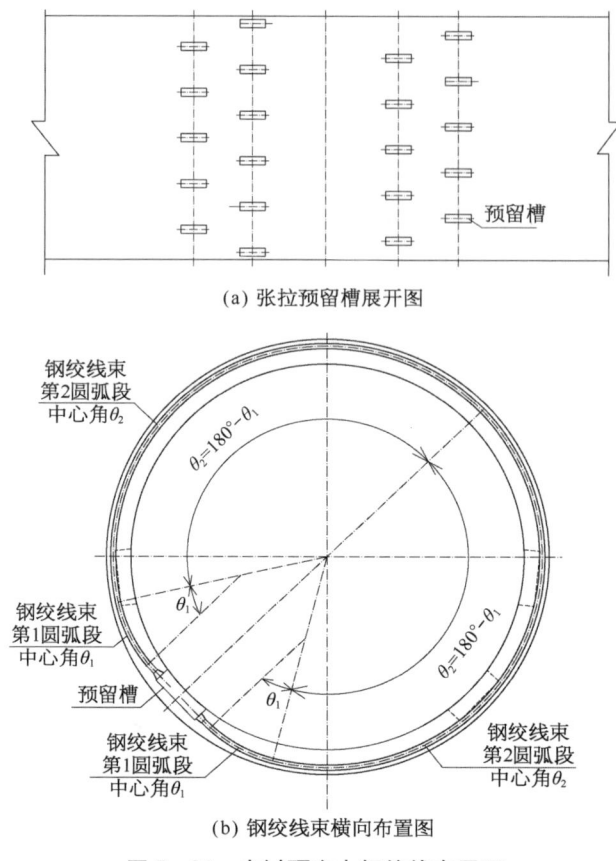

图 5-31 内衬预应力钢绞线布置图

(2) 铸铁管片

球磨铸铁管片强度高,易铸造成薄壁结构,且质量轻、运输安装方便、制作精度高、防水性能好。但其缺点同样明显,对设备要求高,机械加工量大、造价高,目前国内运用较少,在深隧工程中几乎没有应用。

(3) 钢管片

钢管片由管材加工而成,其强度高、延性好、运输拼装方便,但其刚度小、耐久性差、造价高、应用较少。虽然整条隧道使用钢管片的实例较少,但钢管片在一些特殊的节点处适用性较好,如双线隧道中的联络通道处的管片,抑或是顶管盾构复合技术中连接顶管管节与盾构管片间的转换节。

(4) 复合管片

复合管片即钢管片中填充混凝土的管片形式,可以解决钢管片刚度低的问题,但其耐腐蚀性差的问题仍在存在,故应用并不广泛。

上述各类形式的管片中,钢筋混凝土管片仍是深隧工程中最广泛的衬砌形式。国外典型案例有东京江户川深隧排水工程、新加坡深层污水隧道工程(DTSS)及英国泰晤士河隧道工程等;国内典型案例有广州深隧排水系统工程、南水北调中线穿黄隧洞工程

第 5 章 深层排(蓄)水隧道结构设计

及青草沙水源地长兴岛域输水管线工程等。

东京神田川排水隧道采用了嵌合式的复合管片(NM 管片),以型钢为外框架,内部浇筑混凝土,加强管片强度的同时减小了管的厚度;接头采用机械连接,提高了接头的刚度,从而确保深隧止水性能,见图 5-32。

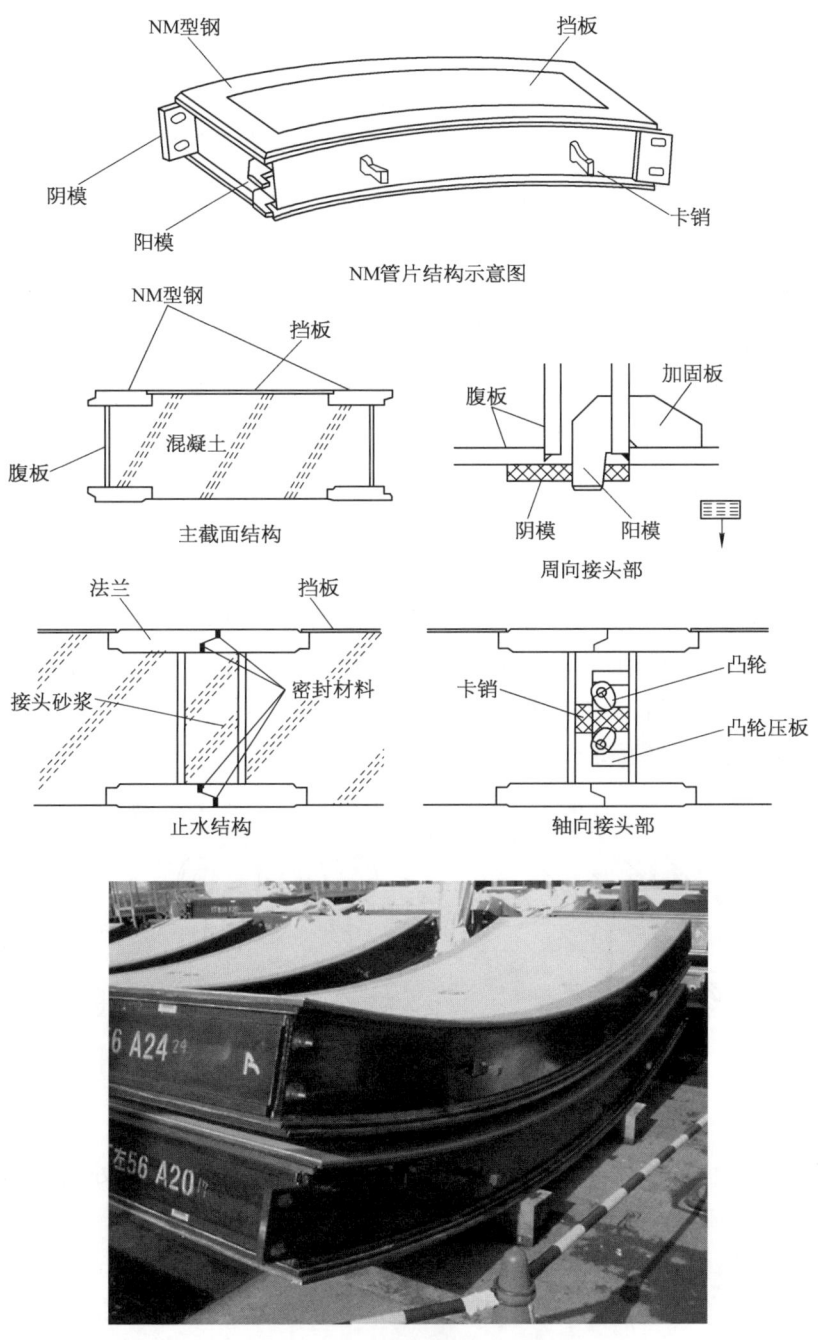

图 5-32 NM 管片示意图

5.2.2.1 管片接头

管片接头分为将管片沿圆周方向连接起来的接头和沿隧道轴向连接起来的接头。按结构形式的不同,可分为长螺栓接头结构、短螺栓接头结构、插销式接头结构等。

(1) 长螺栓接头结构

作为管片环向与纵向接头最常用的接头形式,螺栓可分为直螺栓、弯螺栓及斜螺栓等形式(图5-33)。

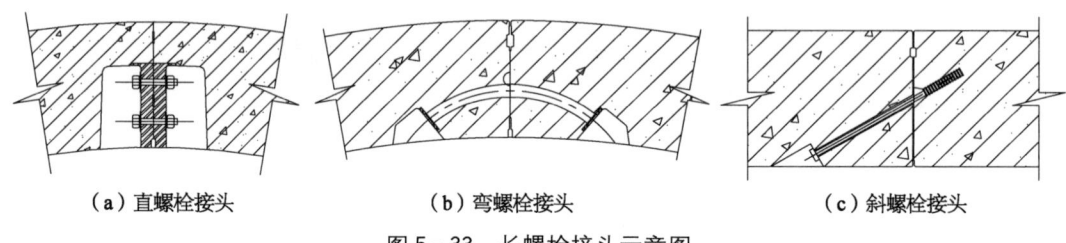

(a) 直螺栓接头　　　　(b) 弯螺栓接头　　　　(c) 斜螺栓接头

图5-33　长螺栓接头示意图

通常直螺栓用于环缝的连接,弯螺栓用于管片纵缝的连接,斜螺栓用于管片纵缝与环缝均可。考虑到螺栓安装的需要,连接管片都需要设置手孔,手孔会对钢筋砼管片造成削弱。这种管片接头形式抗弯承载力与刚度均较小,不适合用于承受大偏心工况的管片连接。

(2) 高刚性短螺栓接头结构

高刚性短螺栓接头是在管片接头位置预埋球磨铸铁预埋件,并通过锚筋与管片可靠连接,接头两侧预埋件通过短直螺栓连接,如图5-34、图5-35所示。由于预埋件本身的刚度较大且采用了较短的连接螺栓,使得接头转动刚度较大,利于接头防水,故适用于内水压较大的单衬砌深隧。

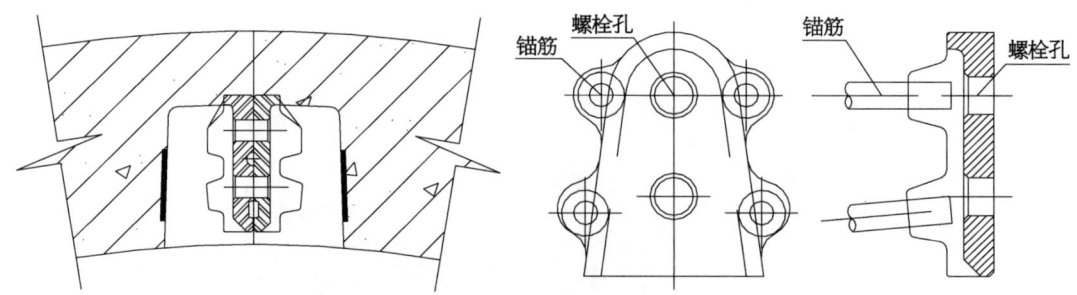

图5-34　短螺栓接头示意图

高刚性短螺栓可采用双排设计,从而提高抵抗负弯矩(隧道两腰处)变形的能力。

(3) 插销式/插入式接头结构

这种接头也属于高刚性管片接头的一种形式。通常纵缝采用插销式接头(图5-36),环缝采用插入式(图5-37)。该连接构造形式较多,目前日本等发达国家有较成熟的应用研究,我国也正在研究和试点应用。该种接头的连接方式主要有以下特点:① 管片

第 5 章　深层排（蓄）水隧道结构设计

图 5-35　短螺栓接头管片

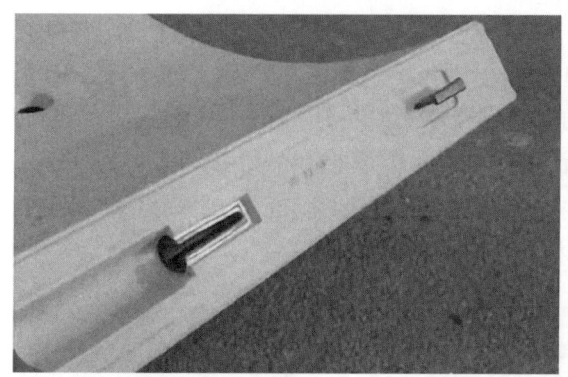 

图 5-36　插销式接头

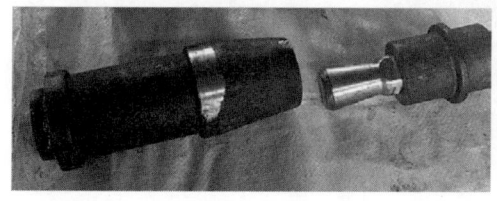  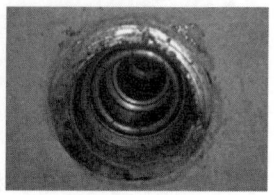

图 5-37　插入式接头

内表面平滑，有利于输水效率的提高；② 管片断面没有削弱，管片厚度可减薄，且防水性能也有所提高；③ 在接缝处可以上下对称布置，其正负抗弯承载力与刚度几乎相同，可以很好承受接缝处的正负弯矩；④ 施工时，管片定位拼装一次完成，大大提高施工速度。

插销式/插入式接头拼装过程见图 5-38。

5.2.2.2　接缝止水形式

隧道衬砌接缝止水包括管片接缝与内衬结构缝的止水。

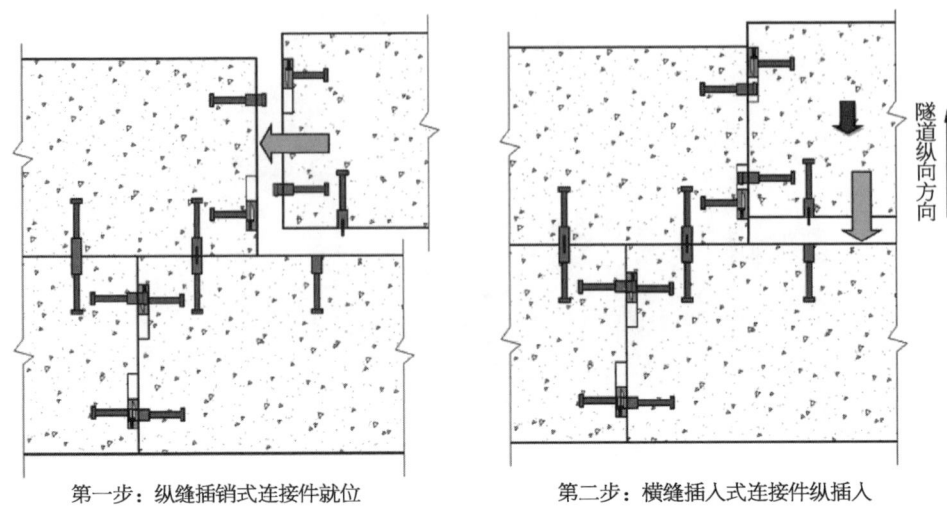

第一步：纵缝插销式连接件就位　　　　第二步：横缝插入式连接件纵插入

图 5‑38　插销式接头拼装示意图

(1) 管片接缝止水形式

管片接缝的止水多采用橡胶密封垫的形式(图 5‑39)，且多采用氯丁或三元乙丙橡胶材料。接缝止水要求在接缝允许张开角的条件下，密封垫达到抵抗 2 倍设计水压的性能。对于内水压不高、采用双衬形式的深隧，可采用单道止水的形式，设置在管片靠近外侧的位置，用于抵抗地下水压；对于内压较高、采用单层衬砌形式的深隧，宜采用双道止水的形式，内道橡胶密封垫用于抵抗内水压力，见图 5‑40。

图 5‑39　橡胶密封垫

(2) 管片接缝辅助止水措施

管片接缝防水措施除了橡胶密封垫，还可以采取辅助措施：
① 内弧侧设置嵌缝密封槽；
② 近外弧面处设海绵挡土条；
③ 对管片接缝角部采用自黏性橡胶薄板；
④ 螺栓垫圈下设置遇水膨胀橡胶垫圈(图 5‑41)。

上海青草沙输水隧道过江管根据防外水和防内水的需要，除在管片环外侧设置了海绵挡水条和弹性密封垫止水，根据最大内压水头 41.22 m 的条件在内侧也设置了弹性

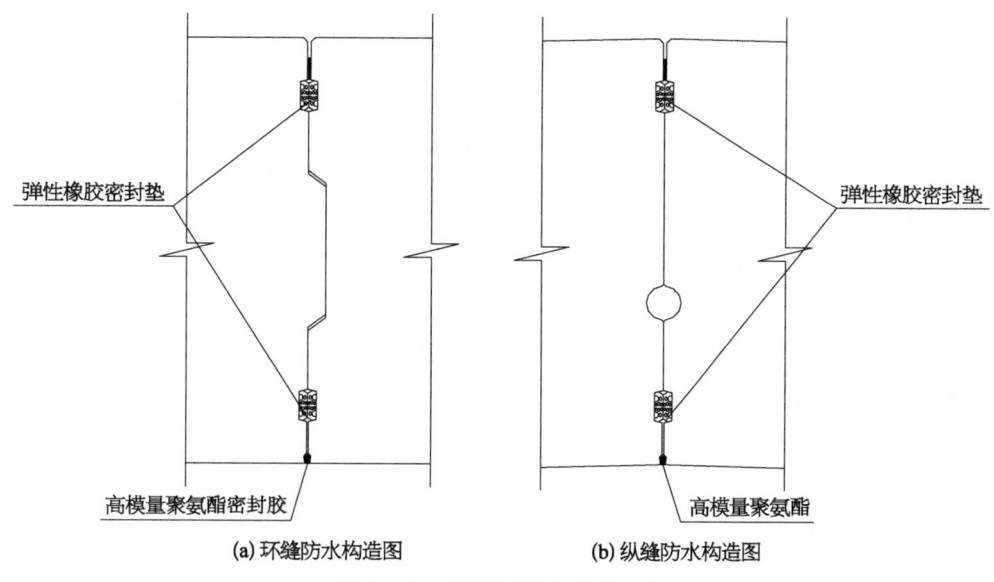

(a) 环缝防水构造图　　(b) 纵缝防水构造图

图 5-40　双道橡胶密封垫止水

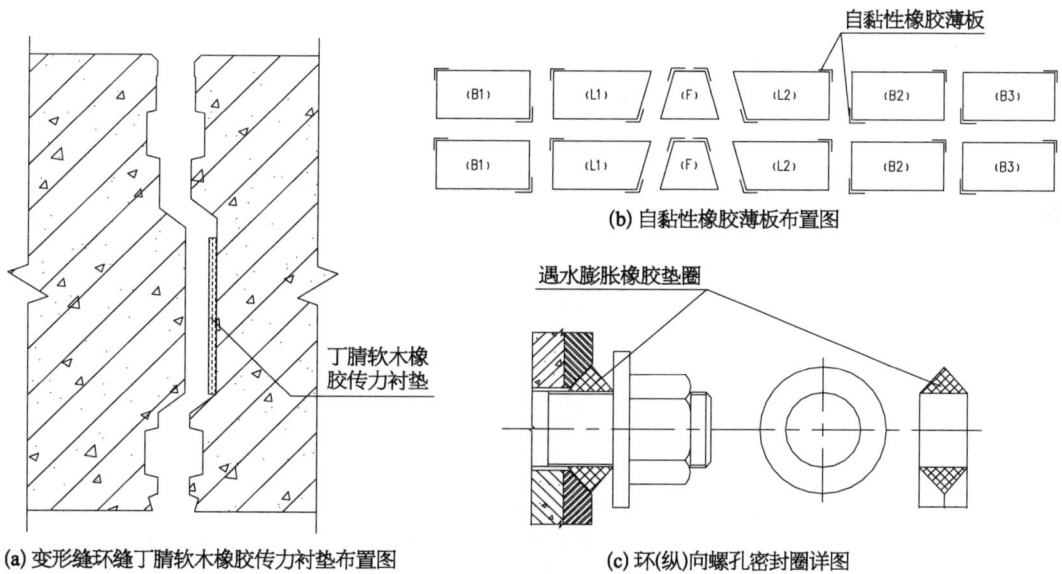

(a) 变形缝环缝丁腈软木橡胶传力衬垫布置图　　(c) 环(纵)向螺孔密封圈详图

图 5-41　管片接缝辅助止水措施

密封垫止水和嵌缝槽。密封垫止水材质均为三元乙丙橡胶，断面型式为挤出硫化成型的多孔构造。

(3) 内衬结构缝防水形式

内衬结构缝可采用橡胶止水带、紫铜止水片或遇水膨胀橡胶止水条，并采用聚脲或聚硫密封胶封口。

5.2.2.3 管片拼装方式

（1）通缝拼装

通缝拼装即隧道所有的纵缝都是对齐的，每一环管片在环上的位置都是固定的。在通缝拼装方式下，相邻管片环间没有剪力及弯矩的传递，纵向（环间）接头的变形没有受到相邻管片的约束，仅靠接头本身的螺栓连接。因此，通缝拼装的隧道刚度较小，柔性好，但拼装误差容易累计。在良好的地层中，采用这种拼装方式，能够充分调动周围土体的抗力，在保证隧道结构满足使用要求的条件下，这种拼装方式更加经济合理。

（2）错缝拼装

与通缝拼装相对立的错缝拼装，即两环间的纵缝是错位的。这种拼装方式的优点是可以使管片环接缝刚度分布均匀，提高了管片环的纵向刚度，减少了接缝及整个隧道的变形。在错缝拼装方式下，环向、纵向接缝形成 T 字型接缝，相比通缝拼装形成的十字型接缝，防水更易于处理。

由于错缝拼装有防水能力上的优势，故对防水要求较高的排（蓄）水深隧中，宜采用错缝拼装的形式。

5.2.3 衬砌结构计算

5.2.3.1 荷载

排（蓄水）隧道荷载可分为永久荷载、可变荷载及偶然荷载，详见表 5-9。

表 5-9 输水隧道荷载分类

荷载分类	荷载名称
永久荷载	结构自重 地层压力 外水压力 预应力 界面水压力 内水压力 地层弹性抗力
可变荷载	变化水位 温度荷载 地面汽车荷载及其动力作用（含所引起的侧向土压力） 施工荷载 水锤压力
偶然荷载	灾害性荷载：地震、沉船撞击等

（1）自重

隧道衬砌的自重可作为沿着衬砌横断面中心线均匀分布的荷载，依据式（5-9）确定。

$$\mu = \frac{W_1}{\pi D} \tag{5-9}$$

式中 W_1——衬砌的总重量(kN);

　　　μ——自重沿衬砌横断面中心线均匀分布荷载(kN/m);

　　　D——隧道衬砌横断面中心线直径(m)。

(2) 竖向地层压力

竖向地层压力按对结构不利工况,选用卸载拱理论或全覆土压力进行计算。考虑卸载拱时的土压力计算理论有多种,推荐采用太沙基松弛土压力理论,也可根据工程经验选用普氏理论或其他公式进行计算。

浅埋隧道应按计算截面以上全覆土计算;对于覆土厚度大于2倍隧道外直径的深埋隧道,竖向地层压力可根据具体工况条件,按对结构不利原则考虑,选用卸载拱理论或全覆土进行计算。

(3) 水平地层压力

① 砂性土水平地层压力按水土分算,采用下式按主动土压力计算:

$$e_i = (\gamma_i h_i + q) K_a \tag{5-10}$$

式中 e_i——计算点处水平地层压力;

　　　γ_i——计算点以上各层土重度的加权平均值,地下水位以上土层取天然重度,地下水位以下土层取浮重度;

　　　h_i——计算点以上各层土厚度(按卸载拱理论计算时,算至卸载拱顶)的加权平均值;

　　　q——地表面均布荷载,应按实际情况取值;

　　　K_a——计算点处土的主动土压力系数,采用式下式计算。

$$K_a = \tan^2\left(45° - \frac{\varphi}{2}\right) \tag{5-11}$$

式中 φ——计算点处土的内摩擦角。

② 黏性土水平地层压力按水土合算,采用如下两种算法:

算法1:与①计算相同,公式符号意义除地下水位以下土层取饱和重度外,其他同前述。

算法2:采用下式按静止土压力计算。

$$K_0 = 1 - \sin\varphi' \tag{5-12}$$

式中 K_0——静止土压力系数,重大工程宜通过试验测定;

　　　φ'——隧道外围地层有效内摩擦角标准值的加权平均值(°)。

③ 水平地层压力采用经验系数计算。

通过工程类比,并基于工程经验选取侧压力系数作为主动土压力系数计算水平地层压力。侧压力系数的选取可参考表5-10。

表 5-10　侧压力系数 λ

土与水的计算	土 的 种 类	侧向土压力系数 λ
水土分算	非常密实的砂性土 密实的砂性土 松散的砂性土	0.35～0.45 0.45～0.30 0～0.10
水土合算	中硬黏性土 软黏土 超软黏土	0.55～0.65 0.65～0.75 0.70～0.85

注：摘自《隧道标准规范》(盾构篇)。

(4) 外水压力

外部水土压力按水土合算时，外部水压力与土压力合算为水平地层压力，不单独计算；水土压力分算时，外水压力按以下规定计算。

对工程地质、水文地质条件复杂及外水压力较大的隧道，应进行专门研究。一般砂性地层隧道外水压力可按以下要求计算：

① 无排水设施的隧道

按外部静水压力采用下式计算：

$$q_w = \gamma_w h_i \tag{5-13}$$

式中　q_w——计算点处外部静水压力；

γ_w——地下水重度；

h_i——地下水面至衬砌计算点深度，以对结构不利为原则确定地下水位；在陆域取历史最高地下水位或最低地下水位，在水域设计工况取设计洪水位或枯水位，校核工况取校核洪水位或枯水位。

② 有排水设施的隧道

可根据排水设施的可靠性和排水效果，对作用在衬砌结构上的外水压力作适当折减，其折减值可通过工程类比或渗流计算分析确定。

(5) 界面水压力

如采用双衬砌结构，且内外衬单独受力，内衬应因外衬渗漏而产生的界面水压力，可按外水压力水头取值，外衬应考虑因内衬渗漏而产生的界面水压力，可按内水压力水头取值，也可视工程条件和设计要求进行一定的折减。

(6) 内水压力

有压隧道内水压力按荷载组合要求取相应的隧道内水压计算；无压隧道内水压力按不利的自由水面确定。

(7) 水锤压力

有压输水过程，由于压力隧道进口或出口闸阀开度调整，导致流量瞬变而在衬砌迎水面上引起洞内压力的增减。水锤压力可以与内水压力合并考虑。对于采用单层衬砌长距离压力输水时,宜采取相应措施减小水锤压力的不利影响。

(8) 温度效应

按迎水面衬砌(单层衬砌结构为管片环,双层衬砌结构为内衬)在形成结构时的温度与使用期温度之差,计算衬砌应力的变化。温度效应在荷载组合中往往影响较大,宜采取施工措施缩小迎水面衬砌形成结构时的温度与运行期水体温度的温差。

(9) 地震作用

在抗震计算中考虑地震作用,包括结构自重和其上荷重所产生的地震惯性力、地震动土压力和水平向地震作用的动水压力,以及砂土震动液化影响等。

5.2.3.2 荷载组合

结构设计中,应根据施工、使用阶段在结构上可能同时出现的荷载,按承载能力极限状态和正常使用极限状态分别进行组合,并应取各自最不利的效应组合进行设计。在高内水压工况下,随着衬砌外部土压力和水压力变小,衬砌结构会从小偏心受压向大偏心受压或小偏心受拉转变,使结构越来越不利,因此在荷载组合中,内水压力、水土压力作为主要荷载,应按对结构不利取值,分别进行验算。

采用荷载结构模型对衬砌结构作横向结构计算时,荷载组合见表 5-11。

表 5-11 输水隧道衬砌结构横向结构计算荷载组合

荷载组合	工况	自重	螺栓预紧	地层压力	外水压力	内水压力 设计压力	内水压力 校核压力	界面水压	水锤	温度	预应力	地震作用	地面荷载	结构缝水压	施工荷载 盾构反推力	施工荷载 其他
基本	运行1	√	√	√	√	√							√	√		
基本	运行2	√	√	√	√	√			√				√			
特殊	运行3	√	√	√	√	√					√		√			
特殊	运行4	√	√	√	√		√						√			
特殊	运行5	√	√	√	√			√					√			
特殊	运行6	√	√	√	√					√			√			
特殊	检修	√	√	√	√								√			
特殊	施工1	√	√	√									√		√	
特殊	施工2	√	√	√									√			
特殊	试验工况1	√	√	√									√	√(设计)		
特殊	试验工况2	√	√	√									√	√(校核)		
偶然	地震	√	√	√	√	√						√	√			

附注:
1. 表中荷载组合中,含界面水压力的荷载组合、含充水加压检查其密封性的试验工况1和试验工况2的荷载组合,仅适用于复合式双层衬砌和分离式双层衬砌结构;预应力荷载仅适用于双层衬砌内层为预应力结构。
2. 偶然荷载如地震、沉船撞击、爆炸力等;在偶然荷载组合中,偶然荷载仅考虑一个,表中偶然荷载以地震荷载为例示出。
3. 淤沙压力指水底隧道在工程设计基准期内河道可能发生的淤积或冲刷所形成的荷载增量。
4. 荷载计算组合不限于本表所列,应根据工程条件补充可能的不利荷载组合。

5.2.3.3 衬砌计算

盾构法输水隧道结构计算由横向结构计算、纵向结构计算以及接头计算组成。其中横向结构计算应包括隧道截面内力与变形计算、截面结构设计(含普通钢筋和预应力筋配筋、裂缝控制)等。纵向结构计算内容应包括输水隧道纵向沉降变形、纵向接缝张开度等计算。接头计算根据采用螺栓排数的不同,可分为单排螺栓连接计算与双排螺栓连接计算。

(1) 隧道横向设计计算

对于土质地质条件,衬砌结构可按荷载结构模型进行横向结构计算,典型荷载分布如图 5-42 所示,衬砌模型可采用(修正)惯用法、弹性铰圆环法或梁-弹簧模型等方法计算。当采用地层结构模型进行结构计算时,常用算法为实体有限单元法。注意到日本出版的《内水压作用下隧道衬砌构造设计手册》,亦认为有内压的隧道施工阶段(自重和外部荷载作用时),如同盾构法交通隧道,适于采用惯用法、修正惯用法、弹性地基刚架模型法进行内力计算,但在内水压力作用阶段时(自重、外部水土荷载和内水压力同时作用),就应该考虑弹性地基的抗力作用,以反映隧道与地层共同作用。

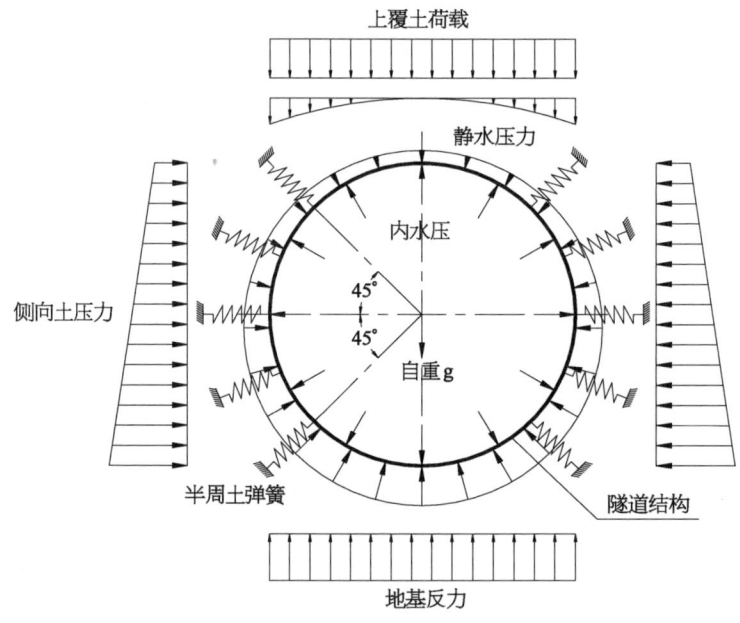

图 5-42 典型荷载分布图

① 弹性铰圆环法

采用通缝拼装的单层衬砌结构宜采用弹性铰圆环法,其计算模型如图 5-43 所示。弹性铰圆环所承受的荷载与弹性匀质圆环相同,衬砌结构接头所承受的弯矩 M 按下列公式确定:

当接头为正弯矩时 $M > 0$ 时,

第 5 章 深层排(蓄)水隧道结构设计

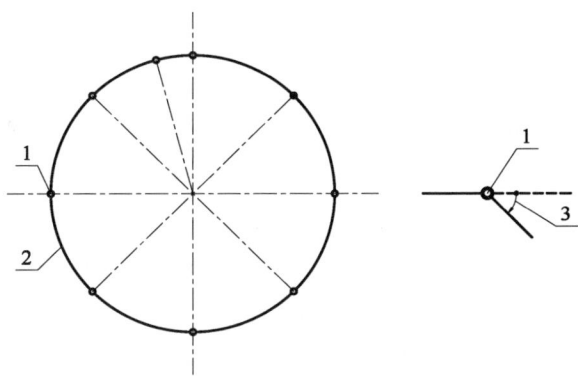

1—环向接头回转弹簧；2—管片本体；3—环向接头转角

图 5-43 弹性铰圆环法计算模型

$$M = K'_1 \theta \tag{5-14}$$

当接头为负弯矩时 $M < 0$ 时，

$$M = K''_1 \theta \tag{5-15}$$

式中 M——衬砌结构接头所承受的弯矩(kN·m)，以内侧受拉为正，外侧受拉为负；

θ——接头转角(rad)；

K'_1、K''_1——分别为抵抗正弯矩和抵抗负弯矩的接头回转弹簧刚度，简称接头刚度(kN·m/rad)。

② 梁-弹簧法

采用错缝拼装的单层衬砌结构宜采用梁-弹簧模型进行计算，其计算模型见图 5-44。

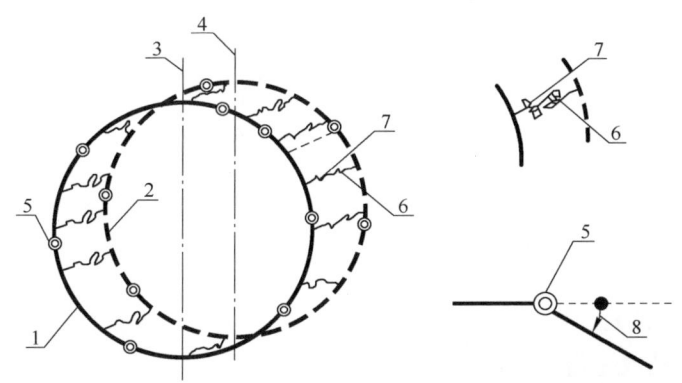

1—衬砌环 A 管片本体；2—相邻衬砌环 B 管片本体；3—衬砌环 A 竖直轴；
4—衬砌环 B 竖直轴；5—环向接头回转弹簧；6—环间径向剪切弹簧；
7—环间切向剪切弹簧；8—环向接头转角

图 5-44 梁-弹簧模型

(2) 隧道纵向设计计算

遇下列情况时,应对隧道进行纵向结构分析:荷载沿隧道纵向有较大变化时,如穿过游荡性明显的河床;隧道上方地形变化较大或地面有较大建、构筑物时;地基或结构特性有显著差异时;长距离盾构法输水隧道考虑地震作用时。

软土地基上的输水隧道纵向地基沉降变形,一般可采用纵向梁-弹簧模型或等效刚度弹性地基梁法进行计算,必要时应采用实体有限单元法进行对比分析。纵向梁-弹簧模型将管片环断面以梁单元离散模拟,而管片环环向接头则以轴向、旋转和剪切弹簧模拟。等效刚度弹性地基梁法将隧道采用刚度等效的均质梁模拟,而通过折减纵向刚度来考虑实际刚度因管片环接头下降的情况。

岩石地基上的输水隧道纵向变形可采用实体有限单元法进行纵向分析。同时,隧道掘进过程中对土层的扰动等因素也会造成沉降,工程设计中可根据实际经验对理论计算沉降结果进行修正。

(3) 隧道接头计算

① 单排螺栓连接接头计算

采用单排螺栓连接的衬砌接头应按下式进行接头承载力验算:

a. 正弯矩(内拉):

对接头形心轴取矩得:

$$M_u = \alpha_1 f_c bx \left(h - \frac{x}{2}\right) + N_x L_x \geqslant \gamma_0 M \tag{5-16}$$

$$\alpha_1 f_c bx - N_x = \gamma_0 N \tag{5-17}$$

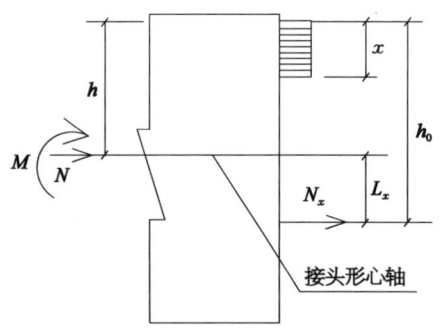
图 5-45 单排螺栓且内侧受拉情况

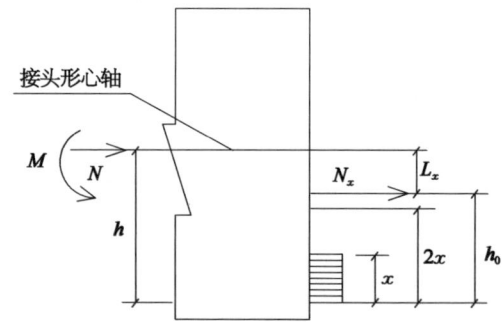
图 5-46 单排螺栓且外侧受拉情况

b. 负弯矩(外拉):

对接头形心轴取矩得:

$$M_u = \alpha_1 f_c bx \left(h - \frac{x}{2}\right) - N_x L_x \geqslant \gamma_0 M \tag{5-18}$$

$$\alpha_1 f_c bx - N_x = \gamma_0 N \tag{5-19}$$

式中 M——荷载效应组合接头弯矩设计值；
N——荷载效应组合接头轴力设计值（压力为正）；
γ_0——重要性系数；
M_u——接头弯矩承载力设计值；
b——衬砌环宽度；
x——接头截面混凝土受压区应力折算为矩形均布应力的分布高度；
h——接头形心轴至受压区边缘距离；
L_x——内侧螺栓中心至接头形心轴距离；
h_0——接头截面有效高度；
N_x——内侧螺栓拉力，当为拉力均取承载力设计值，若为压力时则不考虑其作用；
α_1——矩形应力图的应力值可由混凝土轴心抗压强度设计值 f_c 乘以系数 α_1 确定，当混凝土强度等级不超过 C50 时，α_1 取为 1.0；当混凝土强度等级为 C80 时，α_1 取为 0.94，其间按线性内插法确定；
f_c——混凝土轴心抗压强度设计值。

② 双排螺栓连接接头计算

采用双排螺栓连接的衬砌接头应按下式进行接头承载力验算：

a. 正弯矩（内拉）：

对接头形心轴取矩得：

$$M_u = \alpha_1 f_c b x \left(h - \frac{x}{2}\right) - N_s L_s + N_x L_x \geqslant \gamma_0 M \tag{5-20}$$

$$\alpha_1 f_c b x - N_s - N_x = \gamma_0 N \tag{5-21}$$

$$N_s = \frac{h - L_s - \dfrac{x}{\beta_1}}{h_0 - \dfrac{x}{\beta_1}} N_x \tag{5-22}$$

图中 N_s 按不位于受压区画出，若 N_s 位于受压区，则不考虑 N_s 作用。

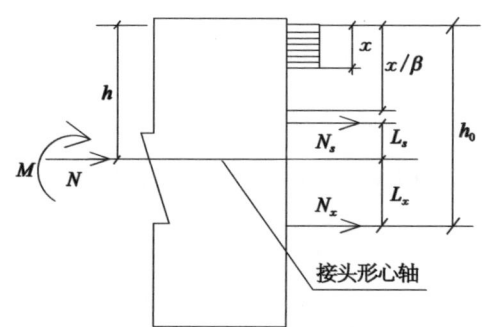

图 5-47 双排螺栓且内侧受拉情况

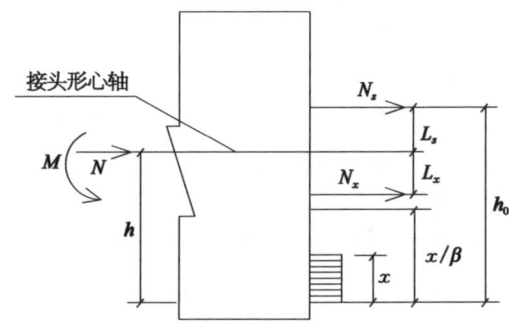

图 5-48 双排螺栓且外侧受拉情况

b. 负弯矩(外拉):

对接头形心轴取矩得:

$$M_u = \alpha_1 f_c b x \left(h - \frac{x}{2}\right) - N_x L_x + N_s L_s \geqslant \gamma_0 M \tag{5-23}$$

$$\alpha_1 f_c b x - N_s - N_x = \gamma_0 N \tag{5-24}$$

$$N_x = \frac{h - L_x - \dfrac{x}{\beta_1}}{h_0 - \dfrac{x}{\beta_1}} N_s \tag{5-25}$$

图中 N_x 按不位于受压区画出,若 N_x 位于受压区,则不考虑 N_x 作用。

式中 β_1——受压区高度调整系数,当混凝土强度不超过 C50 时取 0.8,当混凝土强度为 C80 时取 0.74,其间按线性内插法确定;

L_s——外侧螺栓中心至接头形心轴距离;

N_s——外侧螺栓拉力,当为拉力均取承载力设计值,若为压力时则不考虑其作用。

5.2.4 超深盾构施工

盾构是一种用于岩土隧道的暗挖施工装备,具有开挖切削土体、输送土渣、拼装隧道衬砌等功能。采用盾构法施工具有掘进速度快、对周围环境影响小、施工安全度高等优点,被广泛用于交通、水利和市政等隧道工程中。

施工工法的选定,一方面受沿线工程地质和水文地质条件、环境条件(地面建筑物和地下构筑物的现状、道路宽度、交通状况)的影响;另一方面也与工程场地条件、结构埋深、结构型式等多种因素有关,同时也会对工程的难易程度、工期、造价、运营效果等产生直接的影响。深隧通常建在城市人口密集地区,对施工环境控制要求很高,盾构法能够很好地适应这种环境的建设条件。国内外已建的深隧工程项目大部分都是采用盾构法施工,如表 5-12 所示。

表 5-12 国内外已建深隧工程施工条件

名 称	地 质	长度/km	直径/m	覆土深度/m	盾构形式
江户川排水隧道(首都圈外围排水系统)	砂土	6.3	内径10.6	50	泥水盾构
香港荔枝角雨水排放隧道	硬岩、富水混合地层	3.7	4.9	40	TBM
新加坡深隧	新岩到沉积土	48	6	20~55	土压平衡、TBM
吉隆坡 SMART 隧道	石灰岩、溶洞较发育	9.7	内径11.82	33.5	泥水盾构

(续表)

名　称	地　质	长度/km	直径/m	覆土深度/m	盾构形式
泰晤士河 LEE 溢流污水隧道	黏土	25	内径 6.5~7.2	67	泥水盾构
广州深隧排水系统东濠涌试点工程	泥岩、砂岩	1.77	内径 5.3	40	泥水盾构
上海苏州河深层排水调蓄管道系统工程(试验段)	黏土、粉土	1.67	内径 10	50	泥水盾构

5.2.4.1　盾构机形式

盾构机按切削地层的不同主要可分为硬岩盾构(TBM)、软土盾构和复合盾构等。复合盾构既适用于软土，又适用于硬岩，在刀盘上装有用于切削软土的切刀和用于切削硬岩的滚刀。例如马来西亚吉隆坡 SMART 隧道采用了土岩混合式泥水平衡盾构。按开挖面平衡方式的不同主要分为泥水平衡式、土压平衡式和复合平衡式。

（1）泥水平衡盾构

泥水盾构就是在盾构机前部设置搁板、刀盘、输送泥浆的送排泥管和推进盾构的推进油缸等，同时在地面上配有泥水处理设备，如图 5-49 所示。

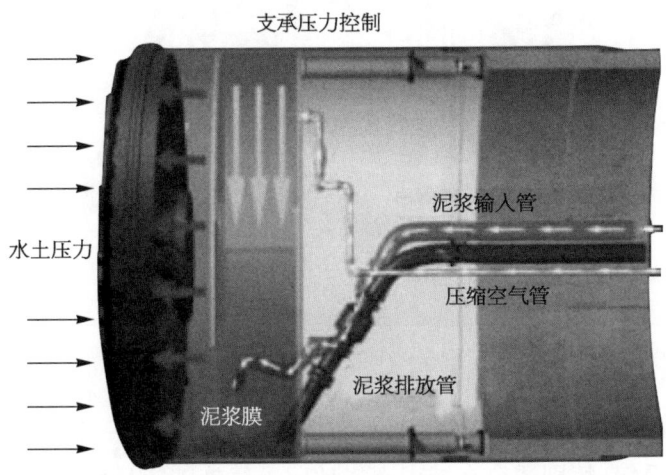

图 5-49　泥水平衡盾构

泥水盾构利用循环泥浆的体积对泥浆压力进行调节和控制，泥浆主要由膨润土等材料拌和而成。开挖面的稳定是通过将泥浆送入泥水室内，在开挖面上用泥浆形成不透水的泥膜，利用该泥膜的张力保持水压力，以平衡作用于开挖面的土压力和水压力。开挖的土砂以泥浆形式输送到地面，通过泥水处理设备进行分离，分离后的泥水进行质量调整后再输送到开挖面。

马来西亚 SMART 隧道，用于泄洪及公路交通，盾构隧道全长 5 400 m，盾构直径

图 5-50 马来西亚 SMART 隧道盾构机

13.21 m,隧道主要穿越强度较高的石灰岩、大理石和砂等,采用泥水平衡盾构机,复合刀盘,如图 5-50 所示。

(2) 土压平衡盾构

土压平衡盾构就是在盾构的前部设置搁板,使土仓和排土用的螺旋输送机内充满切削下来的泥土,依靠推进油缸的推力给土仓里的渣土施加压力,使土压作用于开挖面,以使开挖面处于平衡状态。土压平衡的支护材料就是被切削土壤本身,通常会根据地质条件,土仓内添加流塑化改性材料,改善盾构土仓内切削土体的流塑性。这样既能平衡开挖面的水土压力,又能改善土体对外输送的顺畅性,如图 5-51 所示。

支承压力控制

图 5-51 土压平衡盾构

由于土压平衡盾构机不需要像泥水平衡盾构机施工需要一个占地很大的泥浆处理系统和泥浆脱水系统,特别适合在城市密集地区进行施工。目前,大直径土压平衡盾构机技术发展也很快,比如,西班牙马德里 M30 公路隧道采用直径 15.4 m 土压平衡盾构机,上海市迎宾三路隧道工程采用直径 14.27 m 土压平衡盾构机(图 5-52)。

(3) 复合平衡盾构

复合平衡盾构就是同时具备土压平衡和泥水平衡功能,可以根据盾构进入的不同地质条件进行切换。也有三模式复合盾构,可以在泥水平衡、土压平衡和敞开式盾构切换。如拉斯维加斯输水隧道,约 40% 的地段采用的是敞开模式,约 60% 地段采用封闭的泥水平衡模式,引水隧道穿过的地层包括硬岩与砾石交替地层,以及含次生矿物和米

图 5-52 迎宾三路隧道盾构隧道贯通

德湖水的断裂带,如图 5-53 所示。

5.2.4.2 盾构机的选型

盾构机选型以安全、环保、优质、经济为原则,以工程地质和水文地质为依据,根据深隧主隧道断面尺寸、长度、埋深和曲率半径要求,结合沿线环境条件和地面沉降控制要求等综合考虑。选用土压平衡盾构还是泥水平衡盾构,主要依据地层的渗透系数、地层的颗粒级配和地下水压。当地层的渗透系数小于 10^{-7} m/s 时,可以选用土压平衡盾构;当地层的渗透系数在 $10^{-7} \sim 10^{-4}$ m/s 时,既可选用土压平衡盾构,也可选用泥水平衡盾构;当地层的渗透系数大于 10^{-4} m/s 时,宜选用泥水平衡盾构。粉土、粉质黏土、淤泥质粉土、粉砂层等黏稠土层,适用于土压平衡盾构。当水压大于 0.3 MPa 时,宜选用泥水平衡盾构。由于土压平衡盾构施工不需要在地面设置大面积泥浆处理设备,渣土外运处置更环保和方便。随着盾构机制造技术的不断提高,土压平衡盾构的适用范围也在不断扩大,在城市密集地区建造深隧,应优先选用土压平衡盾构。

5.2.4.3 盾构在深隧工程的适用性

自英国工程师布鲁诺尔(M. I. Bruneil)在 1803 年发明盾构机械施工以来,经过 200 多年的应用和技术发展,当今盾构技术已达到了很高的应用水平,在各种复杂的地层和要求极高的环境条件下都有成果工程案例。盾构机直径也在不断被突破,由海瑞克公司制造,在我国香港屯门赤鱲角海底公路隧道应用的盾构机直径已达 17.6 m。目前世界上直径超过 14 m 的盾构机已有 30 多台。

采用盾构法施工的深隧主隧道与目前国内应用最为广泛的交通盾构隧道的本质是一样的,碰到的技术问题也类同,可能比较突出的不同点在于深隧通常埋置都很深,盾

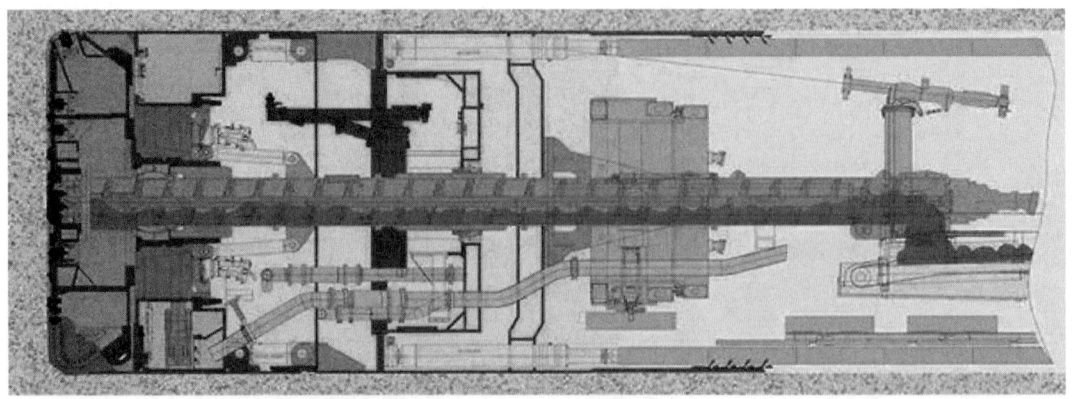
敞开式隧道掘进模式(采用水平螺旋输送机)

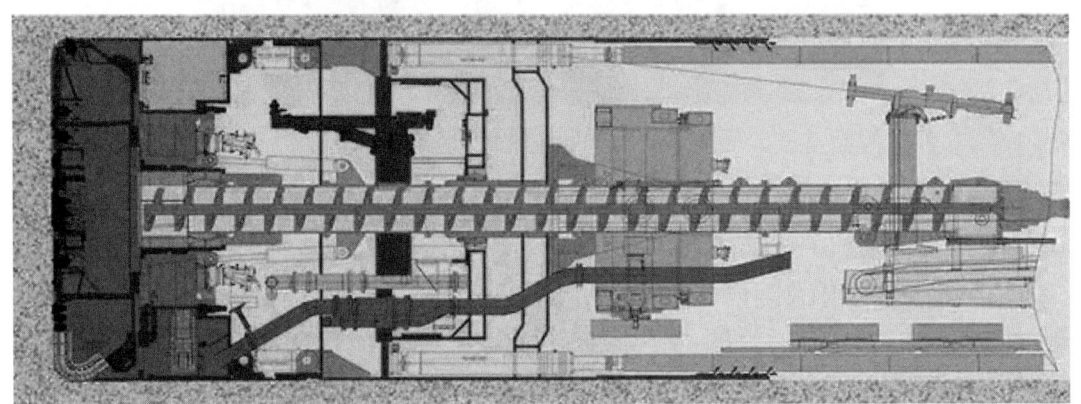
封闭式隧道掘进模式(采用泥水环路)

图 5-53 复合平衡盾构

构施工需要考虑承受高水压密闭问题。从国内外盾构施工案例来看,目前盾构机制造技术可以满足深隧的耐高水压要求,比如,2013 年竣工的瑞典哥德堡和马尔默之间的哈兰扎森铁路隧道,盾构需承受的外水压力达到 11 bar。2014 年建成的拉斯维加斯输水隧道,采用直径 7.2 m 的海瑞克隧道掘进机,从 180 m 深的竖井始发,承受了高达 15 bar 的湖水压力。

5.3 深隧工程耐久性

深隧工程耐久性是指深隧在可能引起材料性能劣化的各种作用下能够长期维持其原有性能的能力。《混凝土结构设计规范》(GB 50010—2010)规定,混凝土的耐久性设计应按照设计使用年限和环境类别进行。深排(蓄)水隧道工程属于重大、重要工程,常按照 100 年设计使用年限进行耐久性设计。深隧所处的环境,主要是深隧内部雨污水、外部地下水及土壤对隧道的物理、化学和生物腐蚀,还包括温度、震动、冲击、沉降、地震等作用。本节主要叙述隧道内部雨污水、隧道外水土的腐蚀机理及防护措施。

5.3.1 腐蚀机理

深隧中的雨污水是一种成分复杂、条件多变的腐蚀介质,在此环境条件下,管道内壁混凝土极易被腐蚀。腐蚀机理可以概括为:污水和废水中的有机和无机悬浮物随水流流动而逐渐沉积于构筑物底部成为淤泥。淤泥中的硫酸根离子被硫还原菌还原,生成硫化氢。释放的硫化氢气体进入构筑物内未充水的上部空间,与构筑物内壁相接触。在内壁上,硫化氢由于生物化学的作用,氧化生成硫酸,在硫酸的不断作用下,混凝土被腐蚀,如图 5 - 54 所示。

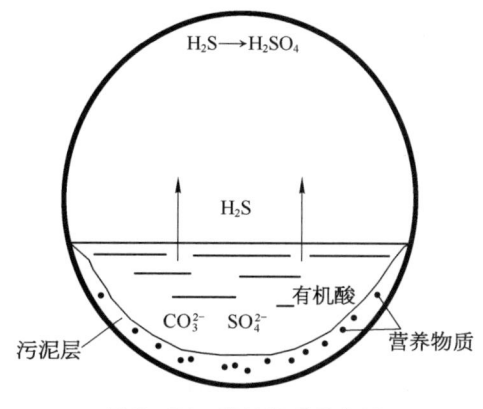

图 5 - 54 腐蚀机理示意图

隧道内壁腐蚀有以下特点:① 深隧气、水分界面处或水位变化频繁处比一般区域腐蚀更为严重。这是由于液位经常变化,故水池池壁强腐蚀区域常呈水平线性分布,同一墙面往往有多条强腐蚀带。② 在相同的环境下,深隧的底部通常要比顶部、侧壁腐蚀轻些。这是由于底部常年被淤泥覆盖、含氧量低、所处状态相对稳定,所以腐蚀发展较慢。③ 水质变化较大或水质较差的深隧一般比水质较稳定或水质较好的深隧腐蚀严重。

隧道外部与外水土接触,外水土亦会对深排(蓄)水隧道外壁产生腐蚀,包括土壤腐蚀、细菌腐蚀和杂散电流腐蚀,以土壤腐蚀最主要。土壤这种腐蚀作用可分为两种:一种是土壤直接腐蚀混凝土,随后使钢筋锈蚀;另一种是土壤介质使混凝土液相发生改变,并使钢筋发生锈蚀,当锈蚀产物体积的膨胀到超过混凝土抗拉强度时,混凝土产生腐蚀破坏。引起该腐蚀的主要因素有土壤的电阻率和酸性、碱性度、湿度、空气渗透，以及土壤中的氧、微生物等。

从以上可以看出，深隧内部雨污水、外部水土对隧道的腐蚀包括硫酸盐腐蚀、氯离子腐蚀、酸性介质腐蚀及碳化。其中，深排（蓄）水隧道内部腐蚀的特点是，存在微生物作用产生的硫酸盐腐蚀及酸性介质腐蚀。

5.3.1.1 微生物作用

微生物作用的腐蚀过程是自然界硫循环的一部分，该过程被认为是生物硫酸腐蚀。在输水过程中，污水中悬浮物及颗粒逐渐沉积在管道或构筑物底部形成淤泥。淤泥中的 SO_4^{-2} 被硫还原菌还原生成硫化氢，释放出来的硫化氢气体汇集到管道或构筑物未充水的上部空间，与混凝土接触。硫化氢又由于噬砼菌的生物化学作用生成硫酸。在硫酸的腐蚀作用下，混凝土内部钢筋由于去钝化而被破坏。

硫酸盐还原菌的存在会造成混凝土内部 pH 值的下降，更严重的是，pH 值越低，这种细菌的繁衍速度越快，甚至在 pH 值为 1 的环境中还能进行繁殖。Karen 和 Alain 发现，微生物对混凝土的破坏速度会受到混凝土成分的影响，如图 5-55 所示。

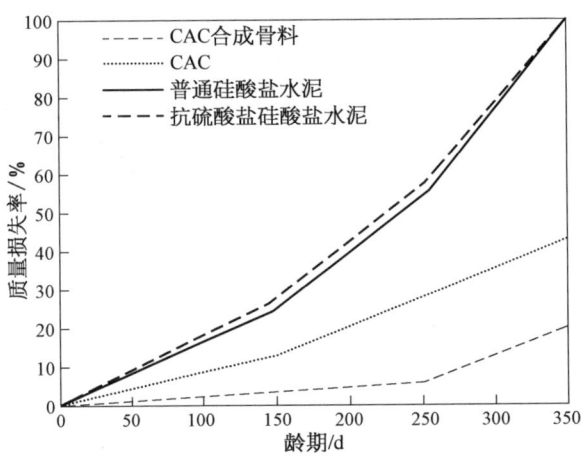

图 5-55　混凝土组成成分对微生物侵蚀速度的影响

由图 5-55 可以看到，普通硅酸盐水泥受到微生物侵蚀 350 d 后即造成 100% 的质量损失；而与之相反，铝酸钙的加入大大提高了水泥抵抗微生物破坏的能力，即使经过一年其质量损失也只有 20% 左右。这是由于含铝酸钙的水泥为高碱性，极大地抑制了硫酸盐还原菌的繁殖速度。

5.3.1.2 硫酸盐腐蚀

硫酸盐进入混凝土孔隙后，与混凝土某些组成部分发生化学反应。有些产物吸收水分产生结晶而导致体积膨胀，在混凝土内部形成膨胀应力。当膨胀应力超过混凝土抗拉强度后就会导致混凝土开裂，破坏呈由内到外的剥蚀。硫酸盐中 SO_4^{2-} 与混凝土中 $Ca(OH)_2$ 形成 $CaSO_4$。另外，硫酸钙还会与混凝土内的水化铝酸钙发生反应，生成硫铝酸钙(钙矾石)。硫铝酸钙含有 31 个结晶水,体积膨胀剧烈,约为原水化铝酸钙的 2.5 倍[63]。随着硫酸盐腐蚀作用的进行,混凝土由于膨胀应力,内部颗粒间孔隙越来越多且间距越来越大,内部的渗透性也随之增大,因此硫酸盐或其他腐蚀物质的入侵更加容易且剧烈,加快了混凝土腐蚀及内部钢筋的锈蚀。

影响硫酸盐侵蚀的主要因素包括混凝土的水灰比以及铝酸三钙(C3A)的含量。方祥位等人指出,水灰比越大,硫酸侵蚀破坏速度越快。而黄战等人通过试验发现,在同样的硫酸盐溶液中浸泡相同时间,混凝土的抗压强度及抗折强度将随着水灰比增大而减小。

5.3.1.3 氯离子腐蚀

在混凝土内部自由扩散的氯离子,一旦运动到金属表面就可以吸附在金属表面上。由于具有较高活性,氯离子可以与钝化膜发生反应,反应后的钝化膜逐层脱落,直到最终出现缺口。此处裸露出来的金属就是一个活化的阳极,其他未脱落的区域为阴极,形成大阴极-小阳极的化学电池,阳极区的腐蚀电流很大,腐蚀速度很快,使得钝化膜缺陷处形成一个腐蚀出来的深坑,即为点蚀现象。氯离子侵蚀导致混凝土的破坏现象如图 5-56 所示。

图 5-56 氯离子侵蚀导致混凝土表面破坏

因此,氯离子虽未直接造成钢筋锈蚀,但其实对锈蚀具有加速作用,主要体现在:① 一定浓度的氯离子可以活化钢筋表面,使钢筋失去钝化膜的保护作用。② 氯离子具有搬运和催化的作用,Fe^{2+} 和 Cl^- 生成可溶于水的 $FeCl_2$,然后向阳极区外扩散,当遇到 OH^- 时,Fe^{2+} 与之生成 $Fe(OH)_2$,此时 Cl^- 被释放出来,又向阳极区迁移,带出更多的 Fe^{2+}。由此可见,Cl^- 本身并不构成任何的腐蚀产物,仅起着 Fe^{2+} "搬运工"的作用,在腐蚀的全过程中并未被消耗,因此能反复地对腐蚀其促进作用。③ 混凝土孔隙溶液因为氯离子的存在成为较强的电解质,为电化学反应提供最佳的场所。氯离子的腐蚀过程如图 5-57 所示。

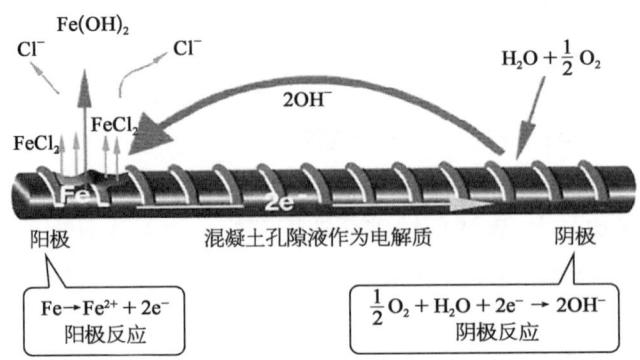

图 5-57 氯离子对钢筋锈蚀的作用

5.3.1.4 酸性介质腐蚀

酸性介质会造成混凝土内部组成部分的碱性丧失,使得砂浆层粉化脱落。酸性介质的作用会使大量的 $Ca(OH)_2$ 被中和,使得内部石灰碱度大大下降,导致混凝土中水化硅酸钙和水化铝酸钙的分解,从而破坏混凝土孔隙结构的胶凝体,使混凝土力学性能劣化。深排(蓄)水隧道工程中常有的硫化氢气体与 $Ca(OH)_2$ 生成易溶的硫氢酸钙而随隧道中的雨污水流失,对混凝土产生弱酸侵蚀。酸性介质更容易通过混凝土的多孔隙结构与钢筋接触,因钢筋表面钝化膜破坏钢筋生锈,钢筋生锈后体积膨胀导致混凝土受膨胀应力,进一步使得混凝土开裂剥落。

另外,酸还可以促使水化硅酸钙和水化铝酸钙的水解,从而破坏具有空隙结构的凝胶体,使混凝土的强度降低。

酸性介质对混凝土的腐蚀作用不同于硫酸盐,其特征是表面松软,逐层脱落。在流动的硫酸液中的混凝土腐蚀现象更加剧烈。受酸性介质腐蚀后,混凝土的强度有明显的降低。试验表明:受酸性介质腐蚀后的混凝土,其强度损失率(即强度损失与未腐蚀混凝土强度之比)与腐蚀时间成正比,而且与酸性介质的浓度成正比。在流动的溶液中,混凝土的强度损失加剧。在腐蚀初期,由于新生成盐结晶体的膨胀作用,使得混凝土孔隙变得充实,混凝土更加密实,此时其强度有所提高。在腐蚀后期,由于大量具有膨胀性能的产物的形成,膨胀应力增大,使孔结构遭受破坏,内部微裂缝不断开展,导致混凝土强度的降低。

5.3.1.5 碳化

混凝土碳化是外部环境中的二氧化碳通过混凝土表面及内部的孔隙进入到混凝土内部与氢氧化钙等碱性物质反应,导致混凝土碱性下降。新浇筑的混凝土内部是呈碱性的,碱性物质能够保护混凝土不受损坏。而且钢筋混凝土中钢筋在碱性环境内及少量氧气下,由于初始的电化学腐蚀作用,会快速生成一层致密的钝化膜,使钢筋处于钝化状态。但如果混凝土发生碳化,pH 值降低,会使得钝化膜的溶解速度大于生成速度,造成钝化膜的破坏。一旦钝化膜遭到破坏,钢筋极易被腐蚀。锈蚀后,钢筋会发生体积膨胀,使得混凝土开裂。

5.3.2 耐久性要求

5.3.2.1 设计要求

深隧工程雨污水及外水土的防护措施,首先要在设计上就有所考虑。混凝土结构的耐久性设计包括:

(1) 结构的设计使用年限、环境类别及其作用等级。深隧属于重大、重要工程,应按照 100 年设计使用年限进行耐久性设计。结构所处环境是影响结构耐久性的外因,所以在混凝土结构耐久性设计规范中,会将结构所处环境按其对钢筋和混凝土材料的腐蚀机理可分为以下五类:一般环境、冻融环境、海洋氯化物环境、除冰盐等其他氯化物环境、化学腐蚀环境。环境作用按其对配筋(钢筋和预应力筋)混凝土结构侵蚀的严重程度分为 6 级。根据深隧所处的不同环境类别、环境作用等级与结构的设计使用年限,从而可以确定混凝土材料耐久性的主要技术要求。

(2) 结构形式。采用的结构类型、结构布置和结构构造应尽可能有利于阻挡或减轻环境对结构的侵蚀作用,便于施工并有利于保证施工质量,便于工程今后使用过程中的检查和维修。结构的形状、布置和构造应有利于避免水、水汽和有害物质在混凝土表面的积聚,便于施工时混凝土的捣固和养护,并减轻荷载作用(或强制变形)下产生的应力集中与约束应力。结构的施工缝与各种连接缝的位置与结构构造应仔细设计,以利于混凝土的裂缝控制和防止有害物质的渗入。施工缝与各种连接缝的位置应尽量避开可能遭受最不利局部环境作用下的部位。

(3) 混凝土选用要求。选用质量稳定、低水化热和含碱量偏低的水泥,尽可能避免使用早强水泥和 C3A 含量偏高的水泥;选用坚固耐久、级配合格、粒形良好的洁净骨料;使用优质粉煤灰、矿渣等矿物掺和料或复合矿物掺和料;一般情况下,矿物掺和料应作为耐久混凝土的必需组分;使用优质引气剂,将适量引气作为配制耐久混凝土的常规手段;尽量降低拌和水用量,采用高效减水剂;高度重视骨料级配与粗骨料粒形要求;限制单方混凝土中胶凝材料的最低和最高用量,尽可能减少胶凝材料重的硅酸盐水泥用量;使用抗渗混凝土。

(4) 钢筋。同一结构中宜使用相同材质的钢筋以降低钢材的电化学锈蚀速度。在腐蚀环境中可采用耐腐蚀钢种为材质的钢筋。在特别严重的腐蚀环境下,要求确保百年以上使用年限的特殊重要工程,可选用不锈钢钢筋。不锈钢钢筋不得与普通钢筋电连接。

(5) 混凝土保护层厚度。根据环境类别增加钢筋的混凝土保护层厚度。

(6) 控制混凝土裂缝。

(7) 防水、排水等构造措施。注重防、排水和连接缝等构造措施,尽可能避免水和氯盐等有害物质接触或渗漏到混凝土表面,尽可能防止混凝土在使用过程中遭受干湿交替。

5.3.2.2 耐久性施工要求

耐久混凝土施工中,需要重点保证质量并采取专门措施的内容有:结构表层混凝土的振捣密实与均匀性,混凝土的良好养护,混凝土保护层厚度或钢筋定位的准确性,混凝土裂缝控制。此外,对于引气混凝土、后张预应力体系和连接缝的施工,也应制定专门的操作规程和检验标准。

耐久混凝土的原材料及配比,应在正式施工前的混凝土试配工作中,通过混凝土工作性、强度和耐久性指标的测定,并通过抗裂性能的对比试验后确定。重要的工程应在现场进行模拟构件的试浇注,发现问题及时调整。对其中截面最小尺寸大于300 mm的构件,还宜测定混凝土的绝热或半绝热温升和自由收缩值。

混凝土结构的施工顺序应经仔细规划,如墙、板分段分块的施工缝位置与浇筑顺序和后浇带的设置等,以尽量减少新浇混凝土硬化收缩过程中的约束拉应力与开裂。

5.3.2.3 耐久性检测与维护要求

现场混凝土耐久性质量检验的主要内容:① 通过无损检测,测定现场钢筋的混凝土保护层实际厚度。② 通过标准预埋件的拔出试验或回弹仪试验,测定表层混凝土的强度并间接估计保护层混凝土的密实性质量。对处于严重环境作用下的重要工程或构件,宜通过现场混凝土表层抗渗性测试仪,测定表层混凝土的抗渗性。③ 对于引气混凝土,测定新拌混凝土的含气量以及硬化后混凝土的含气量、气泡间距系数与抗冻耐久性指数 DF 值。④ 对于氯盐环境下的重要工程混凝土,测定混凝土的氯离子扩散系数。

5.3.3 混凝土表面防腐涂层和防腐面层

美国混凝土协会(AIC)确认了四种钢筋混凝土有效保护的附加措施:环氧涂层钢筋、钢筋阻锈剂、阴极保护和钢筋混凝土表面防护涂料。实践证明,混凝土表面防护是其中最简单有效的措施。这种措施不仅可以运用到新建结构,还可以运用到已有建筑的修复中。因此深排(蓄)水隧道的防腐涂层及防腐面层的开发成为研究的重点。

混凝土表面防腐涂层防护即将涂料涂覆于混凝土表面,以降低污水腐蚀离子的渗透速率,达到隔绝或减轻环境因素对混凝土的作用。深排(蓄)水隧道中某些混凝土表面防腐涂层和防腐面层防护的原理是减少微生物附着和微生物的繁殖,从而减少微生物腐蚀。在选用时,需要考虑以下因素:

(1) 深排(蓄)水隧道为雨污水输水干管,检修不便,需要采用防腐年限长、防腐性能好的防腐方式。

(2) 深排(蓄)水隧道为埋地管道,隧道内部环境较封闭且空气湿度大,防腐材料应具有低 VOC(可挥发有机物含量)且能在潮湿环境下施工的特性。

(3) 深排(蓄)水隧道雨污水中存在颗粒物,对内壁有经常性的冲刷,防腐材料应有可靠的黏结强度及耐磨性能。

(4) 选择表面水阻与糙率系数小的防腐涂料,减少污泥堆积及微生物的滋生,更重要的是可以减少水头损失。

（5）防腐做法应方便施工，性价比好，保证工程的施工周期及投资。

根据防腐材料，深排（蓄）水隧道工程防腐设计可以分为三大类：有机涂料类、防腐砂浆类及防腐内衬类。

5.3.3.1 有机涂料类

（1）环氧涂料

以环氧树脂为主要成膜物质的涂料称为环氧涂料。环氧树脂泛指分子中含有两个或两个以上环氧基团，以脂肪、脂环族或芳香族等为骨架，并能通过环氧基团反应形成的热固性高分子低聚物。除个别外，它们的相对分子质量都不高。

环氧类防腐涂料以环氧树脂为主体，与颜料、催干剂、助剂等调制而成。环氧树脂涂料具有高附着力、高强度、固化方便、耐化学品和优异的防腐性能。正因为这些优点，环氧类涂料常被用作混凝土表面的封闭底漆和中漆。但环氧树脂涂料的缺点是户外耐候性差，涂层硬面脆，易粉化失光；固化时对温度和湿度的依赖性大（10℃以下固化缓慢，5℃以下停止。23℃时完全固化要 7 d。在相对湿度 80%～85%时就很敏感）。为了改进环氧涂料的性能，最近 20 年国内外已研究出各种不同的提高热固性环氧树脂韧性的方法。已面市的改性环氧产品提高了表面润湿性及渗透性，增强了柔韧性、耐磨性和耐候性，改善了对固化温度和湿度的依赖性（可在−10℃固化，在相对湿度 95%的环境下施工），并可用于已有环氧涂料、氯化橡胶涂料和醇酸树脂涂料的涂覆。

但是因环氧树脂分子中含有醚键，树脂分子在紫外线照射下易降解断链，所以涂膜的户外耐候性差，易失光和粉化。并且环氧树脂固化时对温度和湿度的依赖性大；固化后内应力大，涂膜质脆、易开裂，耐热性和耐冲击性都不理想。

（2）聚氨酯涂料

以聚氨酯树脂为主要成膜物质组成的涂料，称为聚氨酯涂料，通常可以分为双组分聚氨酯涂料和单组分聚氨酯涂料。双组分聚氨酯涂料一般是由含异氰酸酯的预聚物和含羟基的树脂两部分组成。按含羟基的不同可分为丙烯酸聚氨酯、醇酸聚氨酯、环氧聚氨酯等。单组分聚氨酯涂料是利用混合聚醚进行脱水，加入二异氰酸酯与各种助剂进行环氧改性制成。

聚氨酯涂料与环氧涂料有着相似的性能，而且弹性更好，能弥补混凝土表面细小的裂缝。由于耐化学品性能突出，广泛用于混凝土贮槽内壁衬层。对于大气环境中的混凝土建筑物来说，脂肪族聚氨酯涂料是耐候性优异、装饰性强的首选面漆。

聚氨酯涂料在应用中具有以下优点：涂层的透水性和透气性小，防腐蚀性能优良；通过调节配合比，涂膜既可以做成刚性涂料，也可以做成柔性涂料；可与多种树脂混合或改性制备成各种特色的防腐蚀涂料；可以在低温、潮湿的环境下固化；良好的机械性能、水解稳定性、耐生物污损性和耐温性。由于耐候性优异、装饰性强，聚氨酯涂料是目前常用的一类面漆涂料。M. H. F. Medeiros 和 P. Helene 通过对几种常用涂料的性能试验后表明,聚氨酯的抗氯离子渗透性明显好于斥水性涂料和丙烯酸涂料,而且降低氯离子扩散系数达 86%。但是这种涂料的缺点是涂膜易变黄、粉化褪色;固化反应慢;附着力相对较小。

上海市污水治理白龙港片区南线输送干线完善工程(东段输送干管)(南线,2014)、上海城市环境项目 APL 二期城市污水管理子项目西干线改造工程(新西干线,2009)、上海市污水治理二期工程-中线(中线,1999)等上海主要污水输送工程都采用了聚氨酯类防腐涂料。南水北调工程等输水工程中也使用了聚氨酯类防腐涂料。

(3) 聚脲弹性体涂料

喷涂聚脲是由异氰酸酯组分(简称"A 组分")与氨基化合物组分(简称"R 组分")反应生成的一种弹性体物质。

聚脲弹性体涂料是继高固体分涂料、水性涂料、光固化涂料、粉末涂料等技术之后,为适应环境保护需求而研发的一种无溶剂、无污染的新的涂料涂装技术。这种高厚膜弹性涂料,不仅一次喷涂厚涂层,且能快速固化(5~20 s),物理力学性能及耐化学品性能优异。脂肪族聚脲耐紫外线辐射,不易变黄;芳香族聚脲有泛黄现象,但无粉化和开裂。由于第 3 代聚脲弹性体的优异性能及成膜不受水分、潮气影响,聚脲材料对环境温度、湿度有很强的容忍度,适用于污水环境下钢筋混凝土防腐蚀的应用。

喷涂聚脲弹性体(SPUA)与传统聚氨酯弹性体涂料喷涂技术相比的优点是:高强度;高弹性;干燥快;对湿气不敏感;施工环境适应性强,立面厚膜不流挂;优异的力学性能和耐腐蚀性能。同时涂膜能够快速固化;可在任意曲面、斜面、垂直面及顶面连续喷涂成型;5 s 凝胶,1 min 后便可达到步行强度;一次成型的厚度不受限制,克服了多次施工的弊端;原形再现性好,无接缝,具有美观实用等优点。SPUA 既可以直接使用,也可以作为面漆使用。

成都自来水七厂水管管道防腐使用了 500 000 m^2 的聚脲防腐涂料。四川绵阳 DN2200 输水管线防腐中使用了聚脲防腐涂料。南水北调工程等输水工程中也使用了聚脲类防腐涂料。

(4) 丙烯酸乳胶漆

丙烯酸乳胶漆耐碱性强,具有水解稳定性,特别是适用于混凝土表面。丙烯酸乳胶漆的呼吸功能强,允许水蒸气透过,但同时对水有阻隔作用。优良的弹性和弹性回复,使丙烯酸乳胶漆可以容忍混凝土表面的尺寸变化而不破损。

(5) 氟树脂涂料

氟树脂涂料是以氟烯烃聚合物或氟烯烃与其他单体为主要成膜物质的涂料。又称氟碳涂料、有机氟树脂涂料、氟碳漆。氟树脂涂料具有超强的耐候性、突出的耐腐蚀性、优异的耐化学药品性、良好的耐沾污性和裂缝追随性。其优异的性能是由于氟树脂分子中的氟原子半径较小,电负性高,它与碳原子间形成的 C—F 键极短,键能高达 485.6 kJ/mol,因此分子结构稳定。由于碳氟原子之间是由比紫外线能量还高的键相连,所以受紫外线照射后不易断裂。在其分子链中,每一个 C—C 键都被螺旋式三维排列的氟原子紧紧包围着,这种特殊结构能保护其免受紫外线、热或其他介质的侵害。

这类涂料涂膜表面坚硬而柔韧,具有高装饰性,手感光滑,易于用水冲洗保洁,涂膜还具有防霉、阻燃的特点。现在常用的氟乙烯-乙烯基醚共聚物涂料(FEVE)是以三氟聚乙烯和四氟乙烯为含氟单体,通过与烷基乙烯基醚和烷基乙烯基酯共聚,同时引入含有羧基和羟基等功能性基团化合物的方法合成。它不但具有传统氟碳涂料优异的耐候、耐黏、防腐等特性,而且还具备高装饰性和易施工性,已经广泛应用于建筑、机械、电子等行业。同时由于含氟聚合物能够满足防污的要求,可防止海洋生物的附着。

(6) 有机硅树脂涂料

含有 Si—C 键的化合物统称为有机硅化合物。习惯上也常把那些通过氧、硫、氮等使有机基与硅原子相连接的化合物当作有机硅化合物。其中,以硅氧键(Si—O)为骨架组成的聚硅氧烷,是有机硅化合物中为数最多、应用最广的一类,约占用量的 90% 以上。

有机硅树脂涂料根据防止水汽入侵的方式不同,可分为斥水型和防水型两类。防水型是通过在基材表面或附近形成一层防水膜而阻止外面水分进入,但同时也阻塞了基材的气孔而不利于基材的透气性。斥水型是使疏水物质附着在基材气孔上而不是阻塞气孔,所以它在阻止外部液体水进入的同时也允许内部水蒸气散出,保证了基材的透气性。

有机硅树脂涂料的优点是:耐温度变化;优良的消泡性、与其他物质的隔离性、润滑性以及良好的成膜性;透气性和保色性优异。含有机硅树脂的溶液,具有很强的渗透性和憎水性,因此有机硅类涂料常用作防水处理材料。

但是有机硅防护涂料也存在一些问题:① 涂料的挥发性。② 应用部位的限制,一般渗透型有机硅表面防护涂料用于大气环境,而不能用于水下结构。③ 成本较高,渗透型有机硅防护涂料很多是 100% 固含量,因价格昂贵,对于施工中的合理损耗就是很大的损失。④ 现场质量控制与检测,目前均不能运用无损检测技术对其防水效果、抗氯离子渗透性等进行现场测量。针对这些缺点,许多专家进行了大量的改进试验。印度的 S. Ananda Kumar 等研究了通过内部交接网络工作机制改性的环氧有机硅树脂后指出,新产品结合了环氧树脂和有机硅树脂的优良性能,显示了非常低的腐蚀电流和很高的阻燃性能,是一种很有发展前景的树脂材料。

(7) 玻璃鳞片涂料

玻璃鳞片实际上是一种极薄的玻璃碎片。以玻璃鳞片作为骨架的涂料,能够大幅度延长腐蚀介质的传输路径,从而使涂料具有良好的抗渗透性、耐化学品性及抗老化等性能。同时由于玻璃鳞片的存在,又可有效地抑制涂层龟裂、剥落等,使涂层具有优异的附着力和抗冲击性。这类涂料在海洋混凝土工程中常被用作中涂漆,特别适合用于腐蚀严重的海洋和海浪飞溅区的钢构筑物上。S. Sathiyanarayanan 等研制了一种聚苯胺改性环氧玻璃鳞片,由于聚苯胺可以形成一层保护膜从而可以预防涂层表面出现针孔的缺陷。通过电化学交流阻抗(EIS)试验表明,这种涂料的耐腐蚀性能相比其他玻璃鳞片涂料有了很大提高。但是此种涂料也存在一些缺点:在低温条件下,涂层固化速度慢,不能满足施工要求;固化时有二氧化碳放出;用于户外,抗紫外线老化性能较差。

5.3.3.2 防腐砂浆类

聚合物通常具有优异的柔韧性、抗冲击性,以及良好的抗渗性和单位体积重量小等优势,可以弥补普通水泥基材料的缺陷。聚合物改性水泥砂浆所用的聚合物种类很多,用乳液掺加到水泥砂浆中是其中应用最广泛的一种。砂浆经过聚合物改性后,与水泥浆体之间的界面结合就会得到很好的改替,二者之间的黏结力大幅度提高。众所周知,骨料与水泥浆体之间的界面是砂浆中薄弱环节,被称为过渡区。砂浆内部一旦受到应力作用,就极容易在过渡区处产生裂纹。如果在砂浆中掺入聚合物,则砂浆的凝结硬化过程中,聚合物就会在砂子颗粒与水泥浆体之间的过渡区干燥成膜,使二者之间的结合变密实,黏结变牢固。砂子颗粒与水泥浆体之间的结合得到加强的直接表现为:砂浆的抗折、抗拉强度大幅度提高、延伸性能改善,从而减少干所裂缝的形成,砂浆的抗裂性得到提高。

聚合物大都以乳液形式掺入水泥砂浆中,大大提高了砂浆层密实性和黏结力,其耐久性可与基体混凝土保持一致。我国已有丙乳砂浆、氯丁胶乳砂浆等品种,近年来又出现了一些新的品种。聚合物改性水泥砂浆层主要用于各种盐类存在的(氯盐、硫酸盐)强腐蚀环境,而且大量用于已有建筑物的修复工程。

用于聚合物改性水泥砂浆中的常用聚合物乳液主要有丁苯类乳液(SBR)、丙烯酸类乳液(PAE)、环氧类乳液(EE)、氯丁类乳液(CR)、苯丙乳液(SAE)、醋酸乙烯酯-乙烯共聚物乳液(VAE)、支化羟酸乙烯酯乳液(VA - VEOVA)、聚醋酸乙烯酯乳液(PVAC)等。价格高低顺序一般为 EE>PAE>SAE>CR>SBR>VA - VEOEA>VAE>PVAC。其中,氯丁乳液水泥砂浆、聚丙烯酸酯乳液水泥砂浆、环氧乳液水泥砂浆耐腐蚀性能较好。防腐砂浆在北美、马来西亚、新加坡、南非、埃及、摩洛哥、瑞典等国家或地区污水系统中都有使用。

5.3.3.3 防腐内衬类

内衬类防腐设计可以采用内衬 PE、内衬 HDPE、内衬 PVC、内衬玻璃钢等材料。内衬防腐片材的主要作用是防止污水产生的硫化氢气体,经氧化后生成硫酸,附着于钢筋混凝土管而造成侵蚀,有效地隔阻腐蚀液体浸透到钢筋混凝土管中的钢筋,免除因钢筋生锈膨胀导致混凝土管产生龟裂而崩塌之害。内衬类防腐与管材一体预制成型。内衬材料的低粗糙度,降低了深排(蓄)水隧道中淤泥的堆积,从而减少了微生物对内壁的腐蚀作用。内衬类防腐设计,整个管道抗压及刚度不变,整体承载力高。

内衬 HDPE 片材具有耐酸、耐碱、经久耐用的优良特性,而且本身是微软材质,富有弹性、韧性,即使管道因外力或者地层震动而产生裂缝,仍可有效防止渗漏。同时,还具有高伸缩性,受地下水压时不易损坏,且机械式嵌入混凝土管内壁,握力强,不易脱落。

内衬 HDPE 为柔性结构层,拉伸性能及断裂伸长率性能优良,可适应结构受力变化,不会开裂脱落。如图 5-58 所示,新加坡深层污水隧道工程(DTSS)全项目采用内衬 HDPE 作为防腐层。隧道不同部分采用不同亮色调内衬 HDPE,以利于 DTSS 运营期间的检查及断面核实。

内衬 PVC 片材以聚氯乙烯为原料,配合其他辅料经压出制造成型。防腐蚀片一面为平面,另一面具有 T 型或钻石型凸键,可嵌入混凝土结构内。管片间采用热熔方式无缝连接。PVC 寿命长,且材料不易受酸、碱类污水或废气的侵蚀,抗腐蚀性能强。本身软质,避免由于结构层变形产生的剥离或龟裂现象。材料老化后,塑料内衬与混凝土基层易脱落。如部分脱落,要全部取出,需要特殊设备硬拉,会对混凝土产生创伤。目前内衬 PVC 防腐管道已在广东省东莞市的污水工程中大批量使用,如东莞市大岭山镇污水处理厂污水排放工程、东莞市中堂镇污水处理厂污水排放工程。

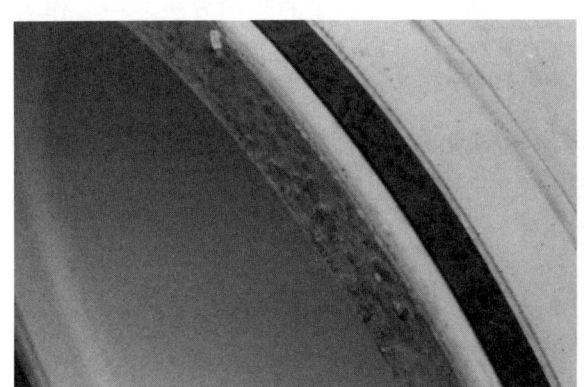

图 5-58 HDPE 防腐内衬

墨尔本北部下水道工程采用了内衬玻璃钢防腐。美国俄亥俄州哥伦布市 BWARI 工程采用了内衬环氧树脂薄膜防腐。加拿大西部排水干管采用了内衬 PDCPD 防腐。深隧在维护清淤时,需要将铲车开入隧道中铲除隧道底及周边堆积淤泥,内衬片材的强度需要保证车辆正常行驶要求及铲车刮铲工况。

5.3.4 其他防腐措施

5.3.4.1 钢筋涂层

在实际地下工程结构中,往往不是由于混凝土本身的损坏,而是钢筋的电化学腐蚀造成破坏。一般来说,混凝土是碱性材料,因而钢筋表面由于钝化作用会形成一种保护性的氧化物薄膜。如果土壤中阴性离子(如氯离子)渗入钢材表面,钝化膜受到破坏,尤其在含水率较高的土壤中,潮湿的混凝土就变成一种导体,产生较复杂的原电池腐蚀。为此,必须对钢筋进行保护。

钢筋保护可以采用非金属涂层法。此方法要求对钢筋表面进行前处理,去掉表面蚀层,这样会使涂层材料与钢材完全结合在一起。另外,还要求涂料与混凝土有较好的黏合性,使钢筋混凝土的整体力学性能不降低或降低不多,以保证混凝土的设计要求。

将填料、热固性环氧树脂与交联剂等外加剂制成的粉末,在严格控制的工厂流水线上,采用静电喷涂工艺喷涂于表面处理过的预热的钢筋上,形成一层坚韧、抗渗透、连续的绝缘涂层的钢筋。环氧涂层钢筋可与钢筋阻锈剂联合使用,但不能与阴极保护联合使用(除非在钢筋绑扎后再做环氧涂层)。与无涂层的普通钢筋相比,环氧涂层钢筋与混凝土之间的黏结强度下降20%,因而采用环氧涂层钢筋时的钢筋绑扎搭接长度,以及混凝土构件的刚度与裂缝计算值,均与采用普通钢筋时有所不同。

5.3.4.2 混凝土外加剂及掺合料

混凝土外加剂可在使用优质混凝土的基础上,在混凝土中掺入钢筋阻锈剂。混凝土的密实性越高,钢筋阻锈剂的防护效能就越好。对于难以采用涂层防护的预应力钢筋和钢绞线的保护,在混凝土或灌浆中掺加钢筋阻锈剂是有效的防护方法之一。作为多重防护措施,钢筋阻锈剂还可与环氧涂层钢筋、阴极保护及混凝土外涂层联合、搭配使用。

混凝土外加剂能抑制混凝土中钢筋电化学腐蚀的化学物质。掺入型阻锈剂为掺加到新拌混凝土中的化学外加剂,主要用于新建工程;渗透型阻锈剂涂于混凝土表面并渗透到混凝土中,主要用于既有工程的修复。

当然,还可以掺入钢纤维、纤维素纤维等,改善混凝土渗透性来增强钢筋混凝土自身防腐性能。

掺合料是混凝土中除水泥、水、砂、石及外加剂以外的第6组分,主要作用是改善新拌和混凝土的物理力学性能。常用的掺合料可分为活性和非活性2类,非活性掺合料在混凝土中一般不产生火山灰反应,或反应十分缓慢,如磨细石英砂、石灰石和硬矿渣等;活性矿物掺合料本身不硬化或硬化速度很慢,但能与水泥水化生成的氢氧化钙发生化学反应,生成具有水硬性的胶凝材料。绿色高性能混凝土所采用的掺合料通常选用活性矿物掺合料,且多为工业废料,如粉煤灰、粒化高炉矿渣、硅灰、偏高岭土或它们的复合物。混凝土中掺入掺合料后,可以改善混凝土拌合物的黏聚性和保水性;显著提高混凝土强度,适宜配制高强、超高强度混凝土;改善混凝土中的孔结构,提高混凝土的抗渗、抗冻及抗腐蚀性;抑制混凝土的碱骨料反应。

5.3.4.3 电化学方法

阴极保护是保护钢筋的有效措施之一。钢筋的氯离子腐蚀实质上是电化学腐蚀。因此可以采用外加电流或牺牲阳极的阴极保护方法,给钢筋提供较高的负电压,使钢筋的电位处于负极(阴极),钢筋的电位降低到阳极开路电压之下,从而有效地保证了钢筋混凝土内的钢筋。另外,在电场的作用下,带负电的氯离子可向阳极(混凝土表面)迁移,等于从钢筋表面除掉氯离子,这对于钢筋的防护十分有利。

地下钢构件已广泛地采用阴极保护,而钢筋混凝土构件使用阴极保护的还比较少。

主要原因是混凝土的电阻率比土壤高得多,因此,钢筋混凝土的阴极保护系统必须外加一个足够大的电流,以使由钢筋系统产生的腐蚀电流变为极小而不再产生腐蚀。

5.4 深隧抗震分析

盾构法深隧是一种特殊的地下结构。首先,地下结构与地面结构动力反应特点截然不同,这决定了它们抗震分析方法的不同。20 世纪 60 年代美国制定《BART 隧道的抗震设计标准》(1969 年)对盾构隧道的抗震分析具有开创性意义。日本、苏联等国对沉埋隧道、地铁隧道的抗震理论和计算进行了深入的研究,均取得了一系列成果。

在地下结构抗震领域,早期借鉴地面结构抗震设计的简化方法——静力法,包括地震系数法(又称拟静力方法、惯性力法)和反应位移法。这是一般地下结构抗震设计时所采用的使用方法。而对于埋设于软弱地层中的重要地下结构,往往进行地震相应动力分析和动力模型试验分析。

(1) 拟静力法

拟静力法又称为惯性力法,包括地震系数法、等代地震荷载法和等效静力荷载法。该种方法的主要思想是把地震时的动力荷载转换为静力荷载,然后对结构按照静力模型计算其反应,以反映地震作用下结构的相应。拟静力法假设结构物各个部分与地震动有相同的震动,其所受的惯性力取地面运动加速度与结构物质量的乘积。

(2) 反应位移法

反应位移法是地下结构抗震分析时常用的一种方法,属于一种考虑土与结构相互作用的计算方法。该方法认为地下结构的地震变形受制于地层变形,地层变形的一部分传给结构,从而产生应力应变。通常情况,对于纵向结构可采用应变传递比 α 和 β 来反应土壤应变传递到结构上的递减,从而得到结构的轴向应变和弯曲应变。而对于结构横断面分析时,首先将地层对结构变形的约束简化为弹簧,然后将结构断面深度的震动位移先求出,然后将此位移强加于结构侧向弹簧上;其次按地震反应求出的最大加速度分布确定结构所受的水平惯性力荷载和动水压力;最后将地震反应求出的最大剪应力施加于结构的顶部,将水平剪应力与结构惯性力之和施加于结构底面进行结构本身地震反应计算。

5.4.1 深隧地震作用影响分析

图 5-59 所示为地震对一般地下建筑的影响。可以认为地下建筑与周边地基的反应有关,地震时或者地震后,地下建筑周边的地基是否稳定对地下建筑的影响有着很大的区别。围岩稳定情况下,应着重分析地基振动对隧道的影响;当围岩不稳定时,则应重点分析伴随地基破坏所产生的影响。地震对地下建筑的影响,应该从不同的角度进行考虑。对盾构法隧道的抗震性能进行研究的时候,需要考虑地震烈度以及所建隧道

地区的地基条件,根据地基、隧道模型、地震作用大小选择适当的地震影响进行研究。同时,工程技术人员应关注根据过去的地震灾害实例,研究地震时地基和隧道的力学机理的既往研究成果,并能根据地震烈度将地震反应具体化。

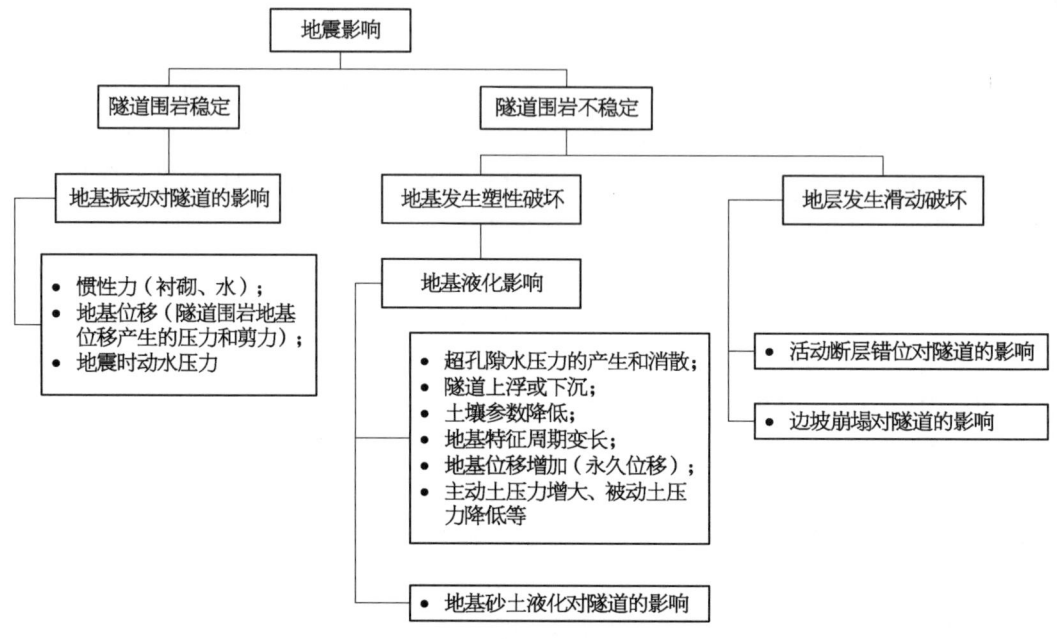

图5-59 地震作用影响分析

图5-59中所示的不只局限于盾构隧道,是地震对地下建筑所造成的普遍影响,需根据实际情况具体分析。比如,当盾构隧道建在冲积平原城区内且水平成层很厚的软弱地基中时,就没必要考虑滑坡对隧道的影响;当需要考虑活动断层产生地层错位的情况时,隧道选线时就应该尽量避开该断层。但是如果推测在隧道下数十公里处有活动断层,也可以不考虑冲积地层中的断层对隧道的影响。如果不得不考虑活动断层对隧道的影响,鉴于实际上提高隧道的抗震性能很困难,一般都会考虑预备系统和重建体制。

迄今为止,隧道一般都建设在冲积平原的城市地区,所以,一般盾构隧道设计中的实际问题,很多都涉及地基振动对隧道的影响以及可能产生的地基液化对隧道的影响等。另外,如果预想地基可能会液化的话,一般都会选择避开该地基的隧道路线。

(1) 隧道自身惯性力的影响

一般对于覆土层较厚的地下建筑,只要该建筑没有重大问题,地震时作用于其结构的惯性力影响很小。对于盾构隧道,比如外径10 m、施加二次衬砌的隧道,假设初次衬砌和二次衬砌的厚度各为0.4 m,从分析结果来看,惯性力的影响约为0.3%～0.6%。因此,有较厚覆土层的盾构隧道,一般基本可不考虑惯性力的影响。如果从抗震性研究精度的角度出发,需要考虑惯性力影响的话,也只适用于隧道内各附带设施的单位体积质量(隧道轴向1 m长的质量/隧道断面面积)比周边地层的单位体积质量大的情况。

然而,对于输水隧道,除了自身衬砌以外,还需考虑内水的质量,总质量相较于所置换的土层并未显著减小,在抗震设计时应适当考虑衬砌和内水整体质量之和产生的惯性力作用。

(2) 弹性地基位移对隧道的影响

隧道周边的地层在地震时的活动实际上属于弹性振动,即隧道周边地层稳定的情况,可以认为是地层的位移,相对位移产生的力作用于隧道。这是盾构隧道中应该考虑的地震影响。地基位移的全部或者一部分作用于隧道的纵断面,而隧道的横断面则在此基础之上,还要加上由于地基相对位移所产生的面剪切力作用,这就是所谓的位移响应法。是否要考虑环向剪切力,与评价地震时地基反应用的模型有着密切的关系。小泉淳等人的研究发现,盾构隧道的横断面产生的内力一半都是由于地基的相对位移引起的;而由环向剪切力产生的部分占另一半。

(3) 地震时的动水压

对于受内水压直接作用的盾构法输水隧道,应考虑地震发生时的动水压。如果隧道内是满水状态,需注意地震将造成特别大的影响。

(4) 液化和土层流动对隧道的影响

隧道周边地基在地震中的反应不能认为是弹性振动时,也就是说,由地震引起的隧道周边地基不稳定时,需要考虑地基液化对隧道的影响。

隧道液化的均匀系数很小,地震动作用在松散堆积的饱和砂质地基时,孔隙水压上升会引起有效应力的减少,造成地基强度降低。如果出现液化,首先,液化之前地基的振动响应特性会发生改变,地基的固有周期变长。液化之后的地基与水相比,密度更大,相当于结构受到更大的浮力作用。其次,因为地基强度的减弱,地基的变形和位移也随之增加。液化结束时,随着孔隙水压的消散,将产生地基沉降现象,尤其是水位线附近和倾斜的地基,随着液化将会产生侧移。液化及伴随其产生的侧移,不管是地上还是地下,都会给结构物造成很大破坏,盾构隧道也不例外。但是一般情况下,盾构隧道与管道和明挖隧道相比,液化和侧移都发生在一定埋深以内,盾构隧道的埋深只要达到不受影响的深度,就不用考虑地基液化和流动对隧道造成的影响。所以,盾构隧道选位时应尽量避开液化土层。

日本在20世纪末基于东京湾跨海隧道工程做了大量模型实验研究。通过分析隧道中衬砌管片、内衬结构、接头等构件在地震作用下的动力响应,得到一些结论。

① 在横向地震作用下:

a. 盾构隧道横向的地震反应可根据地基横向反应位移进行分析;

b. 错缝拼装和通缝拼装的隧道衬砌结构均可采用梁—弹簧模型的反应位移法进行分析;

c. 通缝拼装的隧道可采用二维有限元法建模分析,错缝拼装的隧道宜采用三维有限元进行建模分析;

d. 作用到隧道本身的惯性力影响很小,可以忽略不计;

e. 由于地基位移而产生的断面内力和环向剪切力产生的断面内力几乎相当,所以进行盾构隧道横断面的抗震研究时,环向剪切力不可忽略。

② 在纵向地震作用下:

a. 地震动作用在隧道轴向时,只有管环的隧道模型会随着冲积地基一级洪积地基各周边地基振动,土层变化处隧道随冲积土层反应。

b. 地震动作用在隧道轴向时,不管有没有二次衬砌,即无论隧道轴向弯曲刚度多大,隧道都会随着周边地基的反应而振动。

5.4.2 场地的地震反应分析

对以往的大震下盾构隧道的状况调研后发现,盾构隧道虽然遭受强烈地震动的影响,但只在竖井对接处和曲线处出现轻微损坏,并没有像明挖隧道出现隧道坍塌这种巨大受灾情况。原因在于,盾构隧道是一种对周边地基的跟随性很强的柔性结构。经验表明,只要确保周边地基的稳定性,就可以保证盾构隧道在强震下不至于坍塌。另外,隧道主要靠横向刚度来确保内部净空高度,即使隧道的纵向和环向接头出现部分损坏情况,但只要能在防水的同时保证周边地基稳定和横向的结构稳定,就能有效阻止隧道坍塌。

地下结构物的抗震研究一般按照围岩响应值的分析、结构反应值分析、结构构件的验算这个顺序进行。但是,对于变形性能较好的盾构隧道,除了竖井对接处或急曲线处等结构变化处,以及地基或地层的交错部位等明显受到地震剧烈影响的部位,在隧道的一般部位可以不作地震工况受力计算。

(1) 隧道横向

应用反应谱法或一维地基的时程反应分析计,计算出隧道上端和下端之间地基相对位移的最大值,利用计算出的相对位移 δ 和隧道外径 D 求得倾斜角度 φ。

$$\varphi = \frac{\delta}{D} \tag{5-26}$$

式中 φ——地基的倾斜角度;

δ——隧道上端和隧道下端之间的最大地基反应位移差(相对位移);

D——隧道的外径。

(2) 隧道纵向

隧道纵向和横向一样,要利用符合研究条件的方法计算出地基的最大反应值。假定的地基位移曲线与结构物的位移曲线相同,将隧道纵轴线在地震工况下的变形曲线近似看成是振幅为 U、波长为 L 的正弦曲线,则正弦曲线的最大应变为:

$$\varepsilon = \frac{2\pi U}{L} \tag{5-27}$$

式中 ε——正弦曲线的应变;

U——隧道深处最大地基反应位移；

L——正弦曲线的波长。

对于环宽为 B 的盾构隧道，其接缝张开量 Δ 可按下式计算，然后再与止水带的变形能力相对比，从而验算接缝防水性能。

$$\Delta = \varepsilon \cdot B \tag{5-28}$$

5.4.3 隧道结构抗震分析流程

隧道抗震可按照图 5-60 所示流程进行。

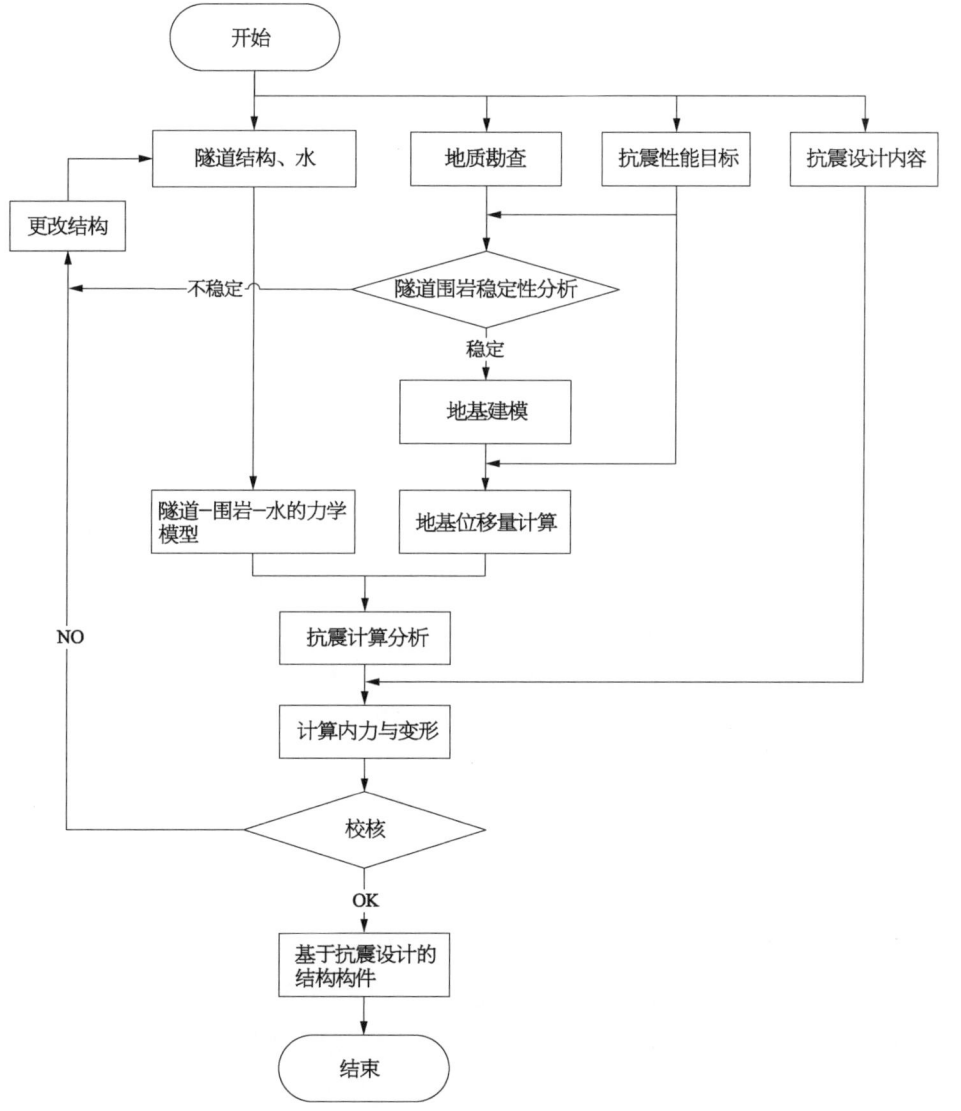

图 5-60 输水隧道抗震分析流程

(1) 研究条件

对于一条盾构法输水隧道,必须先弄清隧道围岩地质条件、隧道线形、结构形式、材料性能指标等内容。隧道围岩地质条件应重点关注是否穿越不同土层,尤其是软硬土层交界面处,宜专门进行研究。而对于结构条件,则要了解隧道平面和纵向线形、管片及接头、拟采用的材料性能指标等参数。

(2) 设计地震动参数的确定

对于设计时输入的地震参数,应根据相应的标准、场地条件和周边地区的地震活动调查情况综合确定。

(3) 场地分析

地基反应分析的目的是计算地震时隧道围岩刚度的折减和反应位移值。可根据相应的设计地震动参数求得隧道断面处的场地最大位移。

(4) 地震作用的计算

隧道所受的地震作用包括由地层相对变形产生的地层正应力、隧道结构周围所受的剪切应力、隧道及内水自身的惯性力作用。地震作用的表现形式和所采用的分析方法有直接关系,若采用荷载结构法,则可以将外水土的地震位移转化为荷载加载在隧道结构上;而采用地层结构法时,则可以将围岩模拟成土弹簧,或在有限元模型中对围岩进行建模整体分析。

(5) 盾构隧道的结构分析

从概念上来说,盾构隧道的结构抗震分析是将地震作用加载在管片主体及接头所组成的模型上,求出管片和接头上所产生的内力或变形等反应值。横断面结构分析是以管片主体和接头为分析对象,求出圆周上产生的内力和变形,而纵向结构分析则是为了求出隧道轴向产生的内力和变形。盾构隧道的横断面、纵向地震作用下的结构分析有多种方法,根据《地下结构抗震设计标准》(GB/T 51336—2018),可根据不同边界条件采取反应位移法Ⅰ、Ⅱ、整体式反应位移法或时程分析法进行建模分析,求得作用于隧道的地震外力,进而得出隧道在地震作用下的内力和变形。

对于盾构隧道的结构分析方法,应对研究目的、相关边界条件分析的适用性、分析方法的精度、验算方法的准确性进行综合对比,选择最合理的方法。

(6) 抗震性能验算

输水隧道作为重要的城市生命线工程,其抗震分析时宜提高抗震设防水准。基于以往的盾构隧道抗震性能分析,在圆隧道段,盾构隧道本身即具有良好的抗震性能,基本上能做到"小震、中震不坏,大震可修"的程度。然而,在有内水压作用的输水隧道中,其接头性能仍是一个薄弱点,在地震作用下的受力工况较为复杂,在高于基本设防水准的地震作用下难以保证承载力和变形的控制要求。此时则需要对衬砌结构或接头作进一步分析复核,或者局部采用柔性结构。

5.4.4 隧道抗震设计标准

我国抗震规范发展过程中不断吸收国外先进的抗震设计思想,先后经历了单目标设防、多目标设防和性能化设计等阶段,具有完善性、先进性。长期以来,我国抗震规范体系基本都是以《建筑抗震设计规范》为基础,各行业的地下结构抗震设防标准多由《建筑抗震设计规范》发展而来,因此存在一致性。

我国不同行业的抗震设防类别根据重要性进行区分是有必要的,同时也应根据设计和工程建设的发展调整抗震设防规定,以保证工程与规范相匹配。在现有三阶段设防的基础上,将设防目标进一步细化,更能使地下结构抗震设计具有针对性。除此之外,根据地下结构用途的不同,在抗震设防目标中应考虑结构发生震害后对周围环境的影响。

在隧道抗震领域,由于日本在地下工程抗震领域走在我国之前,其具备更多的地下工程抗震经验和教训。通过比较国内盾构隧道与日本盾构隧道的抗震设防标准,日本盾构抗震设防目标更有针对性和灵活性,而我国抗震设防也吸收了日本相关领域的抗震规范优点,考虑了更高强度地震作用的影响,相对更全面。

然而,在以往的工程设计中,我国的地下工程抗震标准规范相对仍然比较薄弱,很多时候仍需参考建筑、公路、铁道等领域的抗震理念和规定。直到近几年,随着《城市轨道交通结构抗震设计规范》(GB 50909—2014)和《地下结构抗震设计标准》(GB/T 51336—2018)的相继出台,盾构隧道的抗震分析规范化。然而,具体到深隧领域,盾构衬砌和接头有多种较为特殊的构造形式,且在运行工况下,内水的质量和内水压的作用均对盾构结构受力产生了不可忽略的影响,抗震工况也更加复杂。这方面的抗震标准规范仍然比较薄弱,工程设计和研究人员还需从基本原理出发,研究深隧的具体抗震受力工况、计算和设计方法、使用过程中的裂缝和变形控制要求等。

深隧的抗震计算应包括横向和纵向抗震计算。深隧的结构形式特殊,使用过程中裂缝和变形控制要求较高,且由于埋深较深,常常穿越复杂土层、软弱土层和液化土层,因此深层排(蓄)水隧道基本上都需要进行三维建模分析。

同时,按照日本的盾构隧道震害记录,隧道与横通道、工作井、通风井等连接部位及地质条件剧烈变化段均为较薄弱且容易发生破坏的部位,因此设计时宜对这些内容重点研究,并采取适当措施。

5.4.5 深隧抗震分析方法选取

在综合国内外盾构法抗震设计理论和行业规范标准的基础上,深隧的地震反应计算方法大致可以分为等代地震荷载法、反应位移法、地层-结构时程分析法。

《地下结构抗震设计标准》将反应位移法分为若干种:

① 反应位移法Ⅰ:适用于均质地层的地下结构断面的地震反应计算方法,如图 5-61 所示。

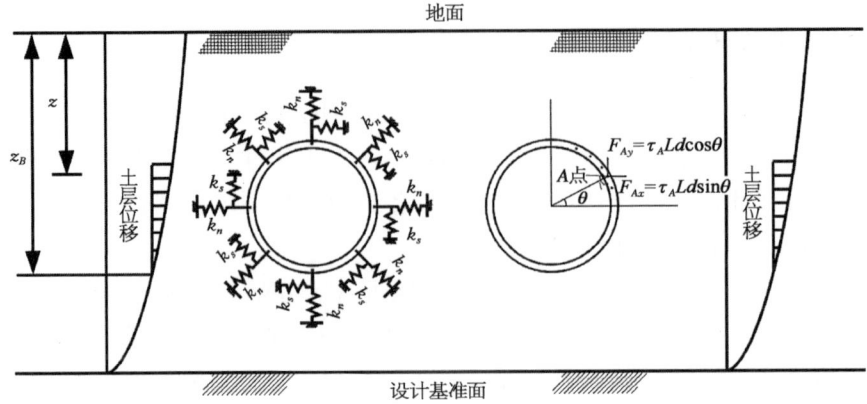

图 5-61　横向地震反应计算的反应位移法Ⅰ计算简图

② 反应位移法Ⅱ：适用于成层地层的地下结构断面的地震反应计算方法，如图 5-62 所示。

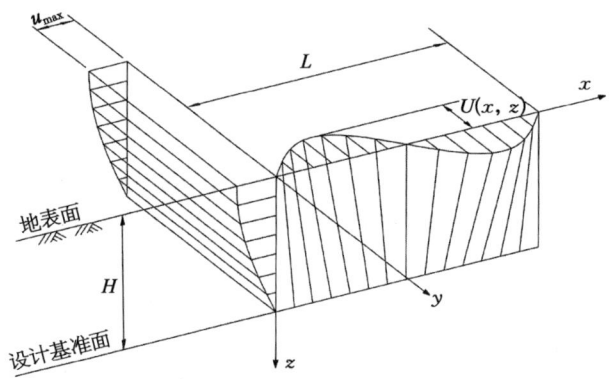

图 5-62　地层位移沿深度和隧道轴向分布

③ 反应位移法Ⅲ：适用于均质或较均质地层的线长形地下结构的纵向地震反应计算方法，如图 5-63 所示。

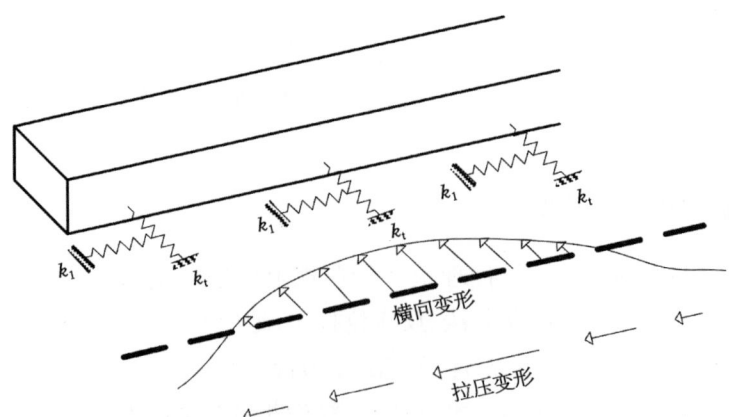

图 5-63　纵向地震反应计算的反应位移法

第5章 深层排(蓄)水隧道结构设计

④ 反应位移法Ⅳ：适用于沿纵向地层变化明显的线长形地下结构的纵向反应位移法。

⑤ 整体式反应位移法：适用于均质、水平成层或复杂成层地下结构的形状复杂断面的反应位移法。

根据不同地质条件和隧道结构形式，宜选用合理的计算方法进行分析计算，各种抗震分析方法的适用性如表 5-13 所示。

表 5-13 地下结构抗震计算方法适用性

抗震设计方法	维度	地层条件	地下结构
反应位移法Ⅰ	横向	均质	断面形状简单
反应位移法Ⅱ	横向	均质/水平成层/复杂成层	
整体式反应位移法	横向	均质/水平成层/复杂成层	断面形状简单/复杂
反应位移法Ⅲ	纵向	沿纵向均匀	线长形
反应位移法Ⅳ	纵向	沿纵向变化明显	线长形
等效线形化时程分析法	二维/三维	均质/水平成层/复杂成层/含软弱土层	线长形、断面形状或几何形体简单/复杂
弹塑性时程分析法	二维/三维	均质/水平成层/复杂成层/含软弱土层、含液化土层	

反应位移法适用于隧道衬砌结构横向地震反应计算以及隧道纵向地震反应计算。采用这类方法时，地层动力反应位移最大值被作为强制位移通过土弹簧施加在结构上。

当采用时程分析法时，应对结构与地基、结构与水体之间的动力相互作用进行合理的建模处理。并对土体的边界进行合理建模，侧面人工边界不宜小于 3 倍结构水平有效宽度。选用不少于两组的实际强震记录和一组地震安全性评价提供的加速度时程曲线，按有限单元法进行抗震计算。

在选取分析方法时，宜根据隧道地质条件、计算方法本身的适用性等因素综合判断。一般认为，设防类别为丙类的盾构法输水隧道进行抗震计算时，可采用等代地震荷载法；乙类以上重大输水隧道应采用反应位移法、动力时程分析法进行抗震计算或对照互验，并与等代地震荷载法计算结果进行比较，取更不利的计算结果。

对于横向构造沿隧道轴向均匀不变的隧道，一般可以按平面应变问题进行水平地震作用计算。以下情况需按空间结构模型进行反应分析：① 纵轴方向结构形式有较大变化。② 结构纵向土层分布有显著差异。③ 隧道与泵站、隧道与工作井连接处等复杂节点位置处。

纵向计算宜采用三维模型进行计算，隧道衬砌可采用简化梁单元建模，结构与土体之间相互作用可用地基弹簧模拟。

单层衬砌和分离式衬砌外衬作为整体结构进行抗震结构计算时，可通过工程类比和敏感性分析对弹性模量进行折减后确定结构刚度，再进行抗震计算。

对于叠合式双层衬砌结构，外衬与内衬可作为整体结构，对弹性模量可按设计值取用后计算结构刚度,再进行抗震计算。

在复杂地质条件下,应采用三维建模的方式进行时程分析,而等代地震荷载法和简化的反应位移法尽管存在一定的理论缺陷和限制条件,但由于在工程实践中有充分的经验积累,在很多情况下仍可以采用,或者与时程分析法的结果进行对比分析。

当采用时程分析法计算地震作用效应、进行承载力抗震验算时,应对地震作用效应进行折减,折减系数可取 0.35。

隧道布置宜避免穿越地震断裂带,出现建筑范围内有发震断裂时,应考虑断裂错动对隧道的影响。结构宜采用柔性接头设计。

5.4.6 深隧抗震性能化设计

(1) 抗震设防基本思路

我国的地下结构方面的抗震设计标准很大程度上借鉴了日本的地下结构抗震设计理论和规定。由于大多数地下结构承担了重要的使用功能和使命,其重要性和地震受灾影响巨大,因此在抗震性能化分析时,都希望能尽可能高于基本抗震设防水准进行设计。另外,地下结构本身受到土层约束,很多部位的结构比较容易实现在地震作用下的基本稳定,尤其是圆形的盾构隧道结构,衬砌环本身具有很大的刚度和承载力,在地震作用下也基本上可以做到"中震不坏、大震可修",甚至达到更高的性能。相关各行业规范对盾构隧道掉抗震性能化设计的要求详见表 5-14。

表 5-14 规范对盾构隧道抗震性能化设计的要求

规范标准	分级设防水准	受损度分级	设防目标
《城市轨道交通结构抗震设计规范》	中震、大震	不坏、可修	中震不坏、大震可修
《地铁设计规范》	中震、大震	不坏、小修、大修	小震不坏、中震小修、大震大修
上海市《地下铁道建筑结构抗震设计规范》	中震、大震	不坏、可修	中震不坏、大震可修
《盾构隧道的抗震研究及算例》	L1:相当于小震 L2:从过去到现在该地所具有的最大强度地震动	不坏、小修、大修、不倒	根据使用功能和重要性进行组合

在承载输水功能的盾构隧道中,内水的作用很大程度上改变了盾构隧道的本身受力工况。在地震作用下,盾构隧道结构的受力也变得较为复杂,然而,目前的实验结果证明,常规的盾构隧道仍具有良好的抗震性能,但是管片之间的接头、螺栓、铸铁件等构件受力结果难以明确,这也是抗震性能化设计时需要重点关注的对象。综合考虑盾构隧道本身的抗震能力、使用阶段的重要性、破坏后的影响等因素,《盾构法输水隧道结构设计规程》对深隧各部分抗震设防性能提出了不同的要求,如表 5-15 所示。

第 5 章 深层排(蓄)水隧道结构设计

表 5-15 盾构法输水隧道抗震设防性能要求

地震作用	部件		性能要求	受力状态
设计地震	衬砌	主体衬砌	无损伤	弹性
		内衬		
	接头	凹凸榫		
		手孔		
		螺栓		
罕遇地震	衬砌	主体衬砌	无损伤	弹性
		内衬	可修复	弹塑性
	接头	凹凸榫	可修复	弹塑性
		手孔	可修复	弹塑性
		螺栓	可修复	弹塑性

(2) 抗震措施要求

根据国内外长大地下隧道抗震理论积累、实验研究、工程经验,《盾构法输水隧道结构设计规程》对盾构法输水隧道的抗震措施还提出了如下要求:

① 在设计烈度为 6 度或时限短暂的施工工况,可不进行抗震计算,但对于重点设防类盾构法输水隧道应按相应抗震设防烈度采取抗震构造措施。

② 设计烈度 8 度和大于 8 度的输水隧道均应考虑竖向地震作用。

③ 水平向设计地震加速度 a_h 与抗震设防烈度的关系应该符合表 5-16 的取值,竖向设计地震加速度 a_v 按水平向设计地震加速度 a_h 的三分之二取值。

隧道抗震设计采用的水平向地震加速度代表值如表 5-16 所示。

表 5-16 水平向地震加速度代表值

设计烈度	7	8	9
a_h/g	0.10(0.15)	0.20(0.30)	0.40

注:g 为重力加速度,$g=9.81 \text{ m/s}^2$。

5.4.7 提高隧道抗震性能的措施

提高输水盾构隧道抗震性能的措施有三个:控制场地地基地震位移、提高隧道衬砌结构自身的抗震性能、降低土层(围岩)和衬砌间的相互作用。

(1) 控制场地地基地震位移

控制场地基本地震位移是减小盾构隧道地震影响的最直接有效措施,即盾构隧道在规划阶段应尽可能避开受地震影响较大的地区。在各行业的抗震规范中,几乎都有对发展断裂带的避让距离要求。而针对一些无法避开的盾构隧道线路,可采用地基处理的方式对隧道周围的土体进行改良,且在计算时充分考虑土体与结构的相互作用。

(2) 提高隧道衬砌结构自身的抗震性能

提高盾构隧道衬砌的抗震性能是必须考虑断面内力和位移之间的关系。对于圆形输水盾构隧道,其刚度和内力的关系为:

$$\rho = \frac{M}{EI} \tag{5-29}$$

从公式来看,如果为了减小断面内力,盾构隧道抵抗地震作用的方式有两种。一种是通过提高衬砌和接头刚度的形式,从而使其可以承受更高的外力。例如采用增大螺栓直径、加厚金属构件、提高接头刚度等。这样,隧道整体刚度也会变大,结果可能造成衬砌内力变大。另一种是通过提高衬砌和接头柔度的形式,使其具有更高的弹性变形能力。例如增加管片的分割数量,这样就可以采取降低隧道刚度。然而在输水隧道中,衬砌刚度降低会引起隧道位移增大,接头张开量变大,且减小的管片意味着更多的接缝防水薄弱点,在输水隧道中难以保证使用要求。因此,设计时应选取合适的管片和接头刚度,并在接缝处采取适当的防水措施,从而在充分考虑经济性和安全性基础上,选择最合理的设计方案。

(3) 降低地基和衬砌之间的剪切力

按照地下结构抗震设计理论,盾构隧道在地震作用下受三方面的外力:地层位移造成的地震土压力、剪切力和自身的惯性力。其中剪切力的作用与衬砌结构外围的土体性质有很大关系。实际上,在盾构隧道施工时,开挖的土体和衬砌外壁之间会出现空隙,这个空隙由盾尾同步注浆进行填实,这个注浆层通常厚度为十几厘米,在盾构隧道有限元建模分析时,常常将盾构外围土体直接当作原状土层,而忽略了注浆材料的性能。而如果采用剪切刚度较小且具有足够压缩性能的壁后注浆材料,可以有效降低地震作用下的衬砌外围土体剪切力,从而降低地震作用对衬砌结构的影响。

第 6 章

深层排（蓄）水隧道运营与维护

6.1 运营管理

内涝和初小雨污染与降雨量关系密切，深隧排水系统应结合降雨信息进行科学调度。东京、芝加哥的深隧排水系统均根据降雨强度来进行调度。在东京设有专门的降雨信息系统，统计分析降雨数据，东京江户川深隧则根据降雨情况，采取相应的调度运行策略。我国地域辽阔，广州、上海、武汉和深圳等不同城市之间年降雨总量、降雨量分布、降雨强度、雨型等降雨特征相差较大，针对不同降雨特征，可以结合降雨情况，根据监测获得的液位、水质等数据，识别在不同降雨条件下，深隧服务区域内涝和初小雨污染的变化规律，因地制宜地制定深隧排水系统的调度运行策略。例如研究区域内涝点积水情况和降雨强度的关系，建立内涝点水位与降雨量方程，则可根据实测降雨量以及深隧的运行能力，采取最适合的调度运行方式，对内涝进行控制。

6.1.1 运行调度

深隧排水系统的设置一般配有主隧道、竖井、末端排水泵组、通风设施、排泥设施 5 个部分。深隧调度运行过程中的水力调控是系统安全、高效运行的首要问题。深隧在启用过程中一般处于带压运行状态，且在频繁调度过程中处于非恒定过渡过程的时程较长，其水力学问题较为突出。因此需要进行不同运行工况的水动力学仿真和防水锤设计，确保各管段的极限压力位于深隧可承受的安全压力阈值区间。城市深隧排水系统运行的关键问题是：不同标准降水情景下的深隧起用边界条件及运行调度技术，以及深隧防淤积设计及清淤方案的选择。由于城市的发展，排水系统的边界条件在不断发生变化，对深隧系统的使用也会产生一定影响，在深隧工程使用上是一个不可忽视的问题，要谨慎处理不同标准降水情景下的深隧起用边界条件。在降雨停止时，隧道内存的雨污水还需要经由泵站输送到浅层管网,进入地面污水处理厂处理,因此需要及时根据实时情况进行调试,做到灵活调度。除此之外,深隧排水系统的管道尺寸较大,埋深也较深,保证其正常运行。隧道沉积物的清理也是一个重要问题,它直接关系着隧道的正常运行和效益发挥。为了尽量减少清淤工作量,需要对隧道进行防淤设计,包括流速、坡降等水动力学参数设计。

(1) 排涝隧道的运行调度模式

在洪涝控制隧道中,日本东京江户川深隧是当前全世界最先进的排水系统。东京设有降雨信息系统,预测和统计各种降雨数据,用于进行排水调度。由于东京已实行雨污分流的排水方式,在一般降雨的情况下,雨水就近排入河道,利用目黑川、涩谷川等小型河流进行排涝,充分利用河道的防洪排涝功能,此时无须开启深隧。当超过河流的蓄洪能力或遭遇强降雨的极端天气时,修建在中小河流旁的竖井便打开闸门,通过串联竖井的管道把雨水输送到东京最大河流江户川旁边的地下水库。水库容积约数十万立方米,可对雨水进行有效的调蓄。当水库在雨水储蓄量达到一定程度时,通过排水装置把雨水排入江户川中。江户川深隧结合降雨情况运行,并优先利用河道水系进行排洪调蓄,每年仅需开启 4~6 次,便能有效地调节洪水,使得东京减少 80% 以上的洪涝灾区。

(2) 污染控制隧道的运行调度模式

悉尼北部污水储存隧道是为了控制悉尼的排水系统在降雨时对悉尼湾造成的溢流污染而修建的隧道。通过主隧道把 4 个最大的污水溢流口和污水处理厂连接起来,截留 80%~90% 的溢流污水并输送到污水厂进行处理,再排入海湾。

该隧道的运行模式可分为备用、雨天运行、隧道维护和污水厂旁路跨越 4 种模式。旱天时,隧道处于备用模式,即使隧道保持空置。发生降雨时,则进入雨天运行模式,溢流污水不断地进入隧道,同时泵站启动并持续运行,隧道储存的污水直接排出或转移至污水厂处理后排放,直至隧道恢复到空置状态。隧道维护模式即对隧道地下设施及溢流口的地表设施进行日常检查和维护,并对隧道沉积物及时冲洗、转移。当污水处理厂设备发生故障或定期维护时,则进入旁路跨越模式,将污水转移至隧道进行储存,防止污水直接排入受纳水体。

(3) 复合型深隧

复合型深隧的主要功能是截留合流污水提高截流倍数和行洪排涝。

功能的多样性决定了运营工况较复杂。

深隧特别是复合型深隧设计中一个重要考虑是预处理设施的设置。它对深隧运行调度及维护有关键性的影响。雨水、污水中的漂浮物、砂石等固体垃圾物质,将随水流一起进入深隧,如果深隧内水流速度不足,将在深隧内沉淀淤积。排水深隧入流预处理的目的主要是去除入流雨水、污水中的垃圾、砂石等固体物质,以免这些固体物质在深隧内沉积,影响深隧和泵的运行,从而达到最小化隧道维护的目的。

深隧的入流通常在多处同时发生,意味着这样的预处理设施需要在多处设置,这也就意味着需要对多处的预处理设施进行维护。如果不设预处理,而让这些砂石、垃圾进入隧道,则只需对隧道及其末端的泵站进行维护。这样一来维护的点确实减少了,但需要进入深隧进行维护的成本和风险也相应地增加了。

在国外,某些业主会在深隧的每个入流竖井处安装隔栅、砂石捕集设施,甚至细格栅,以便将这些无机物质(如泥沙、砂石、石子、砖头等)在地表处截留去除,有机物质则允许它们进入到深隧里。这样做是出于臭味控制的考虑,截留的无机固体物质不产生臭味,而有机杂质则会产生臭味。需要在截留去除无机和有机杂质当中进行平衡。

复合型深隧运营工况大概分为五种情况,概括为:小降雨时,截流溢流污染和初期雨水;当降雨超过截流强度时,雨水通过现状浅层系统排放;中雨水时,降雨超过现状浅层系统排放能力,雨水进入深隧调蓄,降雨进一步增加,逐步开启排涝泵组排水;大雨时,深隧已无调蓄空间,深隧作为排水通道排水;超标降雨来临时,综合防涝措施启用,快速排出系统内的积水。深隧系统建成后的运行调度按照以上几种方式运行。为了实现深隧的这几种运行模式,就需要合理调配预处理设施和末端泵站。

深隧进水运行工况:根据降水情况以及实时的管网监测资料打开预处理设施进水闸门。

末端泵站的运行拟通过水位进行调度(也可人工手动控制),可根据各工况设置相应的水泵。通常会设置用于深隧的排空的初雨泵和用于系统暴雨时的排涝泵。由于排涝工况和初小雨工况水位差一般较大,初雨泵和排涝泵的扬程均无法适应此水位差,因此需单独设置水泵以排出此区间水体的中间泵。

6.1.2 应急措施

在日常操作中,意外事故大部分是由于机电仪器故障所引起,包括泵、闸门及供电系统。此外,超大暴雨也可以归类为意外事故。

(1)供电中断

在具有备用电源的泵站中,应急发电机将在电源中断时自动开机。同时,电源故障报警信号将传输到操作人员正常履行职务的控制中心。

然而,对于没有备用电源的泵站,在电源中断时,隧洞存储容量耗尽后,进入的流量将会溢出。在这危急情况下,一旦接收到警示信号,立刻派遣工作人员检查及紧急抢修。当恢复供电后,马上重新启动所有的机电设备。整个深隧系统中,泵站的排涝泵最为重要,所以建议采用两个独立电网供电。在天气恶劣情况下,两个独立电网同时失效的概率较低。

(2)泵机械故障

泵站排涝泵根据设定水位逐台启动。所有泵同时发生机械故障的可能性极低。当某一台泵故障时,另一个泵马上启动,同时发出报警信号传输到控制中心。一旦接收到警示信号,立刻派遣工作人员检查枢纽泵站。同时应根据雨势及进水量,考虑开启溢流通道。

(3) 超大暴雨

当发生超大暴雨，水位上升，超过排涝泵的最高水位时，开启溢流闸门。若水位不再升高，待其逐渐下降，低于预设水位时，关闭溢流闸门，由排涝泵抽排涝水。

6.2 维护管理

隧道的清理和维护管理需要有专门的预备方案，包括用于维护设备进出的竖井通道、竖井内的工作平台、充足的宽度及转弯半径的车辆通道、可供未来安装设备时承载装备用的预设装置、通风及安全设施、远程遥控机等。运营管理的其他措施如下：

(1) 在运营维护期间，可由机械或人工控制入流竖井的水流。

(2) 避免将竖井范围及通到竖井的进出路段开放给公众。

(3) 各方案的设计元素，要充分考虑到维护人员的安全问题。

(4) 隧道以及竖井有坚固的永久性的内衬系统以减少维护维修的需求。

(5) 若需要人员在密闭空间内工作，竖井间距提供工作人员安全逃生的距离。

(6) 在人员进入竖井或隧道内工作前，必须进行足够的隧道通风措施。

(7) 在需要人员检修的情况下，竖井的大小满足专用检修车辆及人员的进出，例如人员将通过吊篮被放置到竖井底部，维修车辆则是通过地面上的吊车吊放进出。

深隧系统包含的主要构筑物有：支隧、预处理设施、入流竖井、主隧、泵站。下面就每个主要构筑物的维护需求、维护频率、主要维护设备、清淤方法、安全风险等做简单介绍。

6.2.1 支隧和主隧

虽然大部分上游夹带的石头、草木、树干、树枝、残骸和泥沙可能被上游的入流构筑物(格栅、沉砂池等)拦截，但一些细小的泥沙沉积物或树枝等进入支隧，并在大暴雨期间被冲刷到主隧。鉴于此，需要对隧道内的细小沉积物或树枝等进行定期清理。

隧道内沉积的沉积物量受到上游汇水面积的排水特性影响，可根据隧道内的沉积物量确定清淤频率。建议在每个雨季开始之前，进行一次年度清淤除渣。

维修部门的工作人员应对隧道进行年度检查，并确定任何结构损伤或明显的下水入渗。除年度检查外，建议派遣具有至少 10 年相关经验的合格工程师，每五年进行一次隧道深入检查。隧道检查的范围应包括但不限于对混凝土裂缝、混凝土剥落和通过管片接口入渗地下水进行审查。

(1) 主要维护设备

隧道位于地下约 50~100 m 处。维护深隧人员进入隧道通过入流竖井进入。不推荐在竖井内部设立螺旋楼梯，螺旋楼梯会影响旋流竖井中的水流状态，从水力角度来看是不可取的。为了协助维护人员从地面下降到竖井的底部，应使用起重机和吊篮。入流和提升竖井的大小要能通过一辆微型电动车辆用作维护交通工具，维护车辆能为维护人员在竖井之间的运输提供便利。维护车辆还可用于清理主隧道运输沉积物,如图6-1所示。

图6-1 起重吊笼和电动汽车

维护车的重量轻、尺寸紧凑,便于从仓库到现场的运输,以及将其从竖井内吊上吊下。车辆由电池供电,在封闭空间内工作时达到零排放。电池一次充电能够让汽车行驶80 km以上,避免了在维护运作期间频繁充电。

隧道内的沉积物将由手动铲起并倒入维护车辆。维护车辆将开到最近的出入竖井,然后将沉积物倾倒到废料桶,以便随后由移动式起重机提升到地面。由于沉积物通常会浸水饱和,需首先在指定区域对沉积物进行脱水,然后运送到填埋场进行处理。

清淤是在连接隧道内进行的关键维护工作。隧洞清淤方式以水力清淤为主,以机械清淤为辅。可人工使用高压水枪手动进行清淤,或远程使用高压喷水机器人(图6-2)。机器人可以远程控制,无须操作员进入隧道内工作,可大幅提高运作效率和安全性。机器人还可以配备不同的仪器,以适应其用途(例如单喷嘴高压水枪或多喷嘴射流),其他配套设备还包括储水箱和水泵。

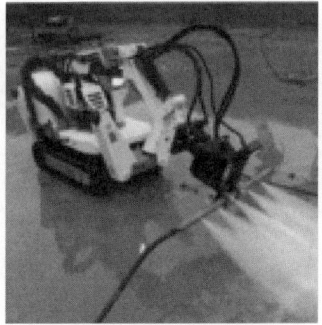
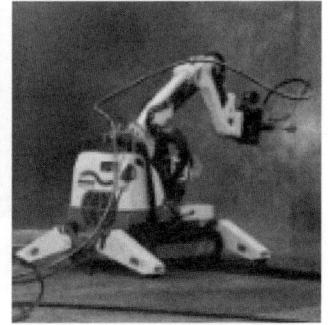

图6-2 手动和遥控喷水清淤机器

深隧用作截流或者转输旱季污水时,因结构检查和维护会造成隧道的运行中断,影响隧道正常运行,应尽可能避免。为了完成隧道结构完整性的检查工作,在正常运行状态或半满流状态下对隧道内的危险环境进行净化和清淤,机器人系统在此过程中得到了采用。深隧系统允许使用远程控制移动设备 ROV(图 6-3)进行隧道检查。所涉及的 ROV 是浮动或爬行器类型,由隧道内部的水流深度和污泥的性质(例如颗粒度、黏性和硬度)决定。ROV 能自我驱动,配有 CCD 摄像机和激光束。隧道表面先被拍摄成像,然后经由系统自动处理并生成含有隧道表面缺陷的放大图。新加坡 DTSS 深层污水隧道系统采用了 ROV 维护设备。

图 6-3 远程控制移动设备(ROV)

(2) 混凝土结构监测与修复

1) 混凝土结构监测

隧道横截面里可设置用于监测结构完整性的光纤电阻应变仪(图 6-4)。这套系统嵌入在隧道内衬里,以对隧道结构的完整性和变形、位移进行实时监测。应变仪在重要区域监测管道上的应力,以便发现可能导致隧道管线故障的变形或位移。在监测隧道完整性时,测量单元必须具有高可靠性。虽然应变计高度敏感,并提供具有长期高质量表现的恒定输出信号,但这些仪器应由具有足够经验的专家来运作。此外,布线和仪器相当复杂,每个应变计必须单独校准。

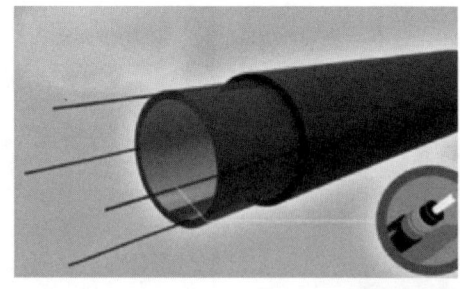

图 6-4 结构完整性的光纤应变监测

光纤技术比传统的应变仪技术有优势,包括:① 布线简单;② 优越的金属疲劳表现;③ 不需要校准;④ 对不规则载荷和高应力的高抗性;⑤ 可用于潜在爆炸性环境中,而无须特殊接线;⑥ 抗电磁干扰;如雷击和其他可能产生高电位电场的干扰源。此外,传感器可以通过一对光纤电缆连接到监控单元,从而大大降低与使用传统应变计传感器相比的布线成本。另一个重点是,由于光传感器不需要传统应变仪的激励电压(excitation voltage),所以监控单元可以远离传感器。最后,光纤电缆是一种更安全的选择,用于潜在的爆炸性环境,如污水隧道。这是因为光纤电缆不会传输引起爆炸的足够能量,所以不需要任何特殊的安全措施。新加坡 DTSS 深层污水隧道系统采使用了光纤传感器。

2) 混凝土结构修复

为了避免混凝土构筑物损坏持续恶化,必须及时进行修复工作。一般采用的混凝土破损修复方法如下:

① 裂缝/接缝注浆

这种方法是用颗粒浆液或者化学浆液注入混凝土的裂缝/接缝中。颗粒浆液是非常精细的黏性水浆液料,能够生成刚性填料,防止水渗入裂缝/接缝。由于这类浆液是刚性的,因此不能用于未来有位移可能的结构的位置。另外一种化学浆液,具有高度柔韧性和低黏度,因此可以注入非常微细的裂缝中。化学浆液在有水的环境下膨胀成泡沫,随后将裂缝密封,防止水渗入。

② 浅层钢筋外露

如果钢筋只是轻微的腐蚀,应当去除掉外露的钢筋周围的松散混凝土。清理后在钢筋表面涂上防腐层,然后用聚合物砂浆找平混凝土表面。

③ 深层钢筋外露

应当将受损的钢筋周围的混凝土分离至现有钢筋间距的至少一半的宽度,并在钢筋背面留有至少 25 mm 的深度。在必要时需使用新的钢筋,并与现有的钢筋重叠。需要在钢筋表面涂防腐蚀涂层,然后用聚合物砂浆找平混凝土剥落区域。

6.2.2 预处理设施

为了防止泥沙淤积,在每次大型降雨过后都应进行检查及清淤工作,并且在每年雨季开始前进行一次沉砂池沉积物清理工作。

预处理设施安装多种机械设备,包括格栅、栅渣压榨机、砂水分离器等。这些机械设备都需要定期检查、维护,以保障深隧系统运行安全。

预处理设施可以通过维修入口井直接进入。根据项目实际情况配置移动式汽车起重机,将维护车辆、小型装载机及移动式起重平台通过维修入口井,从地面吊入预处理设施。若预处理设施是密闭空间,在密闭空间内工作的工人需要充分的通风。因此,通风鼓风机是在密闭空间内安全工作的基本设备之一。

6.2.3 入流竖井

入流竖井位于排水深隧系统最前端,接收上游来水,通过排水支隧连接排水主隧。对于入流井以及附属构筑物,建议视察工作为一年一次,确认是否有结构性损伤。另外,每五年进行一次彻底的结构检查工作,执行人员为具有至少10年相关结构检查工作经验的、拥有相关职业资格的工程师。入流井及其附属构筑物详细检查工作包括但不限于混凝土裂缝、脱落和地下水渗透情况等。

为了维持顺利的维护通道,建议使用机动卡车起重机和吊篮,方便维护人员和物资出入深隧。在入流竖井顶部,设置吊篮吊入孔,该吊入孔在地面加盖。

6.2.4 清淤

为了不使沉积物积聚在深隧内,必须在每次暴雨事件发生后进行清淤。另外,每年雨季开始前进行一次沉积物清理工作。

此外,还应进行定期监测,以确定淤积程度,调整清淤频率。

6.3 采用远程遥控移动设备(ROV)和自动监控系统进行检查

现有的ROV技术可以提高对深隧系统的检查速度,从而提高设施管理和安全保障。ROV在地下或在封闭空间里提供了一双移动"眼睛",以便维护人员和工程师能够在沉积物固结之前发现潜在的损害/沉积固化程度,据此提出必要的维护措施,并评估这些措施的功效。如果ROV能及时发现维护或质量问题,可避免需要关闭主隧、支隧进行计划外的维护,从而节省大量维修成本。

ROV的优点如下:

(1) 利用传统方法进行深隧的检查需要进行许多准备工作、通风、分流和安全系统的实施,这是一套昂贵且耗时的流程。使用ROV可以减少这些工作。

(2) 如果发生安全事故,财务成本会非常高,而人员价值无法估量。同时,ROV相对便宜,与人的生命相比,ROV的损失更容易被承受。由于ROV是小体积机械,因此在深隧环境中更加容易使用。传统检查人员需要支持队伍,因此至少需要两名维护人员在场,但ROV可以只由一人操作。ROV具有记录功能(允许操作员拍摄录像、拍摄照片和从机载仪器上记录数据),可以使用电池供电。

(3) ROV可以携带内置传感器套件。该套件具有所有必要的数据采集设备,可用于任何给定的检查任务。例如,ROV可以携带红外线或太阳能传感器,通过该传感器可以测出混凝土的密度,从而反映出混凝土结构的完整性或排水系统底部的沉积物深度。

(4) 每次深隧检查的时间间隔可以大幅缩短,因为使用ROV的检查会更便宜且更方便。频繁的检查大大增加了在小问题恶化前发现的机会。

6.3.1 应用于管道和隧道检查的ROV

不同的ROV适合分配不同的任务和不同的环境条件。表6-1对不同类型的ROV性能做了简单对比。

表 6-1 不同类型 ROV 性能对比

Deep Rated LBV	MohIcan	Inuktun
游动设备 (游过管道)	游动设备 (游过管道)	履带车设备 (开过管道)
可出入复杂结构,包括竖井	可出入复杂结构,包括竖井	可开过干湿混合的管道断面
低流量	中流量	高流量/干燥
功能: 彩色和低光单色相机; 断面声呐感应/沉积物聚集图成像; 前进导航/特征检测声呐; 检测可见度为零的水中特征	功能: 彩色和低光单色相机; 断面声呐感应/沉积物聚集图成像; 前进导航/特征检测声呐; 3D 图绘制/校准; 金属厚度测量; 检测可见度为零的水中特征	功能: 视频; 断面声呐感应(淹没时); 激光十字断面感应(干燥时); 金属厚度测量
部署范围: 前进范围可达 2 000 m; 深度至 600 m	部署范围: 前进范围可达 2 000 m; 深度至 2 000 m	部署范围: 前进范围可达 2 000 m; 深度至 30 m

6.3.2 隧道结构健康监测系统

对重大工程结构的结构性能进行实时的监测和诊断,及时发现结构损伤,评估其安全性,预测结构的性能变化和剩余寿命并做出维护决定,对提高工程结构的运营效率、保障人民生命财产安全有极其重大的意义。这已经成为现代工程越来越迫切的要求,也是土木工程学科发展的一个重要领域。结构健康监测系统可以实时采集反结构服役状况的相关数据,采用一定的损伤识别算法判断损伤的位置与程度,及时有效地评估结构的安全性,预测结构的性能变化并对突发事件进行预警,因而可以较全面地把握结构建造与服役全过程的受力与损伤演化规律。结构健康监测系统是保障大型工程结构安全的有效手段之一。

结构健康监测应用了无损结构监测技术、有限元建模技术、计算机信息技术、智能传感器系统等先进技术,实现了结构损伤监测,对结构出现的损伤进行定性、定位、定量分析,并提出维修建议,实现结构完工后的安全验证测试,对结构突发事件之后进行寿命评估,监测所得的大量数据,可供设计人员参考,为今后设计建造提供依据。因此,结构健康监测具有重大的经济价值和深远的社会效益。

(1) 隧道结构健康监测的设计原则

设计隧道结构监测系统时,需要综合考虑系统的功能要求,并结合项目本身的特点,满足结构安全和可靠的原则来进行系统设计。图6-5显示隧道结构健康监测、诊断和评价的流程。

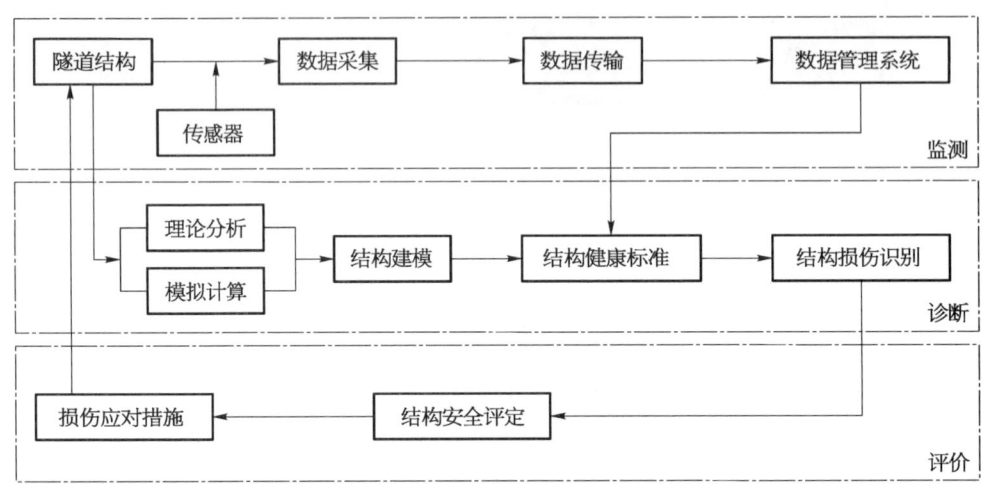

图6-5 隧道结构健康监测流程图

隧道结构健康监测系统设计,如何确定监测断面的数量和位置是很复杂的问题,需要根据很多的综合因素来判断。其中一个重要的制约因素就是监测断面和监测点数量的争夺会明显增加传感器数量,导致系统硬件成本大幅增加。另外,部分传感器需要考虑施工阶段和运行阶段共用情况,选取的断面和测点数量亦能满足结构寿命周期内掌握更多的数据变化趋势及规律。

① 满足安全性评价,在风险概率大、风险后果严重、监测等级较高的区段,其监测断面数量和间距,以项目实际情况确定,在条件允许的情况下,设置具备相互印证数据的连续断面,具备冗余设计。

② 为反馈设计,评价支护参数合理性,了解支护结构的受力状态,应选择具有代表新的区段设置监测断面。

③ 选择特殊地层、特殊结构形式或易发生结构变异的断面进行监测布置,例如断层破碎带、风化槽等,应在断层上,下盘,风化槽内、外分别设置监测断面。

④ 选择结构构造及受力复杂、理论分析难以准确确定其真实应力状态的区域断面。

⑤ 根据目前隧道中出现的问题,需要开展专项研究的区段断面。

⑥ 隧道结构承受的荷载随着时间变化较明显的区段,例如围岩蠕变效应,应设置监测断面。

⑦ 隧道结构断面变化处、隧道开挖工法变化较大处、地层条件变化较大的区段设置监测断面。

⑧ 应力较大的隧道最大埋深处及进、出水口水流条件变化处应设置监测断面。
⑨ 监测项目尽量布置在断面中的同一位置,便于监测结果相互对照和验证。
⑩ 施工期监测断面和运营监测断面应尽量共享,减少监控成本。

(2) 隧道结构健康监测系统

隧道结构健康监测系统主要包括传感器系统、数据采集系统、数据管理系统、安全性评价与对策系统四部分,如图6-6所示。

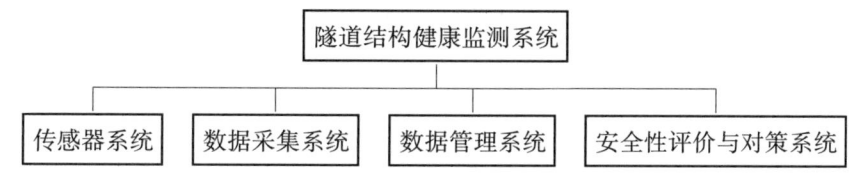

图6-6 隧道结构健康监测系统图

健康监测系统数据资料类型主要包括：① 工程基础资料,包括工程概况、设计资料、工程地质水文地质资料、施工资料、监测报告等。② 隧道施工阶段调查资料,包括塌方调查、支护结构裂缝调查、渗漏水调查、保护层厚度调查等。③ 隧道施工期监测资料,包括位移、应力应变及温度、接触压力和水压力、钢筋腐蚀等监测,将每个断面和测点的监测情况存储在数据库中。④ 隧道运营期监测资料,包括位移、应力应变及温度、接触压力和水压力、钢筋腐蚀、加速度等监测,将每个断面和测点的监测情况存储在数据库中。

(3) 健康评价与对策系统

健康评价与对策系统是结构健康监测系统的重点与难点所在。其目的是如何根据实际监测数据和信息客观地评估隧道结构的健康状态,为设计、施工、维护提供依据,实现工程信息化和数字化。流程如图6-7所示。

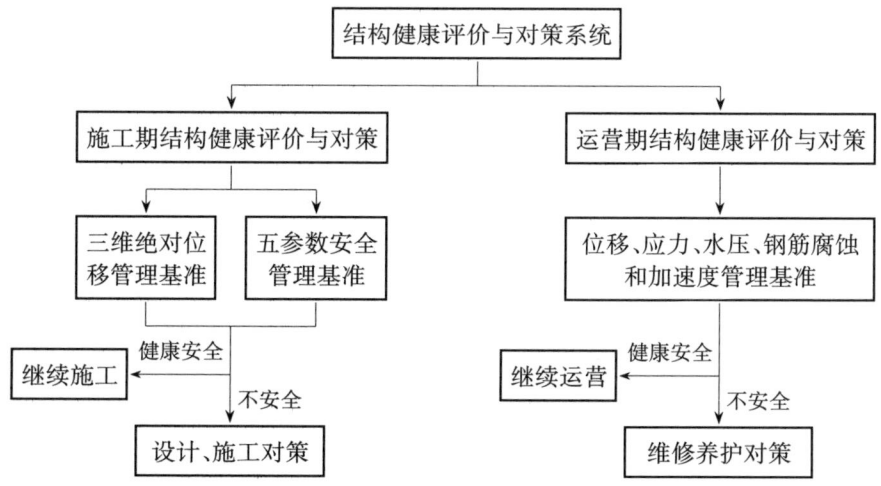

图6-7 隧道结构健康评价流程图

(4)隧道健康评估判定

此部分包括两种功能：隧道结构健康程度评估和判定、判定基准设置。

① 隧道结构健康程度评估和判定。通过每日监测数据计算，对照控制基准值，得出位移、应力、水压、钢筋腐蚀等结构变化参数，结合健康评定计算模式，评估结构健康级别，判断结构健康状态。

② 判定基准设置。当采用程序中原设计的控制基准和管理等级无法精确判定本工程稳定性时，可对原设计的控制基准值进行修订，从而使软件合适本隧道的结构安全和健康状态判定。

第 7 章

国内外典型深层排(蓄)水隧道工程案例

7.1 案例简介

随着城市的扩张和建设密度的加大,地面硬化率愈来愈高,原有的水库、山体、湖泊、鱼塘逐渐被侵占,河涌断面越来越窄,城市的蓄水、排水和自然净化能力大大减弱,导致城市水浸和内涝频发。此外,极高的人口密度和城市建设密度使得城市污染负荷迅速加大,雨季合流制地区的溢流污染日益严重。

国内外许多国家和城市(包括美国、墨西哥、英国、日本、中国香港等)在排水系统的建设方面有数百年历史,也曾经遭遇过相似的问题。为了应对此困境,也提出并尝试了多种应对方案,其中,通过开发城市深层空间、建设大型深隧工程来解决排水问题已成为许多国外发达城市的选择。本书列举了多个深隧案例(见表 7-1),分析了这些工程的建设背景、功能以及结构特征,希望能够为读者在相关规划、设计工作中提供一些思路。

表 7-1 典型深隧工程实例

序号	所在城市	隧道系统名称	工程规模	隧道主要功能
1	日本东京	首都圈外围排水道	总长 6.3 km,直径 10 m,埋深 60~100 m,调蓄量约 67 万 m^3,最大排洪流量达 200 m^3/s	行洪排涝
2	日本东京	和田弥生干线	长 4.5 km,内径 12.5 m,深 40 m,调蓄容积 54 万 m^3	控制污染,行洪排涝
3	日本东京	第二溜池干线、胜哄干线	第二溜池干线长 2.3 km,内径 8 m;胜哄干线长 1.02 km,内径 3.5 m	初雨截污
4	日本横滨	今井川地下河川	长 2.0 km,内径 10.8 m,深 50 m,调蓄容积 17.8 万 m^3	缓解内涝

(续表)

序号	所在城市	隧道系统名称	工程规模	隧道主要功能
5	英国伦敦	泰晤士河隧道工程	总长 25 km，直径 6.5~7.2 m，埋深 30~65 m，总投资 36 亿英镑	初雨截污
6	美国芝加哥	芝加哥隧道和水库方案	一期工程包括 176 km、直径 2.5~10 m 的圆形隧道，埋深 45.7~106.7 m，调蓄容积 0.87 亿 m^3。二期工程包括 3 个水库，增加调蓄容积 6.6 亿 m^3	控制污染，行洪排涝
7	美国奥斯汀	沃勒河深隧	长 1.7 km，内径 6.10~7.82 m，深 21.94 m	行洪排涝
8	美国密尔沃基	密尔沃基隧道系统	长 45.5 km，内径 10 m，深 100 m，调蓄容积 200 万 m^3	初雨截污
9	美国印第安纳	印第安纳波利斯深隧系统	长 44 km，内径 5.5 m，深 60~70 m，调蓄容积 100 万 m^3	初雨截污
10	墨西哥墨西哥城	东部深隧工程	总长 63 km，直径 7 m，埋深 200 m，24 条进水道埋深 150~200 m，排水能力 150 m^3/s	控制污染，行洪排涝
11	新加坡	深层污水隧道工程一期	长 78 km，直径 3~6 m，埋深 35~60 m	污水输送
12	马来西亚吉隆坡	SMART 隧道	长 9.7 km，直径 13.2 m，调蓄容积 300 万 m^3	解决内涝，缓解交通压力
13	中国香港	净化海港计划污水隧道	长 23.6 km，内径 0.9~3 m，埋深 100 m	污水输送
14	中国香港	荔枝角雨水排放隧道工程	分支隧道长 2.5 km，内径 4.9 m，倒虹吸隧道长 1.2 km，直径 4.9 m。埋深 40 m，投资 17 亿港元	行洪排涝
15	中国广州	广州深隧排水系统	CSO 主隧总长约 29.1 km、CSO 竖井 5 座、CSO 泵站 1 座；污水主隧道 29.1 km、污水竖井 4 座、污水泵站 1 座；综合污水处理厂 1 座	控制污染，行洪排涝
16	中国深圳	南山-前海深隧工程	主隧 4.1 km，管径 4~7 m；隧道调蓄规模 10 万 m^3；末端泵站 1 座，排涝规模 86 m^3/s；初雨泵站规模 10 万 m^3/d	控制污染，行洪排涝

7.2 日本东京都外围圈隧道工程

7.2.1 项目背景

该工程实名"首都圈外围放水路"工程，位于东京都外围的埼玉县，被誉为世界上最先进的下水道排水系统。

由于特殊的地理自然条件，东京暴雨和洪水的侵袭较为频繁，特别是当短历时超常降雨出现时，带来的洪水超出河道正常排涝能力，积水倒灌，引起城市内涝。但分析表明,东京范围内大大小小的河流中,最大的江户川由于河道宽阔,具有足够的泄洪能力。因此,如何提高其他河道的洪水容纳能力,并及时通过江户川排入东京湾,是解决东京洪水问题的关键,也是该工程建设的初衷,见图7-1。

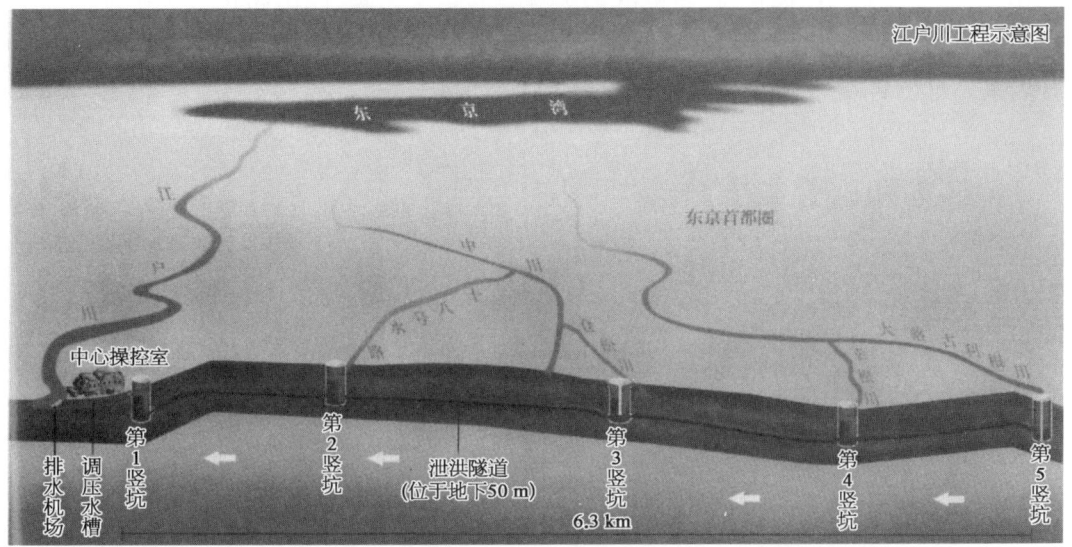

图7-1 首都圈外围放水路系统布置示意图

7.2.2 工程规模与投资

工程于1992年开始兴建,全长6.3 km,下水道直径约10 m,埋设深度为地下60~100 m,由地下隧道、5座巨型竖井、调压水池(图7-2)、排水泵房和中控室组成,将东京都十八号水路、中川、仓松川、幸松川、大落古利根川与江户川串联在一起,用于超标准暴雨情况下流域内洪水的调蓄和引流排放,调蓄量约67万 m^3,最大排洪流量可达200 m^3/s。

图7-2 调压水池内部实景图

7.2.3 调度运行方式

在正常状态和普通降雨时,该隧道不必启动,雨水经常规、浅埋的下水道和河道系统排入东京湾;而当诸如台风、超标准暴雨等异常情况出现,降雨超过上述串联河流的过流能力时,竖井的闸门便会开启,将洪水引入深隧系统存储起来,当超过调蓄规模时,排洪泵站自行启动,将洪水抽排经江户川排入东京湾。

7.3 日本和田弥生干线调蓄隧道工程

7.3.1 项目背景

神田川、善福寺川沿岸地区,特别是两岸的低洼区域不时会发生浸水户数 1 000 户以上的大规模浸水灾害,特别是昭和五十年(1975 年)到平成元年(1989 年)这段时间,接连发生了 10 次以上的大规模浸水灾害。为了解决低洼地区水灾害问题,东京都下水道局启动了和田弥生干线调蓄深隧工程,见图 7-3。

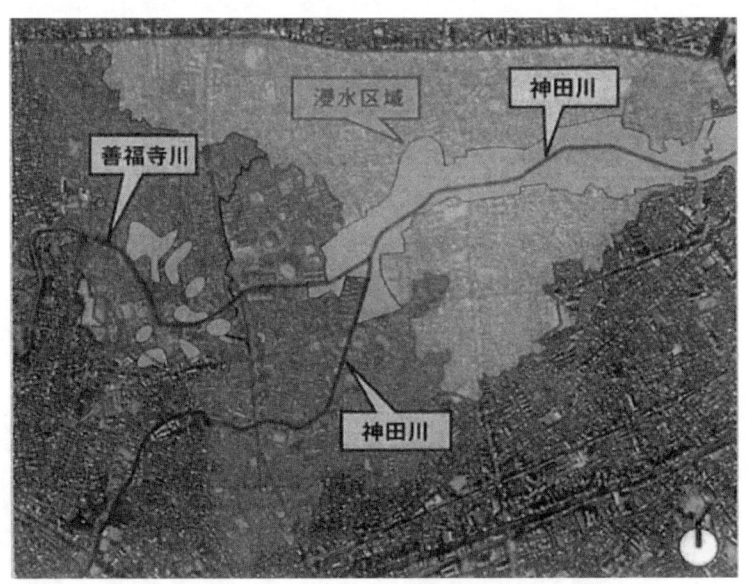

图 7-3 和田弥生干线调蓄隧道分布

7.3.2 工程设计和规模

(1) 设计思路(图 7-4、图 7-5)

浅层污水系统截流倍数为 2,截流污水经浅层管道输送到落合水再生厂处理排放;大于截流倍数 2 而小于 50 mm/h 降雨和径流系数为 0.5 的径流溢流进入善福寺川和神

第 7 章　国内外典型深层排（蓄）水隧道工程案例

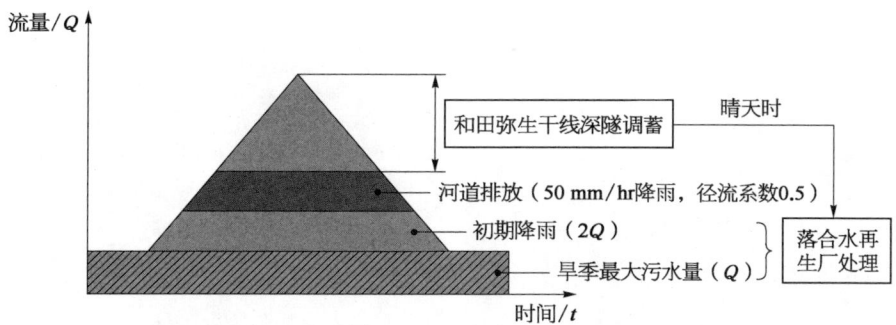

图 7-4　和田弥生干线调蓄隧道设计思路示意图

田川排放；大于 50 mm/h 降雨且径流系数为 0.5 的地表径流进入和田弥生调蓄深隧调蓄。调蓄水在雨后抽排进入落合水再生厂处理，最后排入神田川。

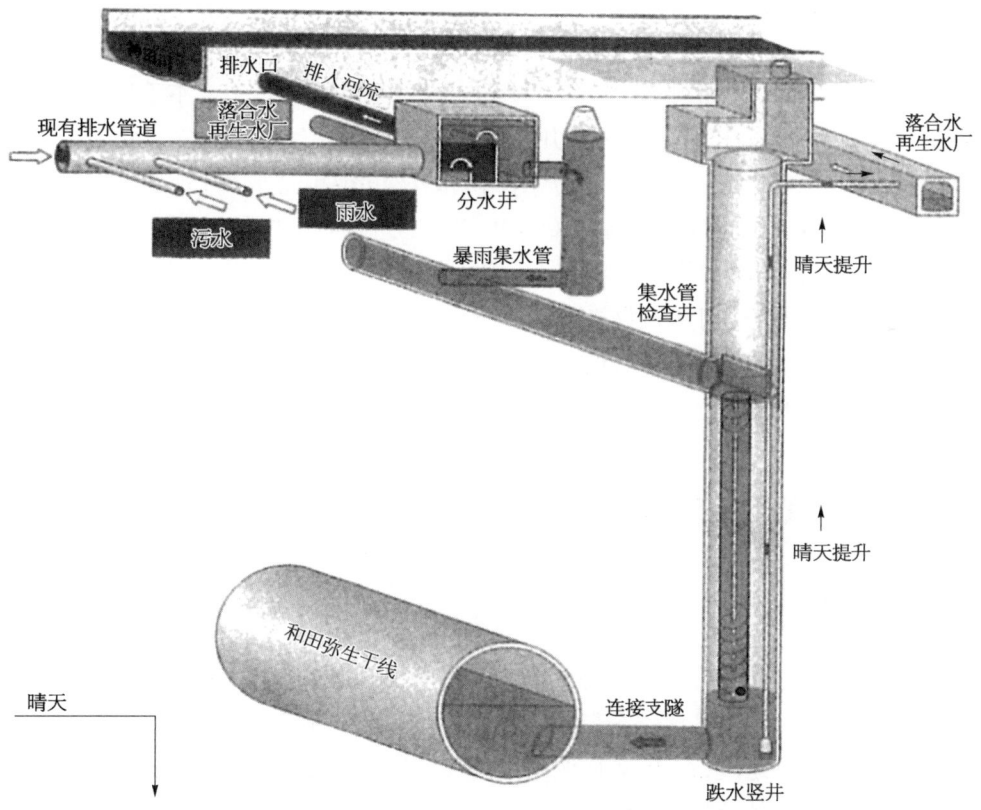

图 7-5　和田弥生干线调蓄隧道与浅层系统调度示意图

（2）工程规模

工程内容包括：

① 沿本乡大道地下 50 m 铺设长约 2.2 km 和田弥生干线调蓄深隧（见图 7-6）。

② 全长 4.7 km 的集水网管，收集 39 个分水口的来水。

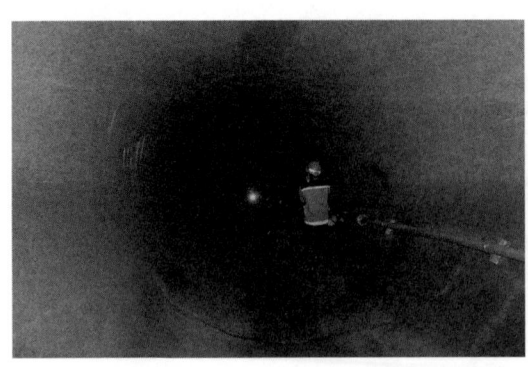 

图 7-6 排水深隧内部实拍照片

③ 总调蓄容积 15 万 m^3，其中调蓄主隧 12 万 m^3，集水管和连接支隧 3 万 m^3。

④ 2 个泵站设施：和田泵站和弥生泵站。

(3) 工程效益

按照工程施工计划，和田弥生干线深隧项目 2006 年完成施工。本着"早投入、早见效"原则，1998 年部分完工隧道投入使用。

隧道运行之前，1994 年的 11 号台风，降雨量 47 mm/h，造成 1 135 栋建筑遭受内涝灾害。1998 年部分隧道投入运行后，2005 年的 22 号台风，降雨量 45 mm/h，与 11 号台风降雨规模接近，但遭受内涝建筑物仅 58 栋。2006 年 8 月 15 日，集中暴雨 80 mm/h，由于深隧的作用，没有任何建筑物被淹。2006 年 9 月 4 日，集中降雨量 74 mm/h，远大于和田弥生深隧的设计行洪规模，仅 477 栋建筑遭受水浸灾害，而且这 477 栋建筑多数位于深隧工程未完成地区。

7.4 日本东京都第二溜池干线与胜哄干线

7.4.1 项目背景

东京中央区、港区、涩谷区等核心地段位于隅田川入海口附近，建筑物密集，受暴雨影响较大，且区域内有皇居、日比谷公园、滨离宫庭园等重要景区，环境要求较高。2015 年，在地下约 40 m 的深处，东京市政府采用"H&V 工法（Horizontal variation & Vertical variation）"实施了两条深隧，即第二溜池干线与胜哄干线工程。工程采用泥水盾构法施工，其中第二溜池干线内径 8 000 mm，全长 2 322.55 m；胜哄干线内径 3 500 mm，全长 1 016.15 m。该工程可用来解决初期雨水收集与排放问题。

全长 4.5 km 的第二溜池干线分成上流蓄水管线（已建成的既有管线）和下流排水管线两部分。除了拥有 21 万 t 蓄水能力外，这项工程的另一个作用便是，改变了污水的排放地点（见图 7-7）。

第 7 章　国内外典型深层排（蓄）水隧道工程案例

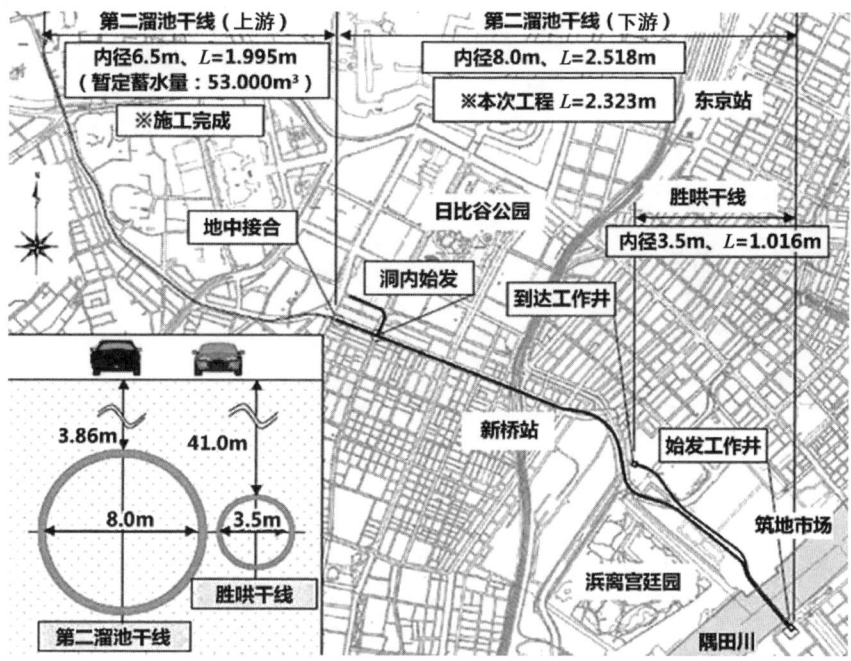

图 7-7　第二溜池干线 & 胜哄干线 pigment 示意图

降雨达到一定量会导致下水管道内水质下降，以往的管道会将一部分污水排向皇居护城河及筑地川等封闭的"死水"，可以想象随之而来的水质污染问题。而第二溜池干线则将改变这一切，大量的雨水将通过胜哄泵站，从地下 40 m 处抽上来，最终流入隅田川（见图 7-8）。

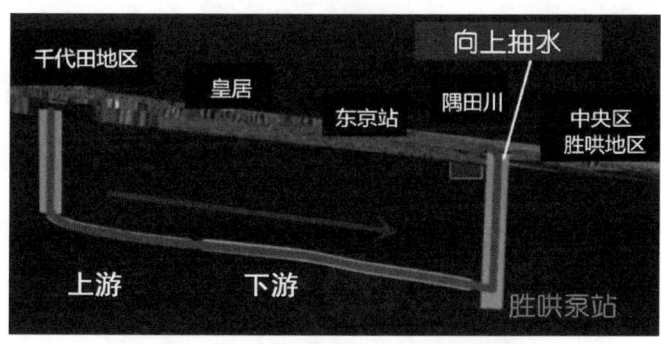

图 7-8　第二溜池干线剖面示意图

7.4.2　技术创新

（1）工作井

新的排水方案将利用胜哄泵站抽水，而盾构工作井就设在计划建造泵站的地方，也就是隅田川的边上，如图 7-9 所示。

图 7-9　泵房位置示意图

工程工作井洞口加固采用了 SEW 工法。SEW 工法是在围护结构洞门范围内预先安装 FFU 材料部件(一种玻璃纤维材料,全称：Fiber Reinforce Formed Urethane)来替代传统墙材,可以使盾构机直接切削 FFU 部件进行始发、到达的施工工法,如图 7-10

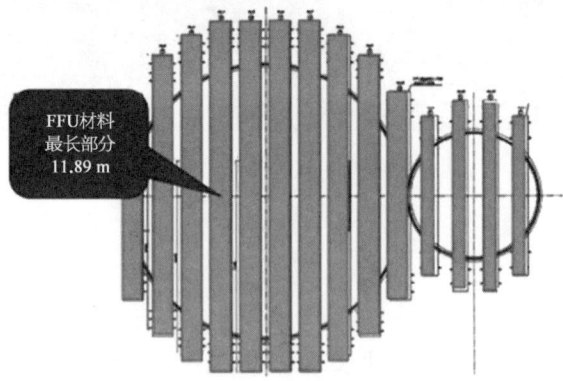

图 7-10　洞口加固示意图

所示。FFU 材料具备较高的止水性能,所以 SEW 工法不仅能够免除洞门凿除给工程带来的端头地层失稳、涌水等风险,还能在一定程度上减小端头井加固范围,甚至取消端头加固,降低周边管线等条件对工程的制约。

(2) 双圆盾构地中分叉

由于邻近地下管线和 JR 地下铁,在有限的用地内,采用了具有较大优势的 H&V 盾构法。H&V 盾构法,是通过特殊的连接结构将两台单圆盾构机组合起来,在扭转力的作用下自由地进行横向到纵向、纵向到横向的叠合螺旋式隧道的挖掘,从而完成非圆形的任意断面隧道的掘进。

这台由川崎重工制造的横向二连泥水式分叉盾构机,便是利用了该工法的分叉特点,在两台单圆盾构机之间设置调距衬套,通过调距衬套的连接销,形成固定的组合结构。在分叉隧道施工时,从盾构机内拆卸连接销,然后分离盾构机和调距衬套,如图 7-11 所示。这种方案无须建造分叉隧道施工的竖井,且两台盾构机同步施工,大大缩短了工期。

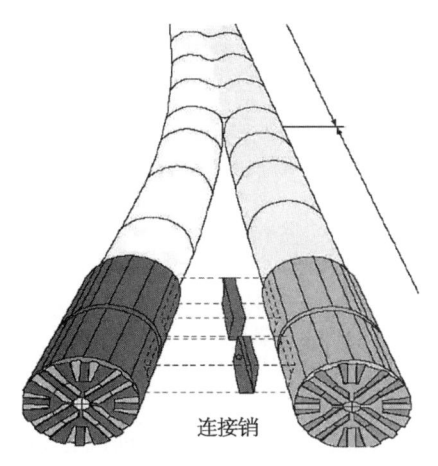
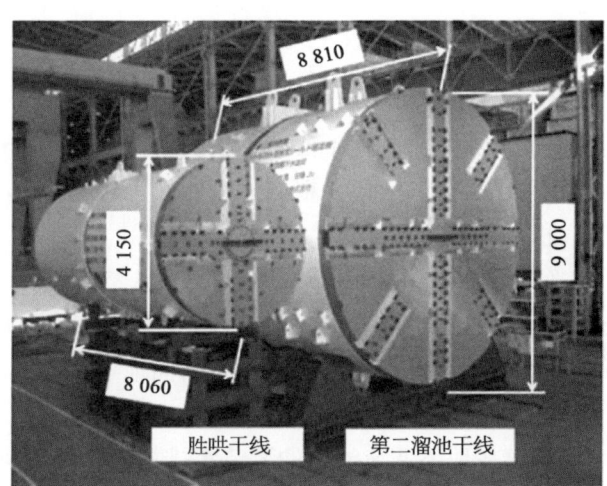

图 7-11 双圆盾构地中分叉示意图

7.5 日本横滨市今井川深隧排水调蓄系统

7.5.1 项目背景

今井川流经日本横滨市保土谷区,与帷子川合流,流域面积为 7.6 km²。这片流域从 1955 年开始推进城市化建设,到 1994 年的时候,据保守估计,约 70% 的地区被"城市化"。然而,急剧的发展也使得流域整体的保水、游水功能降低。在流域低洼地处,1956—1994 年这段时期内,就曾遭受了 8 次大规模的水灾。

为了减轻流域范围内的水灾程度,在 1992 年,日本建设省河道局针对这些现象启动了"市区河道内水对策特别紧急事业",计划修复长达 4.74 km 的二级河道,同时在地底下设置隧道调节池,如图 7-12 所示。

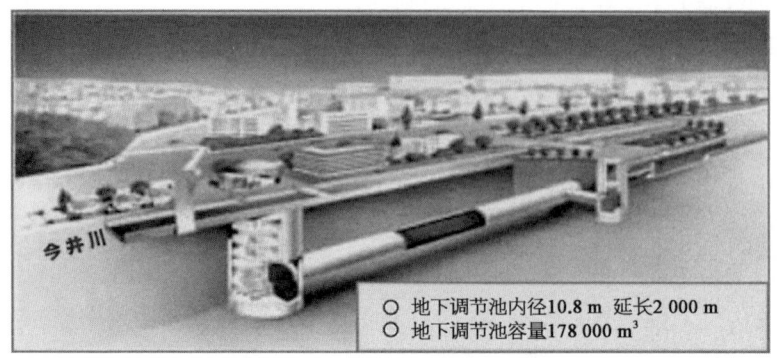

图 7-12 隧道式调节池示意图

7.5.2 设计思路

(1) 隧道式调节池

调节池的容量,除了要满足横滨地方气象台降雨强度曲线所规定的 24 小时中央集中型模式降雨之外,还要根据过去的水灾经验来选定 4 种降雨,最后计算出 178 000 m^3 的容积。

(2) 取水设施

取水设施是将来自河道的流水分流经横向越流堤(长 80 m),引入沉砂池的引水管道,由沉降土砂的沉砂池和高低差引向地下调节池的取水井、联络管渠。

(3) 排水设施

将存在地下调节池中的调节水排放到今井川河道中,备有调节池维修管理设施、排水泵、排水管道(内径 21.2 m、深度 56.9 m)等设施。

(4) 隧道施工

① 地质情况

施工场地从 JR 东海道(国营铁道)·保土谷车站东面约 1 km 的保土谷区猎场镇的横滨须贺道路狩猎场立交枢纽国道 1 号线出口附近起,沿国道 1 号线向户塚方向进行,到箱根车站处有名的东海道"权太坂"处所为止。

地下调节池施工段处在 N 值>50 以上的冲积黏性土层、洪积砂质土层相互交替层中。

② 隧道线形、断面

由于将隧道设置在国道 1 号线的道路下方,隧道的平面线形取决于地面道路线形。曲率半径 400 m 以下的区间较多(约占 40%),特别有半径 130 m 的小半径曲线 2 处。始发部分的覆土为 45 m,1/1 000 的向上坡道。而到达部分覆土为 76 m,最大达到 85 m。

隧道衬砌外径 11.9 m,完成后的衬砌结构内径 10.8 m,省略二次衬砌是为了确保调节池的容量。

③ 盾构机始发

工程建设始于 1993 年 9 月,并于 2001 年 3 月完工。始发工作井在建成地下调节池之后,用作排水设施。工作井井身是由地下连续墙和厚度为 2.5 m 的内衬墙(预定上部为 1.5 m)组成(见图 7-13)。

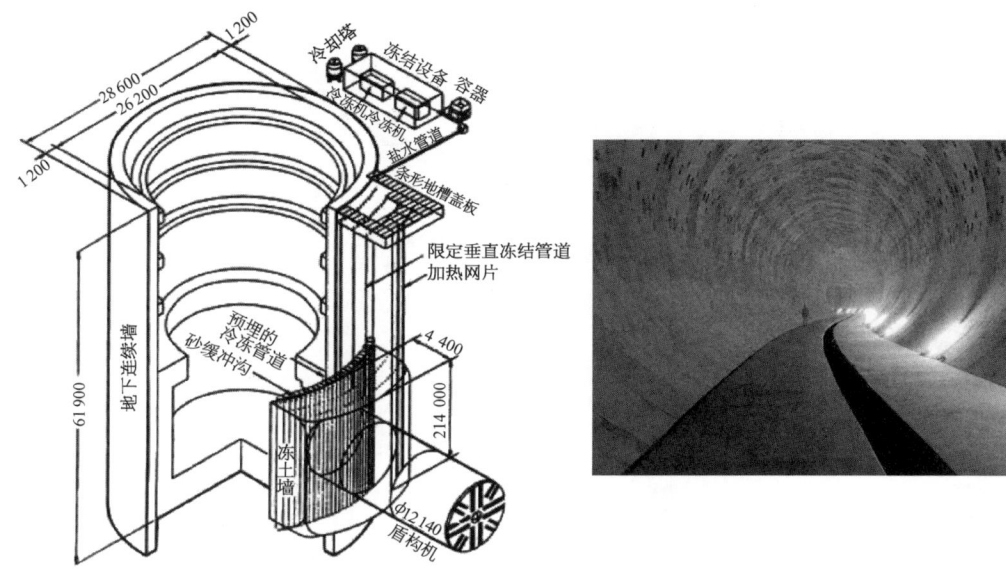

图 7-13 始发井和隧道

盾构机采用了外径 φ12 140 mm 的泥水式盾构机,考虑到地质条件、长距离施工、高水压等条件,盾尾密封安装了 4 排刷子和紧急止水装置。

工程完成至今一直守护着这片流域的安全,并拿下了 2001 年的建设技术开发奖最优秀奖。

7.6 英国泰晤士河隧道工程

7.6.1 项目背景

伦敦目前采用截流式合流制排水体制,原本排水系统服务范围内人口 250 万人,随着排水系统服务人口增加(由 250 万增加至 750 万,预计今后 20 年继续增加 200 万人口)和服务范围扩大(由 303 km² 扩大到 1 600 km²),使得原来按排放 6.5 mm 初期降雨设计建设的合流制系统目前只能承受 2 mm 的初期降雨,因此导致泰晤士河溢流频繁。2012 年 10 月,由于泰晤士河污染严重,欧洲联盟法院判决伦敦政府违反了城市污水处理指令。为解决泰晤士河沿岸合流制溢流污染现状,改善泰晤士河道水质,以应对欧盟法院的相关判决,泰晤士水务于 2007 年启动泰晤士深隧工程的方案研究,深隧截流方案于 2012 年 3 月得到英国议会会议批准通过。

针对泰晤士河雨季溢流污染的现状,项目研究过程中对"雨污分流""可持续性城市排水系统"和"排水深隧",以及排水深隧与小型排水隧道组合等方案,做了详细比选论证,最终采用"排水深隧"方案(如图 7-14 所示)。

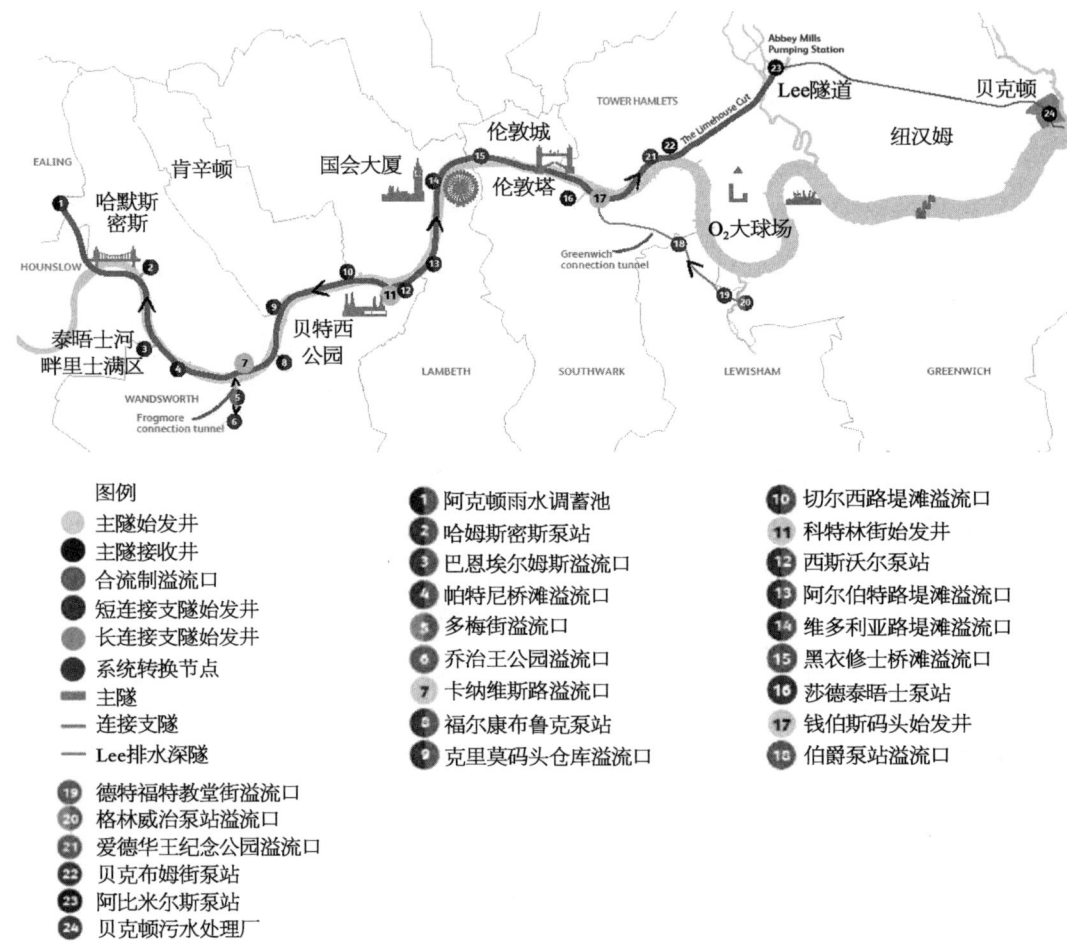

图 7-14 泰晤士河截流隧道系统布置示意图

(1) 经济效益:截流隧道方案最经济、高效。

(2) 社会效益:截留隧道方案能够在短期内解决泰晤士河污染问题,及时应对欧盟法院的城市污水处理指令时间节点要求。

(3) 环境效益:参考过去 20 多年的城市排水系统管理经验,"雨污分流""可持续性城市排水系统"和小型隧道组合方案,难以满足泰晤士水务的排放标准要求和时限性要求。

7.6.2 工程规模与投资

泰晤士河截污隧道主隧道长 25 km,内径 6.5~7.2 m,埋深 30~65 m,蓄水容积约 125 万 m^3,总投资约 170 亿英镑。该方案将在贝克顿(Beckton)和哈姆斯密斯(Hammersmith)之间的泰晤士河床下面建设一条"深隧",沿泰晤士河截流 16 个现有合流制溢流设施的超标溢流污水。该工程建成后,泰晤士河沿岸合流制溢流口的溢流次数将由每年 50 次减少到 4 次以下,部分现有溢流口溢流次数减为 0 次,从而大幅提高污水收集能力,有效改善泰晤士河的水环境。

7.6.3 调度运行方式

旱季时,污水由合流管道系统收集,经浅层截污管道转输进入污水处理厂进行处理;雨天时,超过浅层截污管道过流能力的合流污水溢流进入深隧系统,调蓄抽排进入污水处理厂处理;当降雨强度进一步加大,超过深隧设计的截污倍数时,过量的雨水仍然溢流排入泰晤士河,如图 7-15 所示。

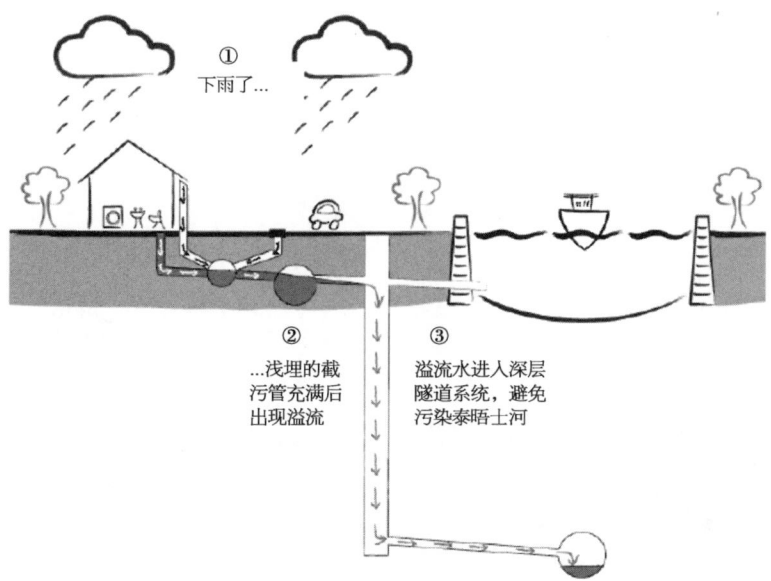

图 7-15　泰晤士深隧功能示意图

7.7 美国芝加哥隧道及水库隧道工程(TARP)

7.7.1 项目背景

由于芝加哥市及其周边地区的排水系统为合流制系统,随着城市的发展,暴雨径流增大,污水处理厂经常超负荷运行,迫使部分未经处理的污水流入河道,进而污染密歇根湖水质。因此,早在 20 世纪 70 年代初期,市政当局就提出了隧道及水库计划(Tunnel and Reservoir Plan,简称 TARP)。这个计划包括 160 km 隧道,用于截流贮存合流管中的溢流水,经污水处理厂处理后排入卡拉迈特河(Calumet River)和德斯普兰斯河(Des Plaines River)。其首要目标是防止污水进入密歇根湖,保护为芝加哥市及其邻县 800 万人口提供安全饮用水的水源地,同时为洪水提供出路。工程分两期进行,经过 25 年的紧张施工,一期工程已经完成(见图 7-16)。

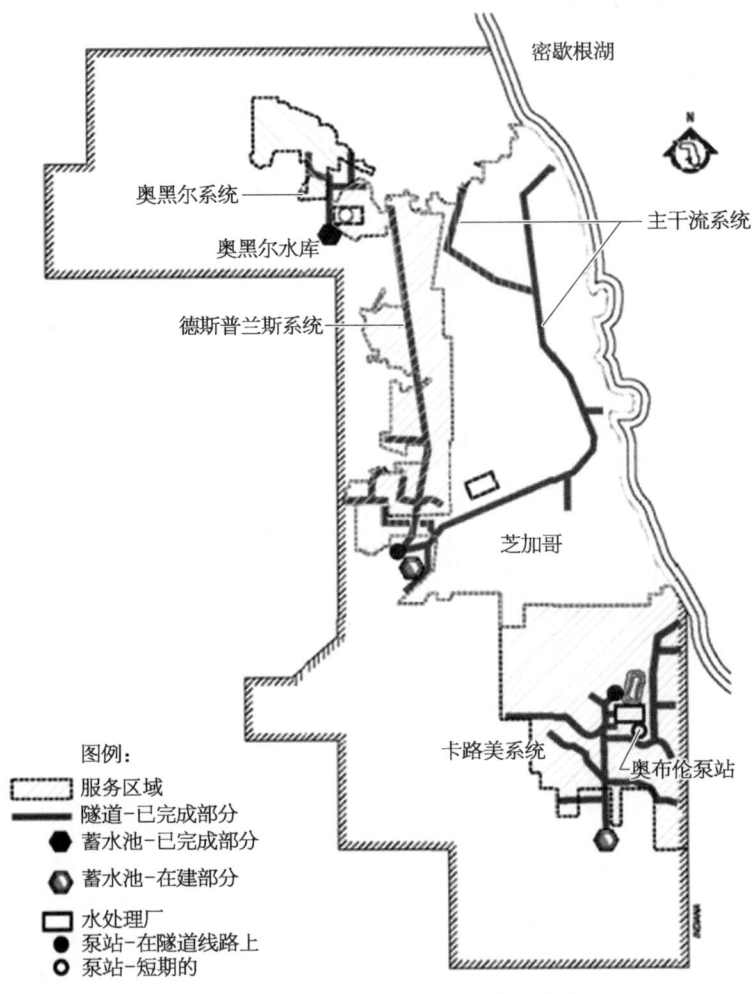

图 7-16 芝加哥隧道系统的组成及分布图

7.7.2 工程目的

为有效保护密歇根湖等水体环境,将原来流向密歇根湖的排水管网改变排水方向,建设由东向西排的隧道,减少合流污水溢流,建设合流制污水处理厂,同时为洪水

第 7 章　国内外典型深层排(蓄)水隧道工程案例

提供出路。

7.7.3　工程设计思路及建设概况

隧道水库工程规划(TARP)是芝加哥区域为满足联邦水质标准要求而实施的工程规划,主要是保护密歇根湖饮用水源免受污染,改善区域内河涌水质,提供洪水分流通道,缓解街道和低洼处的水浸。

第一期工程(1980 年开始,2006 年完工,主要包括主隧和支隧),与成百上千个现有合流污水溢流口(CSO)连接;下雨时,初期雨水从合流制污水管网涌入隧道,然后经泵站提升进入二级污水厂处理。一期工程包括 176 km、2.5～10 m 的圆形隧道,位于地下 45.7～106.7 m,提供 0.87 亿 m^3 的调蓄容积,设置跌水竖井 264 个,直径 1.2～7.6 m,见图 7-17、图 7-18。

 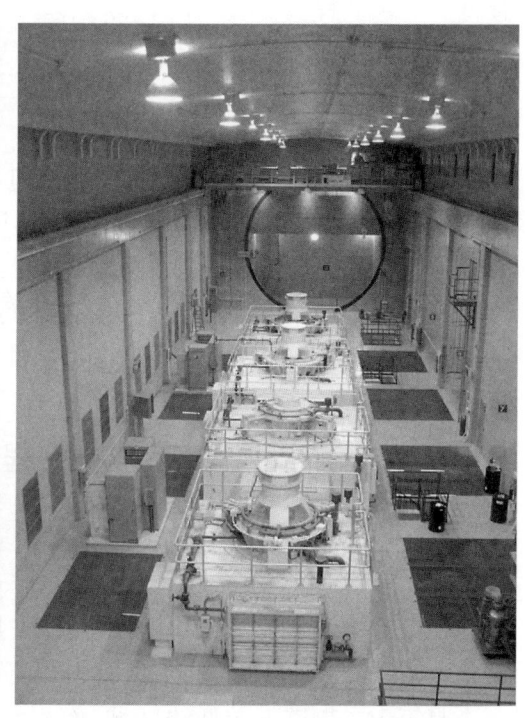

图 7-17　芝加哥深隧施工现场　　　　图 7-18　地下 107 m 深处的提升泵站

第二期工程包括三个水库,0.13 亿 m^3 的奥黑尔水库从 1998 年以来投入运行;桑顿水库于 2015 年完成,提供 0.12 亿 m^3 的洪水调蓄容积和 0.18 亿 m^3 的 CSO 溢流调蓄容积。麦库克水库将分两期建造,分别于 2017 年(0.13 亿 m^3)和 2029 年(扩展至 0.38 亿 m^3)完成。调蓄雨水输送到污水厂处理排放河流,包括基立污水厂(Kirie WRP)、斯蒂克尼污水厂(Stickney WRP)和卡鲁梅污水厂(Calumet WRP)。其中,斯蒂克尼污水厂处理规模达到 465 万 m^3/d,见图 7-19。

图 7-19 斯蒂克尼污水厂鸟瞰图

7.7.4 工程效益

隧道水库工程规划(TARP)减轻了芝加哥地区的水浸和污染,保护了密歇根湖,许多湖内生物重现。待二期两个水库建成后,区域环境将更进一步受益。芝加哥地区城市合流制改造和内涝灾害控制工程是世界上最早、最成功的采用地下深隧技术的范例。日本东京的地下水库防治内涝灾害工程案例就是在芝加哥成功的经验基础上实施的。芝加哥的成功经验在美国大部分城市得到推广应用。

7.8 美国奥斯汀沃勒河隧道工程

7.8.1 项目背景

奥斯汀市10%面积属于易涝区,在过去几十年,屡次遭受洪水侵害。沃勒河流域包含两个子流域:一是奥斯汀市城区第十二街道上游地势较高区域,面积约为 13.1 km²;另一个是第十二街道下游低洼区域,面积约为 1.6 km²,两个子流域都位于奥斯汀市中心。

为了解决奥斯汀市东侧沿沃勒河直至鸟湖易涝区的洪涝问题,启动了沃勒河排水隧道工程,见图 7-20、图 7-21。

7.8.2 工程目的

为有效解决沃勒河沿岸低洼区的洪涝问题,深隧设计目标为转输 100 年一遇降雨至鸟湖。

第 7 章　国内外典型深层排（蓄）水隧道工程案例

图 7-20　沃勒河洪水现场照片

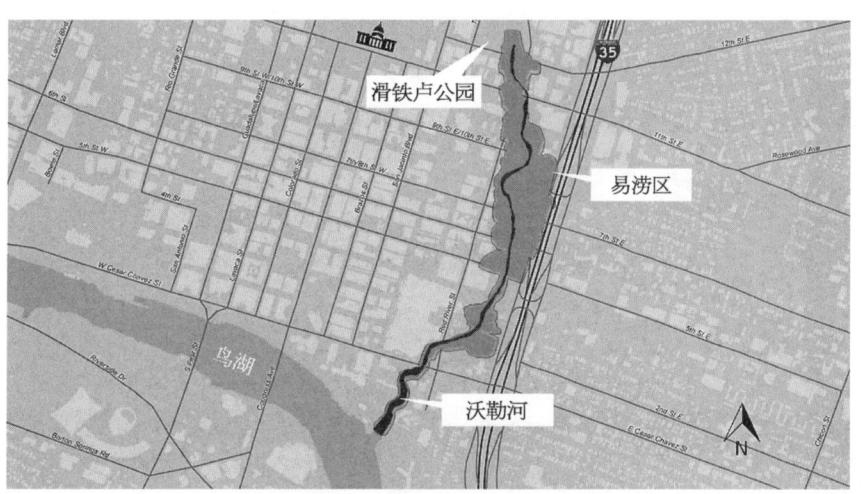

图 7-21　沃勒河易涝区分布图

7.8.3　工程设计思路及建设概况

沃勒河深隧总长度 $L=1.7$ km，内径 $D=6.10\sim7.82$ m，地下埋深 $H=21.94$ m，依靠重力流分流沃勒河上游洪水至鸟湖。隧道高程整体低于鸟湖水面，常年蓄水。隧道起端设置提水泵站，旱季可抽鸟湖水回补河道，保持河道生态环境。隧道工程于 2018 年 3 月完工。

该隧道主要是为了控制雨季洪水，直接以消减河道洪峰流量为目的，间接防治城区内涝。水质控制仅限于截流、滤除和沉淀颗粒污染物。降雨时，雨水通过隧道缓慢排入湖泊，较大的颗粒物被截流在入口处，小颗粒物在隧道内沉淀，通过日常维护加以清除；

晴天时，湖水经隧道被反向抽至沃勒河上游，以维持河流的生态流量，缓解部分河段缺水问题。

沃勒河排水深隧位于市中心的下游商业区，沿着沃勒河修建，贯穿第一至第十二街道，由入口设施、侧堰、隧道主体和出口设施四部分组成。入口设施设置在上游子流域末端滑铁卢公园内，从沃勒河上游河段接纳及转移深隧输送总量85%的洪水，经粗滤后输送至鸟湖。两组侧堰设施分别位于第四和第八街道，吸纳下游河段水位超高的洪水，占深隧输送总量的15%，出口设施（泄湖，Lagoon）与湖泊直接相连。建成后，深隧能够将流域百年一遇的洪水转移至鸟湖，见图7-22、图7-23。

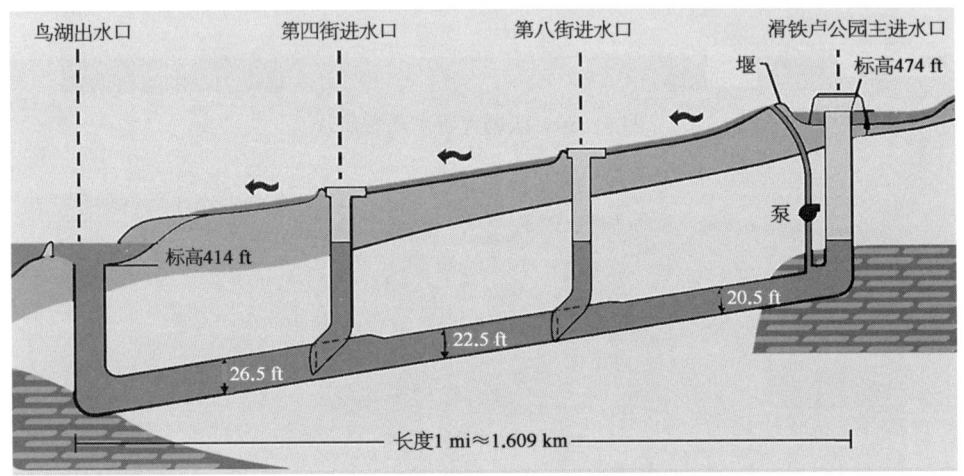

图7-22 沃勒河排水深隧系统剖面示意图

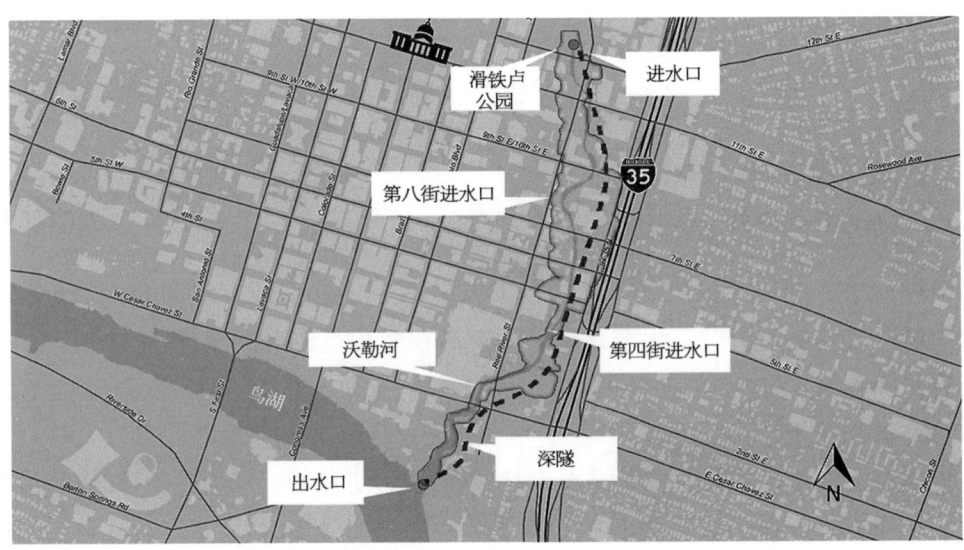

图7-23 沃勒河排水深隧系统平面图

7.9 美国密尔沃基排水隧道工程

7.9.1 项目背景

密尔沃基位于威斯康星州东南,密歇根湖西岸。在密歇根湖盆地内,有 30 个合流制排水系统溢流口(Combined Sewer Overflow,CSO)群,共 347 个溢流口在雨季向密歇根湖排放溢流污水,严重影响密歇根湖水质。其中,密尔沃基市年溢流污水量为 3 000 万~3 400 万 m^3。

密尔沃基已有 2 座污水厂:琼斯岛污水厂和南岸污水厂。为了减少 CSO 溢流污水量,改善密歇根湖水质状况,密尔沃基大都市排水部(Milwaukee Metropolitan Sewer District,MMSD)采用了深隧工程的手段来解决密歇根湖水质污染问题,见图 7 - 24、图 7 - 25。

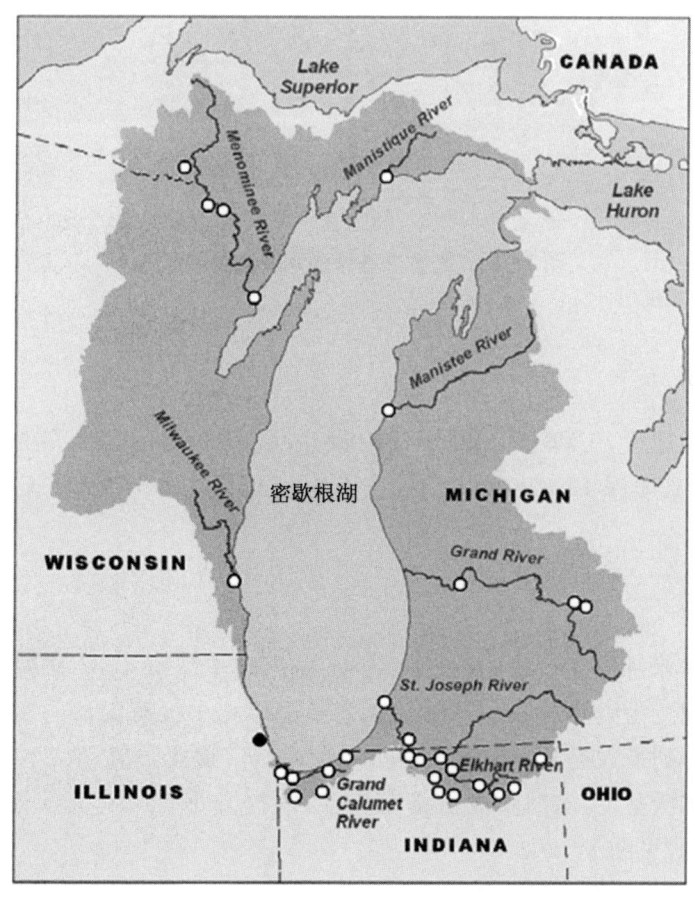

图 7 - 24　密歇根湖合流溢流口群分布图

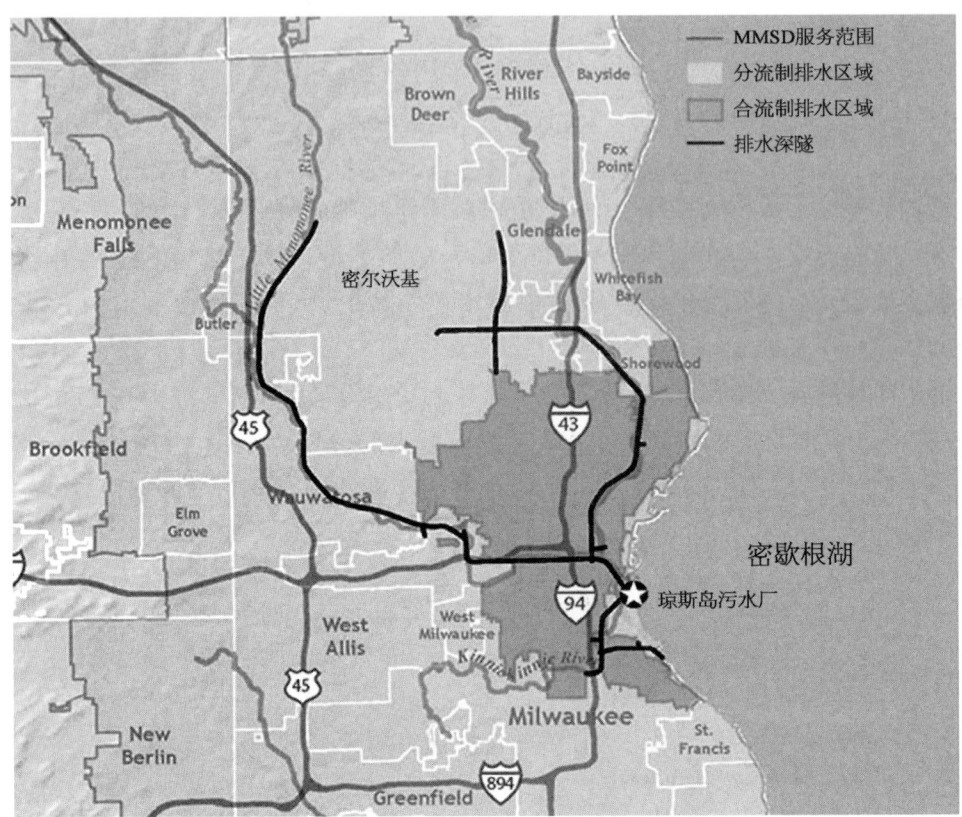

图 7-25 密尔沃基深隧系统布置平面图

7.9.2 工程规模

隧道分 3 期建设，工程于 1980 年开始施工，至 1994 年完成。隧道总长约 45 km，直径 2.1～9.1 m，埋深 40～90 m 以下，总蓄水容积近 200 万 m^3。工程造价约 28 亿美元。

7.9.3 工程效益

密尔沃基排水深隧 1994 年建成后，CSO 溢流频率从每年 60 次减少到每年 2 次。至 2017 年，共截流污染初雨 4.4 亿 m^3，2017 年全年几乎没有溢流污水进入密歇根湖，河道水环境也得到极大提升。深隧工程间接带动城市物业升值，从 2001 年到 2013 年，从北大街到密尔沃基港，沿河物业价格在 10 年内提升 150%，远远高于其他地段 44% 的平均升值比例，见图 7-26。

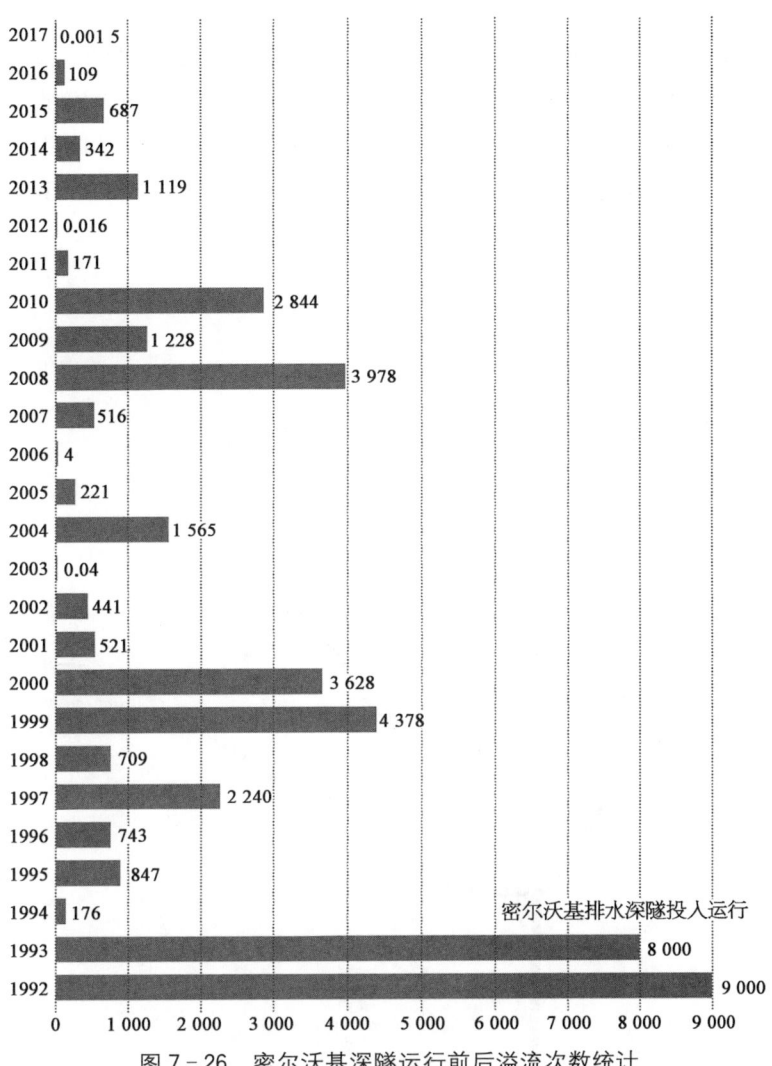

图 7-26 密尔沃基深隧运行前后溢流次数统计

7.10 美国印第安纳波利斯初雨调蓄深隧

7.10.1 项目背景

1972 年,美国出台联邦水污染控制行动修正案(Passage of the Federal Water Pollution Control Act Amendment of 1972),俗称清水行动(Clean Water Act),要求在美国国家消除污染排放制度(National Pollutant Discharge Elimination System,NPDES)框架下,消除点源污水排放,尤其是合流制溢流口溢流污水。1994 年,美国环保部(EPA)出台政策,要求美国东北部大湖区相关城市采取措施,减少或消除溢流污染对大湖区水环境的影响。

2006年以前,印第安纳波利斯市合流制排水系统每年溢流污水量为290万 m³,严重污染白河(White River)和密歇根湖水质。2006年,环保部对印第安纳波利斯市违反清水行动规定提起诉讼。同年,环保部与印第安纳波利斯市达成和解协议,并限令于2025年前完成印第安纳波利斯雨水调蓄隧道工程(Indianapolis Storm Storage Tunnel,也称为 Dig Indy Tunnel),见图7-27。

图7-27 印第安纳波利斯排水深隧系统平面布置图

7.10.2 工程规模与投资

隧道分两期建设,一期工程称为主体连接隧道(Deep Rock Tunnel Connector,DRTC),包括3个CSO跌水竖井。DRTC将连接二期4条隧道,将调蓄溢流污水送往南港污水厂(Southport Advanced Wastewater Treatment Plant)集中处理。

二期工程原计划修建4条深隧,包括怀特里弗深隧段(White River Tunnel)、福尔克里克深隧段(Fall Creek Tunnel)、伯格斯深隧段(Pogues Run Tunnel)和普莱森特深隧段(Pleasant Run Tunnel)。2015年,二期工程方案调整,增加了鹰溪深隧段(Eagle Creek Tunnel)。

工程将于2025年完工。隧道总长约44 km,直径5.5 m,埋深60~70 m以下,总蓄水容积近100万 m^3。工程造价约20亿美元。

7.10.3 工程效益

印第安纳波利斯调蓄深隧建成后,CSO原溢流量的97%将进入深隧系统储存,经南港污水厂处理后,达标排入水体。

7.11 墨西哥城排水深隧

7.11.1 项目背景

墨西哥城为湖泊填埋城市,遭遇严重的地表沉降问题,年平均沉降0~300 mm。由于地表沉降问题,于1900年建成的"大运河"排水系统过流能力由原来的90 m^3/s锐减至12 m^3/s。当局不得不对"大运河"系统进行改造,并于1967年启动了名为"深层中央隧道排水系统"(TEO)的总体规划,一期工程于1975年建成投入运行。"深层中央隧道排水系统"由中央隧道和截水隧道两部分组成,全部敷设在地表30 m以下。其中,中央隧道直径6.5 m,长50 km,设计过流能力290 m^3/s,是将墨西哥城雨水和污水排出城外的主要通道。其截水隧道由呈支状分布的9条隧道组成,总长约154 km,支隧直径3.1~5.0 m,主要负责及时将城区雨洪及污水收集排入中央隧道。但由于人口增长(由1960年的512.5万增长到2000年的1 794.6万)和城市规模扩展(由1970年的683 km^2扩大到1990年的1 295 km^2),同时,也由于地面持续沉降、地下水渗透,自深隧建成以来的35年间,中央隧道内部结构和水力坡度遭受破坏,排水能力由原来的290 m^3/s萎缩到2008年的165 m^3/s,导致城市内涝频发。为此,当局提出了排水能力为150 m^3/s的"东部隧道"工程(TEC),扩充排水系统排水能力的同时,与中央隧道互为备用,进一步提高城市排水安全,见图7-28。

7.11.2 工程规模与投资

该工程由长63 km,直径约7 m,埋设深度超过200 m的"东部隧道(East Tunnel)"和埋设深度在150~200 m的24条进水道组成,排水能力150 m^3/s,是目前全球在建的最大的城市深隧排水系统。

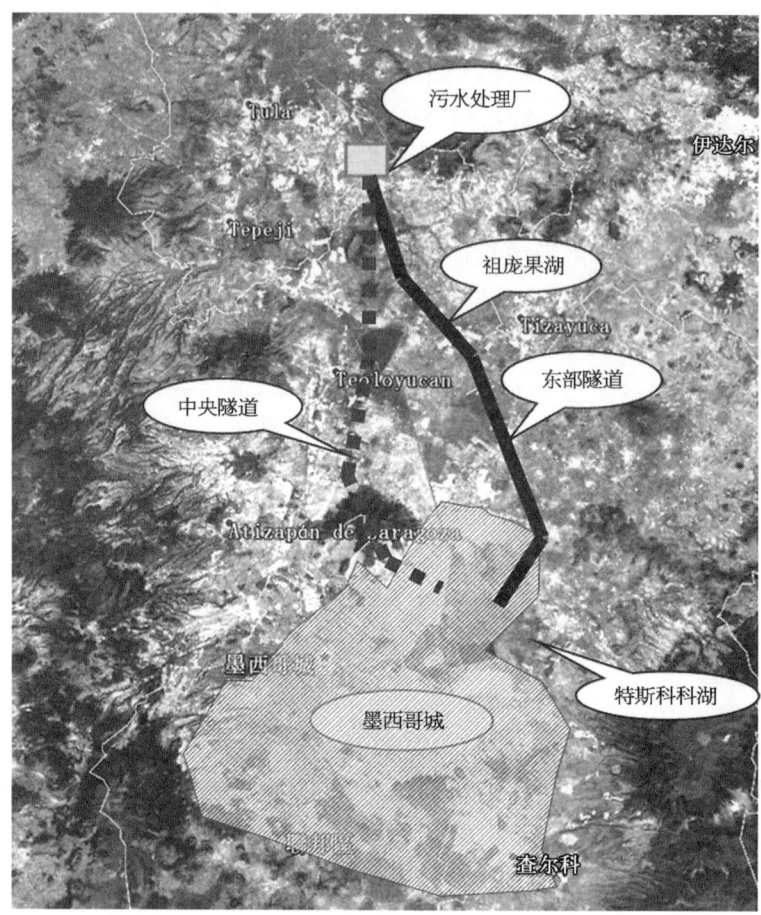

图 7-28 墨西哥城东部隧道布置图

7.12 新加坡深层污水隧道工程(DTSS)

7.12.1 项目背景

新加坡是个缺水岛国,国土 719 km²。2017 年,人口超过 560 万。2017 年总用水需求量为 4.3 亿加仑(约 162.8 万 m³),生活用水量占 45%;预计 2060 年需水量翻倍,生活用水量占比 30%。新加坡供水来源丰富,多管齐下,被誉为"四源汇水":本地雨水、柔佛河进口水、海水淡化和新生水(NEWater)。其中,新生水扮演最重要角色。2060 年,规划污水经处理后的新生水占总用水量 55%,如图 7-29 所示。

新生水水厂(NEWater Factory)进水为生活污水和工业废水进入污水厂(Water Reclamation Plant,简称 WRP)处理后的尾水,结合膜处理(微滤、反渗透)和紫外线消毒工艺进行严苛净化和深度处理(见图 7-30)。为了概念清晰,本书将污水厂和相应的新

第7章 国内外典型深层排(蓄)水隧道工程案例

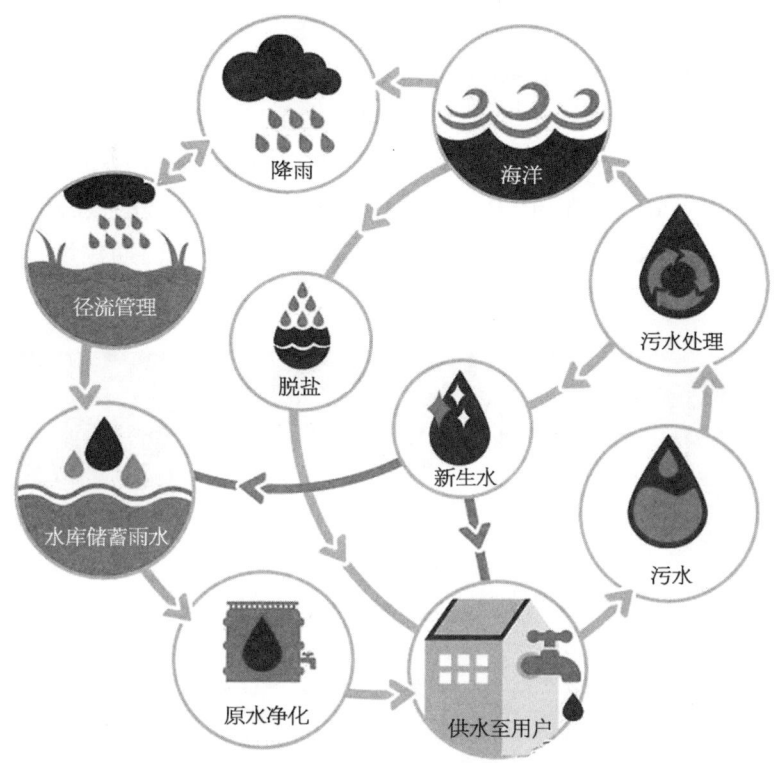

图7-29 新加坡水源规划示意图

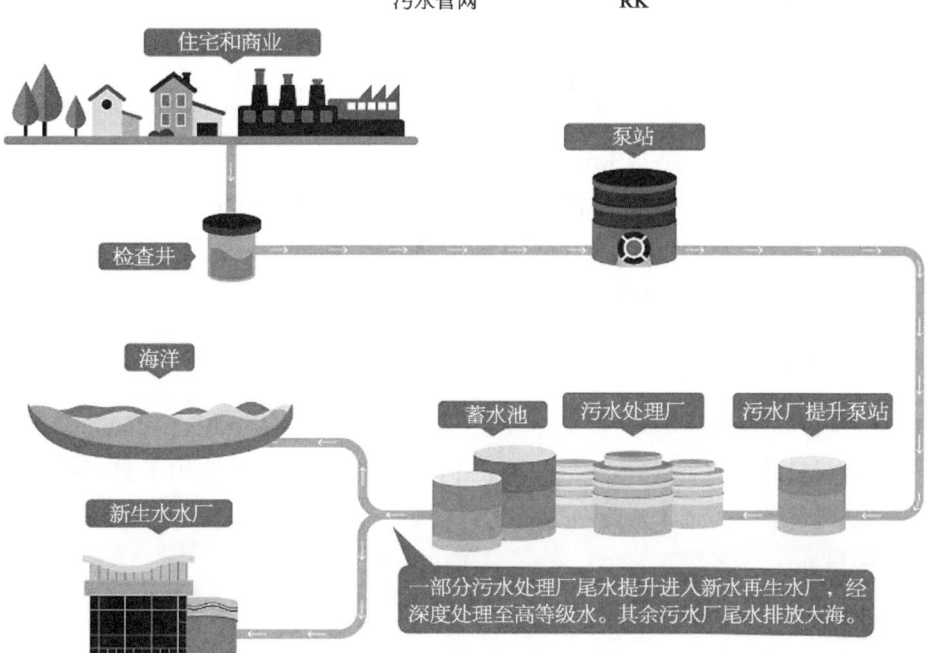

图7-30 新加坡新生水系统示意图

生水水厂作为一个整体称为新水再生厂。新生水主要供工业、供冷等非饮用水；同时，旱季作为地表水库补充水源，间接成为饮用水水源。如此，为新生水厂提供水源的污水收集系统和污水厂成为新加坡新生水计划的重中之重。

新加坡国土面积小，城市发展空间紧张，为了腾出市区原有污水厂、提升泵站占地，新加坡公用事业局(Public Utility Board，PUB)推出了污水系统的核心工程：深层污水隧道工程(Deep Tunnel Sewerage System，DTSS)。DTSS 分两期建设，一期工程已经于 2008 年完工，二期工程预计 2025 年完工，见图 7-31。

图 7-31 新加坡 DTSS 系统布置图

7.12.2 工程规模

DTSS 一期和二期工程总规模：深隧 78 km，洞径 3～6 m，埋深 35～60 m；浅层污水管改造 130 km；深海排放管 17 km。

DTSS 将现有重力流污水管网收集到的污水输送往 3 座位于海边的新水再生厂，包括北边的克兰芝新水再生厂(Kranji WRP)、东边的樟宜新水再生厂(Changi WRP)和西边的大士新水再水厂(Tuas WRP)。

7.12.3 工程效益

淘汰市区原乌鲁班丹污水厂(Ulu WRP)、句容污水厂(Jurong WRP)以及中继泵站，污水基础设施市区占地由 300 hm² 降低到 150 hm²，腾出土地用于更高投资价值的其他发展项目；工程完工后，结合新水再生厂，进一步达成为新加坡未来提供 55% 总用水量的远期目标。

7.12.4 技术创新

DTSS 工程作为现代化的重力式深排隧道系统，在隧道与竖井的设计中融入了四大创新举措。

(1) 抗腐蚀衬砌(图 7-32)

隧道中的主要管片衬砌中将添加钢纤维与合成纤维以增强抗腐蚀性;隧道内的二次衬砌使用抗微生物诱发腐蚀的混凝土制成,并在该层衬砌上再覆盖一层高密度聚乙烯,以防止隧道在运营环境中的细菌、微生物以及下水道气体、烟雾等对其造成的损害;对于隧道穿越海底的部分,在管片衬砌与混凝土二衬之间还将额外添加一层防水膜。

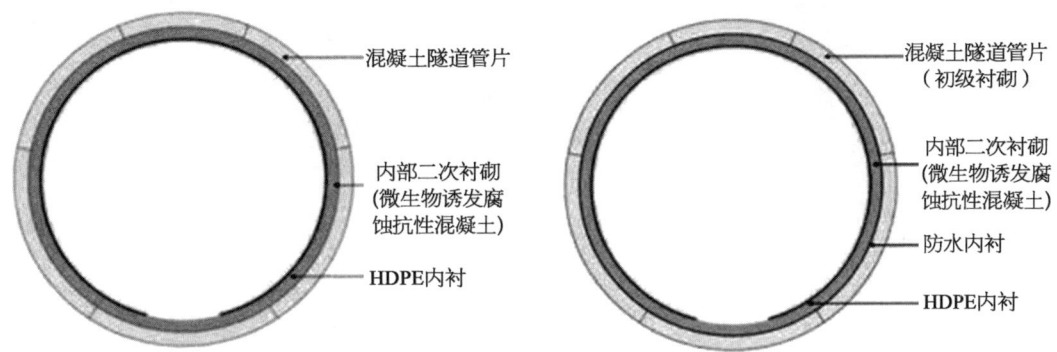

图 7-32 DTSS 隧道防腐衬砌示意图

(2) 光纤监测系统

隧道内将装设光纤传感器网络,光缆将直接嵌入隧道衬砌中,以对隧道的长期结构完整性进行远程监测。该系统也可以检测深排隧道周边的建筑工程施工或地震等事件造成的地层扰动,如图 7-33 所示。

图 7-33 DTSS 隧道光纤传感和监控系统

(3) 竖井隔离闸

工程中的永久竖井内都将安装隔离闸,可以下放至深隧中,在隧道任何需要维护的情况下,为工人提供干燥、安全的作业环境。在闸门封闭的维护过程中,原先的污水将绕过隔离段,通过隧道网络流入主隧道,不会影响整个隧道网络的正常运作,如图 7-34 所示。

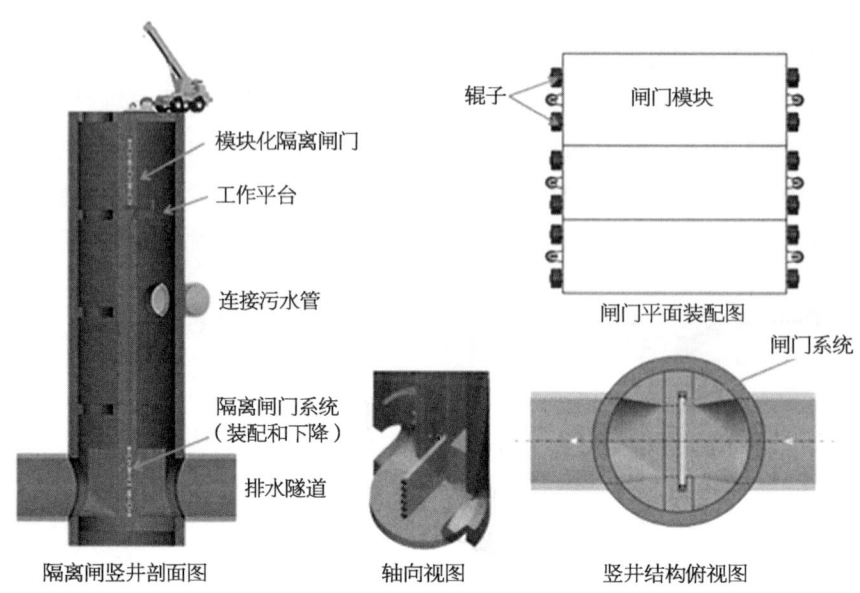

图 7-34　DTSS 隧道拼装隔离闸竖井布置图

(4) 通风除臭系统

作为隧道内空气流通管理控制系统的一部分,空气跳跃管理系统(Air Jumpers,简称 AJs)在新加坡被 DTSS 工程首次使用,将除臭设施数量减至最少。

AJs 系统安装在隧道沿线的地面上,以管理深隧内的空气流动。AJs 系统可以控制隧道内气压,避免深隧内臭气向隧道外逸散而影响周边环境,使其始终在隧道内流动,并将其导向远离居民区的除臭设施中,进行处理、排放。

7.13 马来西亚 Smart 隧道

7.13.1 项目背景

吉隆坡位于马来西亚麦河(Gombak River)与巴生河(Klang River)的交汇处。热带雨林气候,雨水充沛,年平均降水量可以达到 2 400 mm。吉隆坡的东、西、北三面都被山脉环抱。吉隆坡特殊的地理位置、地形地貌及气候使得吉隆坡雨季的排洪问题成为制约城市发展的瓶颈,同时快速发展的经济致使城市交通拥堵问题日益突出。在对多种解决方案之间比选与优化的基础上,提出了一个兼具排洪与交通的多功能隧道工程,即 Smart 隧道方案。

马来西亚吉隆坡 Smart 隧道(Stormwater Management and Road Tunnel,简称 SMART Tunnel)属于多功能深隧工程,隧道全长 9.7 km(图 7-35)。自 2003 年初动工,2007 年 5 月排水隧道部分开始运行,2007 年 7 月公路隧道开始投入使用。

图 7-35 Smart 隧道

7.13.2 工程特点

隧道的主要用途是缓解市区交通拥堵以及在发生洪水时排水。隧道由排水隧道与公路隧道及蓄水池 3 部分组成。隧道中间 3 km 的隧道段在非暴雨季用作公路隧道,以缓解城市交通拥堵。这段隧道分为 3 层,第 3 层用于永久性排水,上 2 层用于通车。在遇到 5 年一遇的暴雨时,第 2 层隧道变为排水隧道;在遇到 20 年一遇的暴雨时,整个直径 12 m 的隧道全部用于泄洪。整个 Smart 隧道的三大组成部分的设计蓄水容量为 300 万 m^3 的雨水,其中上游蓄水池为 60 万 m^3,Smart 隧道的排水隧道和公路隧道分别为 75 万 m^3 和 25 万 m^3,下游泄洪池为 140 万 m^3。对于面积仅有 243 km^2 的吉隆坡来说,300 万 m^3 的雨量是百年一遇的,因此 Smart 隧道足以应对 1949 年及 1971 年吉隆坡所发生过的大水灾。

7.13.3 技术方案

根据隧道排洪与公路交通多功能的需要,与常规的交通隧道或泄洪隧道相比,沿线的结构布置、隧道的断面形式以及整条隧道的防灾减灾系统均需要有特殊的考虑和安排。在 3 km 公路隧道的南、北两端各设 1 座分岔井,作为车辆出入口与洪水入口的分叉点。公路隧道的出入口分别设在 Kampong Pandan 环形岔路口和 KL Seremban 高速公路的立交处与既有线路衔接。2 个分岔井还兼作公路隧道的通风井与隧道泄洪的调压井。另外,3 km 段交通隧道每隔 1 km 布设 1 座中间风井。作为防灾措施之一,每 250 m 左右设 1 座联络通道连接上下层隧道。

Smart 隧道主要穿越的地层是 Kuala Lumpur 石灰岩(简称"KL 石灰岩"),KL 石灰岩 90% 以上的成分为方解石。该地层有以下特点:① 石灰岩地层出露地面形成陡峭绝壁或深切峡谷。② 长期的水溶作用形成溶洞,溶洞大小可以与隧道掘进机的尺寸相当。③ 溶洞往往与地下水相联系,隧道施工过程中的降水活动可能给周边建(构)筑物带来风险。④ 在历史上地层出现塌陷的地方往往被松软土层充填,这种松软而不密实的充填物对盾构的掘进施工将存在极大风险。⑤ 施工降水可能引发新的地层塌陷。

考虑到特殊的地质条件,为减少施工风险及施工队周边环境的影响,Smart 隧道最终采用了泥水平衡盾构法(图 7-36)掘进施工,隧道结构采用管片衬砌。盾构掘进中不可避免地遇到了软硬同时存在的复合底层。管片采用 C50 混凝土,厚度为 500 mm,含钢量为 90 kg/m³。管片环宽为 1.7 m,1 环包括 9 块管片,即 6 块标准块、2 块临块和 1 块封顶块,每块标准块的质量为 10.3 t,1 环的总质量为 82 t。管片的环向和纵向均采用 M25 高强度螺栓连接。根据隧道线路布置,最小转弯半径仅 250 m,管片最大楔形量为 110 mm。管片不设直线环,直线环由左曲环和右曲环交替拼装而成。

对 Smart 隧道工程而言,由于兼具排洪和公路交通的双重功能,因此对隧道的防水设计也提出了特殊要求,内部结构的防水要求较常规交通隧道要高得多。盾构隧道管片的防水通过在管片上预留密封沟槽安装 EDPM 橡胶密封实现,最大压力水头按 32 m 考虑。

图 7-36 直径 13 210 mm 复合刀盘泥水平衡盾构机

7.13.4 运行模式

Smart 隧道由两个控制中心共同管理,一个是 Smart 隧道控制中心,隶属于自然资源与环境部水利灌溉局,负责全天 24 小时不间断对隧道的水量进行监测;另一个是交通控制中心,隶属于马来西亚高速公路管理局,负责 3 km 汽车通道部分的交通管制。泄洪和交通两种功能之间的顺利转换需要一整套洪水监测与预报系统。这些系统包括通信系统、预警系统、传感器、公路隧道出入口的水密门和蓄洪池的闸门等。这为工程中控室和交通管理中心提供了完整的实时数据。

Smart 隧道拥有四种不同的运行模式(图 7-38)。

模式 1:在没有暴雨或是降雨量较小时,隧道的通行功能正常使用。

模式 2:降雨量在 70~150 m³/s 时,洪水将被分流到隧道的底层,并将其排到附近的池塘。此时上两层隧道仍正常通车。

模式 3:当降雨量超过 150 m³/s 时,隧道内的车辆将在一小时内被疏散。如果随后几个小时内降雨停止,隧道将在 2~8 h 内重新开启。

模式 4:当降雨量超过 150 m³/s,并持续数个小时后,整个隧道都将作为泄洪管道,

第 7 章 国内外典型深层排（蓄）水隧道工程案例

 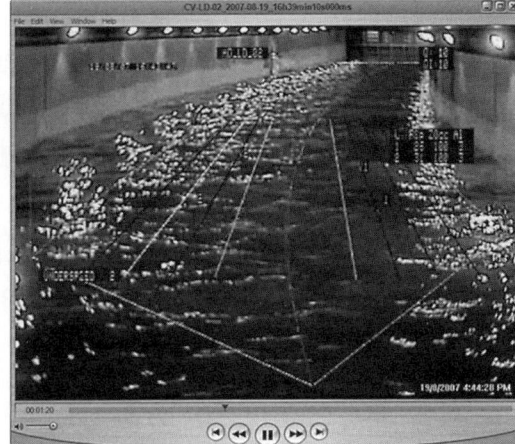

图 7-37 Smart 隧道控制中心

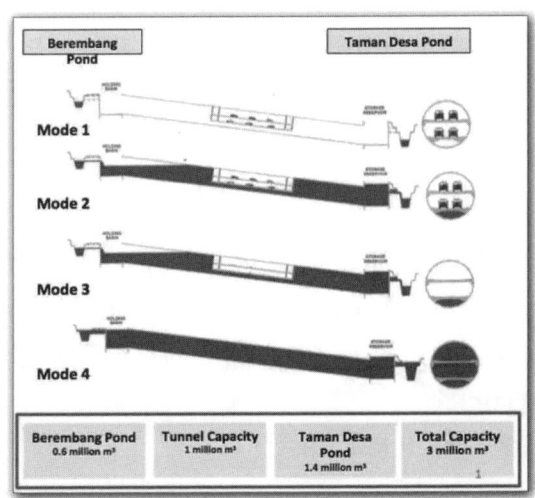

   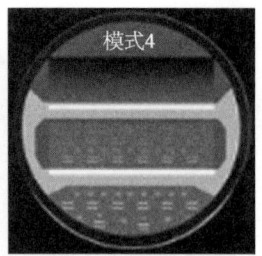

图 7-38　四种不同的运行模式

并需要 4 天左右才能重新开启。

对于 3 km 的公路隧道区间，由于隧道需要在干湿 2 种环境中运营，因此隧道内的照明设备及 CCTV 系统均按 IP68 设计，即可以被水淹没。隧道的应急电话系统设计为可快速更换类型。设计最大洪峰泄洪时流速为 4.7 m/s，所有的机电设备及指示牌尽可能按流线型设计，且设备安装应有足够的刚度与强度。

Smart 隧道已于 2007 年建成并通车，每天承担 3 万车次的交通量。截至 2013 年 5 月，共有 44 次用于缓解城市积水。Smart 隧道到目前为止是仅有的集交通与排洪功能于一体的隧道工程。该深隧为以后解决城市排洪与交通拥堵问题提供了新思路。

7.14　中国香港净化海港计划深隧工程

7.14.1　项目背景

从 20 世纪 70 年代开始，香港经历了城市迅速发展的黄金时期，至 2010 年，人口规模增长到 740 多万人，城镇面积不断扩张，尤其沿维多利亚港形成中环、湾仔、九龙、将军澳等几大城市商圈。

为应对维多利亚港附近近 500 万人口产生的生活污水，香港特区政府陆续修建了 15 座初级污水处理厂，生活污水经格栅、沉淀等初级工艺处理后排放到维多利亚港，造成维多利亚港海域水质不断恶化。为了改善维多利亚港水质状况，由渠务署牵头，启动了"净化海港计划"。

7.14.2　工程规模

计划分两期建设，第一期工程于 2001 年投入使用，第二期甲工程于 2015 年投入使用。原计划中的第二期乙工程内容为昂船洲污水厂增加生物处理工艺，进一步稳定出水水质。第二期期工程投入运行后，维多利亚港水质已经得到极大改善，是否启动第二期乙，目前还在持续观察中。

(1) 净化海港计划第一期（见图 7-39）

第一期工程内容包括：建造一条 23.6 km 的污水转输隧道；改造九龙和港岛东部葵

涌、青衣、土瓜湾、观塘、将军澳、筲箕湾、柴湾等7座初级污水厂；建造昂船洲污水处理厂，工艺为化学强化工艺，处理规模170万 m³/d。

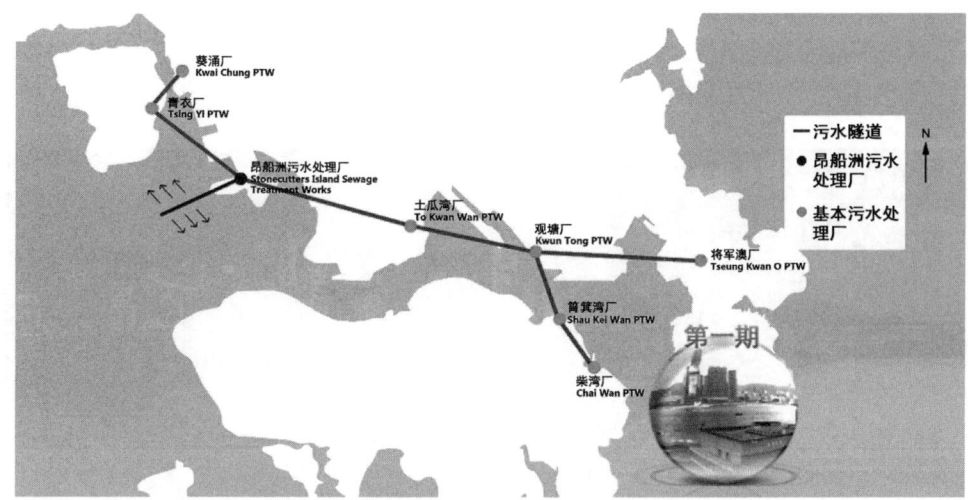

图7-39 净化海港计划转输深隧第一期系统图

(2) 净化海港计划第二期甲(图7-40)

第二期甲工程内容包括：建造21 km的污水转输隧道；改造北角、湾仔东、中环、沙湾、数码港、香港仔、华富和鸭脷洲等8座初级污水厂；扩建昂船洲污水处理厂处理规模达到245万 m³/d。

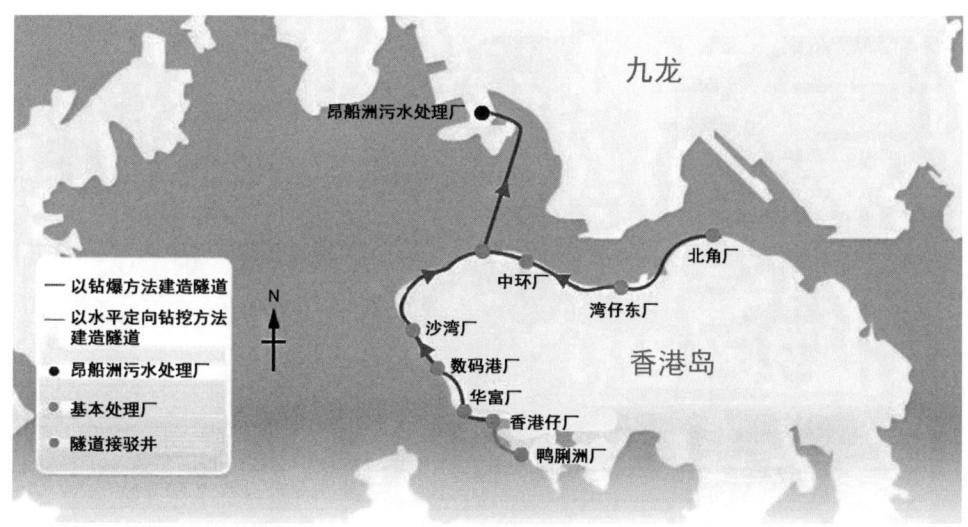

图7-40 净化海港计划转输深隧第二期系统图

净化海港计划共建设污水转输隧道总长约45 km，管径0.6~3 m，地下70~160 m。隧道连接全部15座初级污水厂，将经过沉淀处理后的污水送往新建的昂船洲污水厂集中处理,经混凝沉淀、消毒处理后,在维多利亚港西部海域,经深海散排管排放。

7.14.3 隧道设计

污水转输隧道竖向布置为典型倒虹吸排水管,污水依靠自重流入位于地下32 m的主泵站,加压提升进入昂船洲污水厂后,进行处理排入深海,见图7-41。

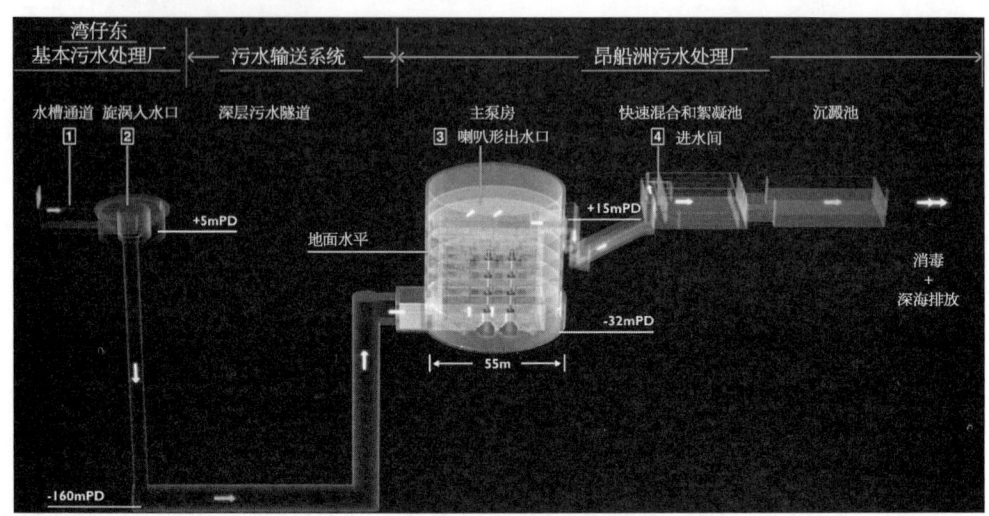

图7-41 净化海港计划转输深隧运行示意图

隧道施工工法采用钻爆法,施工程序如图7-42所示。

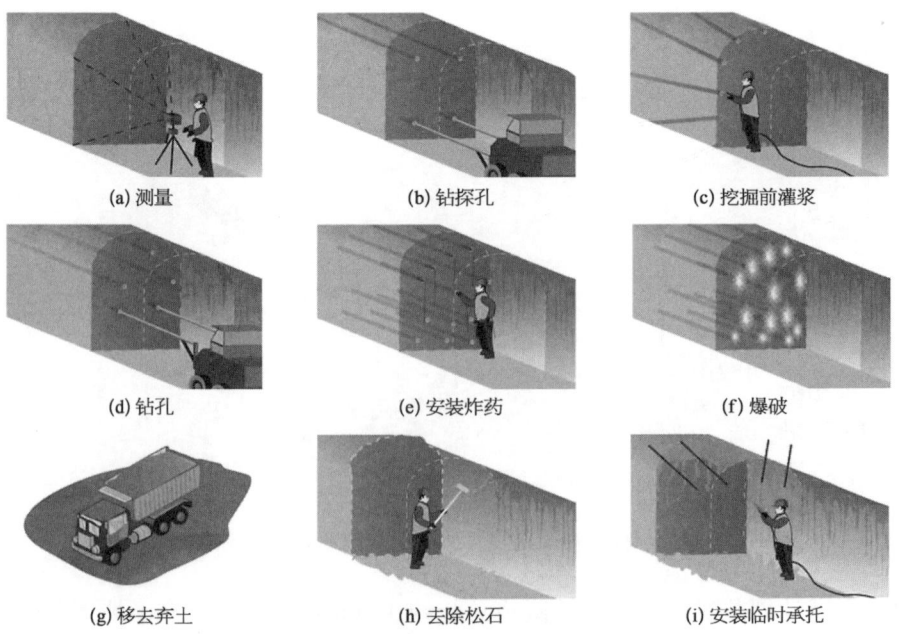

图7-42 净化海港计划转输深隧施工程序

7.15 中国香港雨水排放深隧系统

7.15.1 设计防洪标准

香港雨水排放系统设计标准见表 7-2。

表 7-2 香港雨水排放系统设计标准

集 水 区	设计回归期/年	设 计 事 件 组 合
市区干渠	200	200 年降雨+10 年潮水位 10 年降雨+200 年潮水位
市区支管	50	50 年降雨+10 年潮水位 10 年降雨+50 年潮水位
郊区干渠	50	50 年降雨+10 年潮水位 10 年降雨+50 年潮水位 明渠可排放 200 年降雨
村区排水系统	10	10 年降雨+2 年潮水位 2 年降雨+10 年潮水位 校核是否可达到 50 年降雨排放要求

注：所有管渠在设计降雨、潮水位组合下，最高水位低于地面不小于 0.5 m，特殊有困难地方不小于 0.3 m。

7.15.2 防洪策略

香港主要有三种集水区：市区、郊区和郊野公园。香港的防洪策略充分考虑了各种集水区的不同特征因素而制定，采取全面的策略处理水浸风险：
① 制定媲美海外且切合香港情况的防洪标准，推进新建和改造排水项目。
② 进行全面研究，制定全面排水系统新建或改造计划。
③ 适时推进排水工程项目，在实际可行情况下提高排洪能力至防洪标准要求。
④ 处理新地块发展项目对现有排水系统的影响，推进低影响排水系统。
⑤ 进行全面预防性维修，确保雨水排放系统运作顺畅。

7.15.3 雨水排放系统总体规划

1994—2010 年，香港渠务署完成覆盖整个香港主要市区和郊区的共 8 个集水区的第一轮雨水系统总体规划研究，并就各个地方的水浸问题提供全面解决方案，制定短期和长期改善措施和实施时间表。首轮总体规划提出的排水系统改造计划主要包括浅层管道改造计划，虽然遇到诸如地下施工空间限制、交通疏导等困难，大部分规划方案都得到逐步推进（图 7-43）。

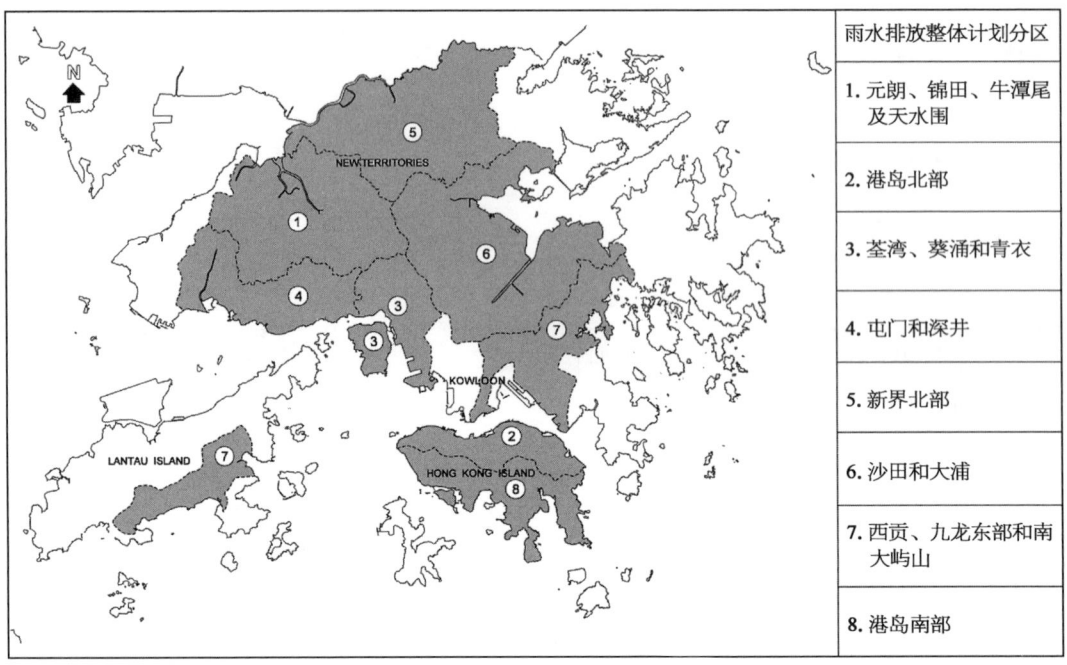

图7-43 雨水系统总体规划研究划分图(渠务署网站)

(1) 遇到的困难

在排水系统改善措施推进过程中,遇到的主要困难有:

① 市区建筑密集,道路狭窄,对市民出行影响严重。
② 地下各种公用基础设施密布,施工困难,尤其大型干渠的改造项目难度大。
③ 诸多市区地势低洼,凭借浅层管道系统改造措施,无法解决水浸问题。
④ 城市发展迅速,过去几十年建成的排水管道无法跟上城市发展的脚步。
⑤ 多数土地属于私人业主,征地困难。

(2) 防洪措施

为了尽快解决香港多年以来遭遇的严重水浸问题,并能有效应对各种困难,渠务署推进重大改善措施:

① 扩建现有浅层排水管道,增加排水能力,以更有效地收集地面雨水。
② 加快河道治理,提高城市防洪标准。
③ 建造蓄洪池,暂时调蓄上游来水,缓解下游排水系统负荷。
④ 半山隧道开挖,截留市区上游雨水,降低下游市区排水系统负荷。
⑤ 实施雨水泵房计划,收集易涝区雨水,加压强排,直接排海。
⑥ 实施低洼村区防洪计划。

(3) 设计思路

2000年以前,香港地下排水管道基本为过去几十年陆续建成,存在管道陈旧、标准

第7章 国内外典型深层排(蓄)水隧道工程案例

偏低的问题。从1994年开始,渠务署推进了整个香港市区范围内的排水系统总体规划研究,并依据规划方案,在十多年间持续更新、修缮和扩建浅层管道。但是,雨水管道容量仍然不能满足市区防洪要求和应付暴雨所导致的水浸问题,尤其对处于市区腹地的低洼地带,比如旺角、中环、湾仔、深水埗、铜锣湾、柴湾等地区。而且,市区道路狭窄,交通繁忙,传统排水管道施工往往遭遇施工空间不足、征地困难、交通疏导繁杂和对市民出行影响过大等问题,即使采用非开挖法,比如顶管施工,仍然遇到对地下其他公共设施结构造成严重影响。显然,传统排水管道改善措施难以满足香港市区雨水排放要求,达到整体城市防洪标准要求遥遥无期。

为了有效应对城市快速发展和人们居住、出行等社会行为对城市基础设施建设的要求,渠务署创造性地提出上游深隧截留、中游蓄洪池调蓄、下游浅层管道扩建等三步走综合改造措施(图7-44)。

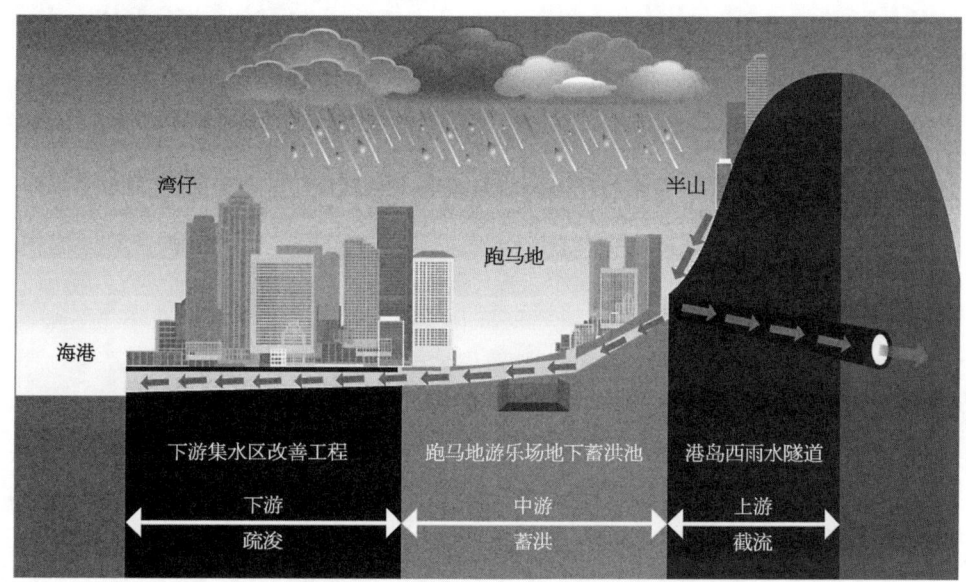

图7-44 香港市区排水系统三步走策略

(4)雨水排放隧道

为了尽快解决香港多年以来遭遇的严重水浸问题,作为防洪措施关键组成部分,香港渠务署在2007—2012年底,完成了三条排水深隧的施工,包括港岛西排水隧道(图7-45)、荔枝角排水隧道(图7-46)和荃湾排水隧道(图7-47)。

7.15.4 工程效益

经过近20年的努力,渠务署推进了多个重大排水项目的实施,极大地改善了香港市区排水系统排水能力,有效地缓解了水浸问题,水浸黑点数量由20年前的90个降低到2017年的7个,杜绝了严重水浸问题,促进了香港社会的和谐发展(图7-48)。

图 7-45 港岛西排水隧道系统图

图 7-46 荔枝角雨水排放隧道系统图

第 7 章　国内外典型深层排(蓄)水隧道工程案例

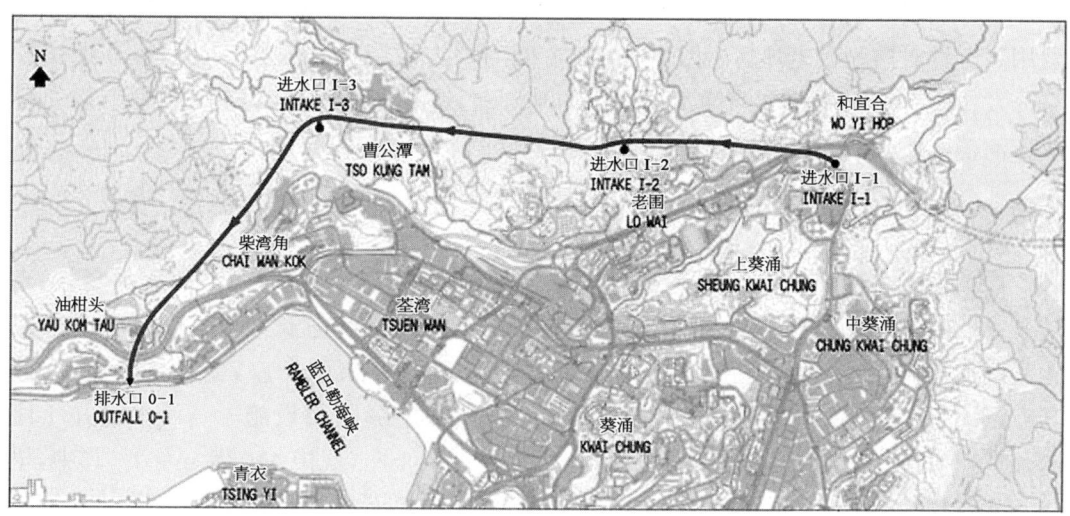

图 7-47　荃湾排水隧道系统图

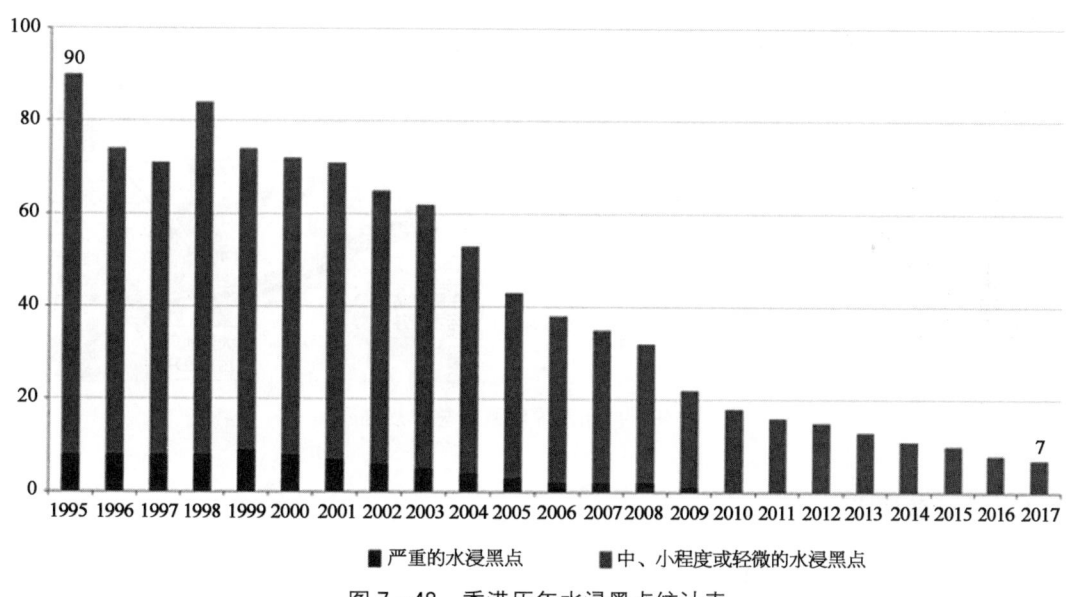

图 7-48　香港历年水浸黑点统计表

7.16　中国广州深隧排水系统

7.16.1　项目背景

广州市排水系统遇到的问题有：合流制、分流制排水系统混存，雨污分流难度大、效果不明显；内涝问题突出；截流倍数低，截污不彻底，初小雨污染严重。

城市老城区密集建设,雨污分流工程进展难以为继,浅层系统改造困难,拆迁征地费用高。针对广州市老城区"截污""初雨污染"和"内涝"三方面的排水问题,在保留并充分发挥现有排水系统和河涌水系作用的基础上,通过深隧道排水技术的应用,以充分改善河涌水质,并较大幅度地提高排水、排涝标准,保障城市水安全。

7.16.2 深隧整体规划

广州深隧总体规划包括支隧、合流制溢流水主隧道、旱季污水主隧道、跌水竖井、末端泵站、综合污水处理厂等。工程内容包括:① CSO 主隧,总长约 29.1 km。② CSO 主隧附属设施——CSO 竖井 5 座(含预处理设施),CSO 泵站 1 座,支隧接入点 5 处。③ 污水主隧道与 CSO 隧道并行,29.1 km。④ 污水主隧附属设施——污水竖井 4 座(含预处理设施),污水泵站 1 座。⑤ 综合污水处理厂 1 座,规模 440 万 m^3/d。其中,旱季污水规模 240 万 m^3/d,执行一级 A 标准;初雨处理规模 200 万 m^3/d,执行二级标准。

深隧总体布局见图 7-49 所示。

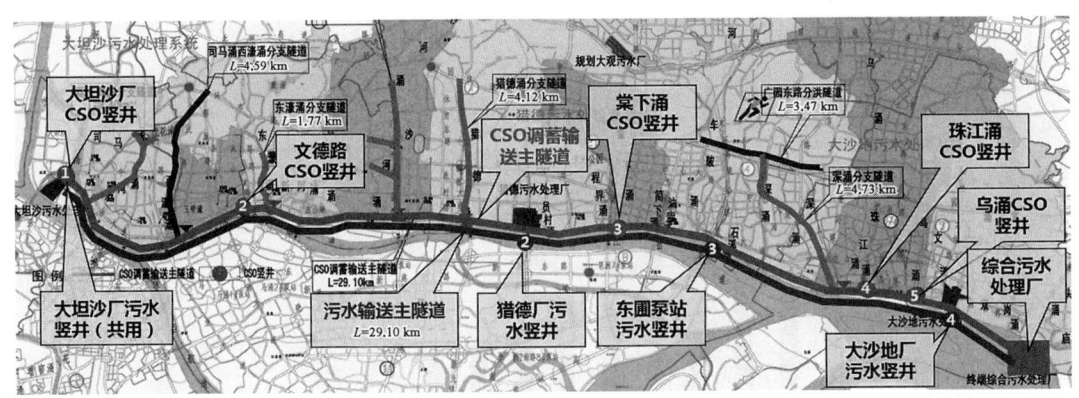

图 7-49 广州双深隧系统总体规划图

7.16.3 运营调度

广州深隧运营调度规划三个工况:

(1) 旱季和小雨工况

污水和合流污水经浅层管渠收集后,汇集至各竖井接入污水输送主隧道,进入大濠沙综合污水处理厂处理(图 7-50)。

(2) 中等雨量工况

污水输送主隧道按旱季工况运行。多余的合流雨污水经各浅层调蓄设施、分支隧道和调蓄输送主隧道进行调蓄后输送至大濠沙综合污水处理厂处理(图 7-51)。

(3) 极端暴雨量工况

污水输送主隧道按旱季工况运行。在遇到极端暴雨时,(部分)分支隧道根据需要

第 7 章　国内外典型深层排(蓄)水隧道工程案例

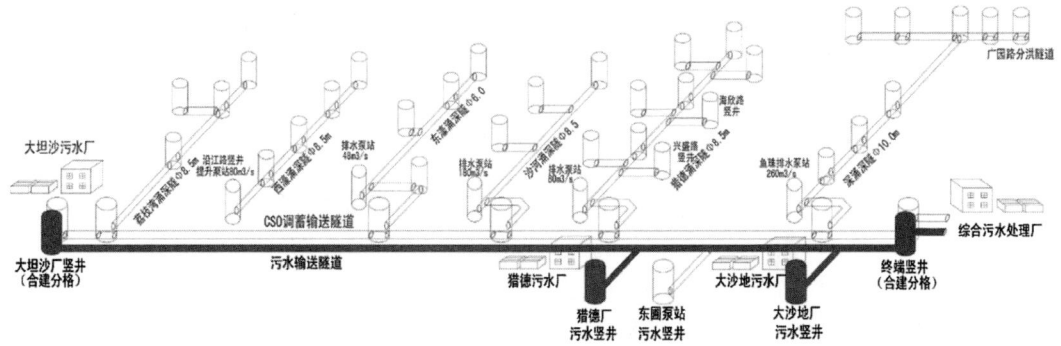

图 7-50　广州双深隧系统小雨工况运行示意图

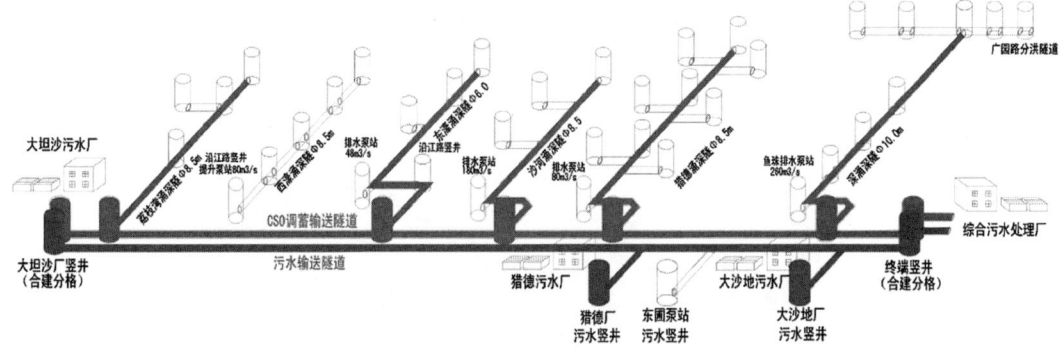

图 7-51　广州双深隧系统中雨工况运行示意图

发挥防洪功能,启动分支隧道末端的排洪泵站。主隧道(包括污水隧道和 CSO 隧道)不参与分洪(图 7-52)。

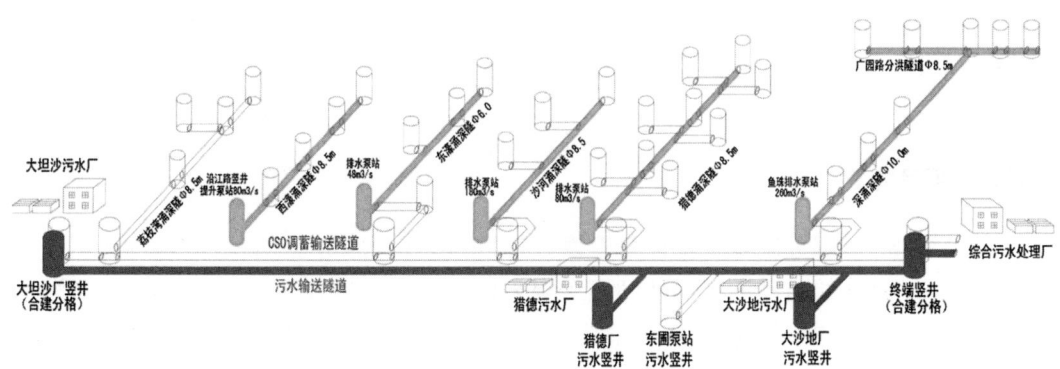

图 7-52　广州双深隧系统暴雨工况运行示意图

7.16.4　试点工程

选择东濠涌支隧作为试点工程。东濠涌隧道长度 1.7 km,洞径 6 m,调蓄容积 6.3 万 m³,末端排涝泵站规模 48 m³/s。东濠涌隧道可将流域排洪标准提高至 50 年一遇;

同时，深隧可调蓄合流溢流污水，泵送到污水处理厂达标排放，可实现削减合流污染70%以上，大幅度提升东濠涌水质(图7-53)。

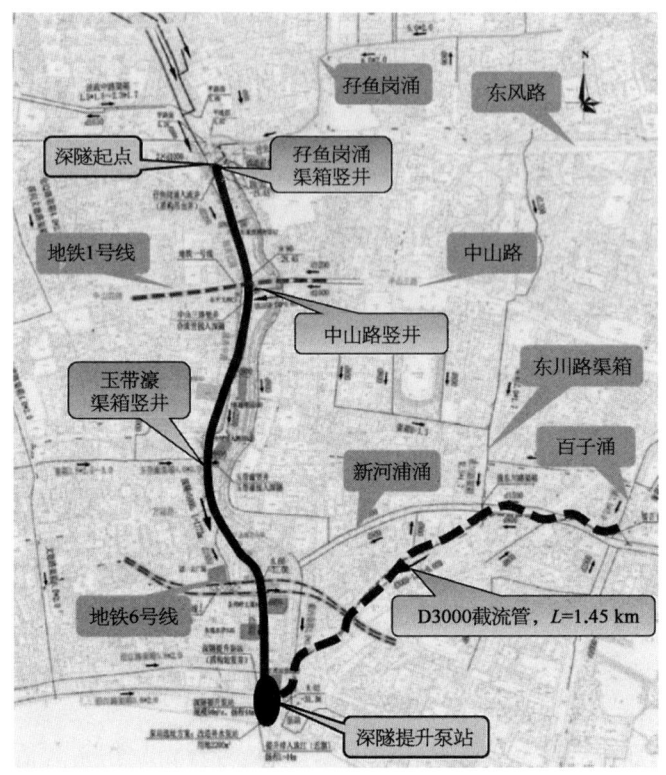

图7-53 东濠涌深层隧道系统布置图

7.17 中国深圳南山—前海深隧工程

7.17.1 项目背景

2010年8月，国务院批复把前海建设成为"粤港现代服务业创新合作示范区"。同时，2010年1月开始启动的前海地区概念规划国际咨询竞赛结果揭晓，确定了"前海水城"的规划方案。前海水城的设计理念是以水为核心，利用并拓宽现状流经基地的河流和排水渠，形成线性滨水走廊，在滨水区提供多样化的用途和活动，形成城市公共活动核心。前海合作区水系规划，如图7-54所示。

为了缓解前海合作区周边交通状况，推进了合作区东侧月亮湾大道快速化改造，改造方案采用下沉式方案。

前海合作区规划前水系见图7-55，河流水系主要由桂庙路明渠系统和铲湾路明渠系统组成。

第 7 章 国内外典型深层排（蓄）水隧道工程案例

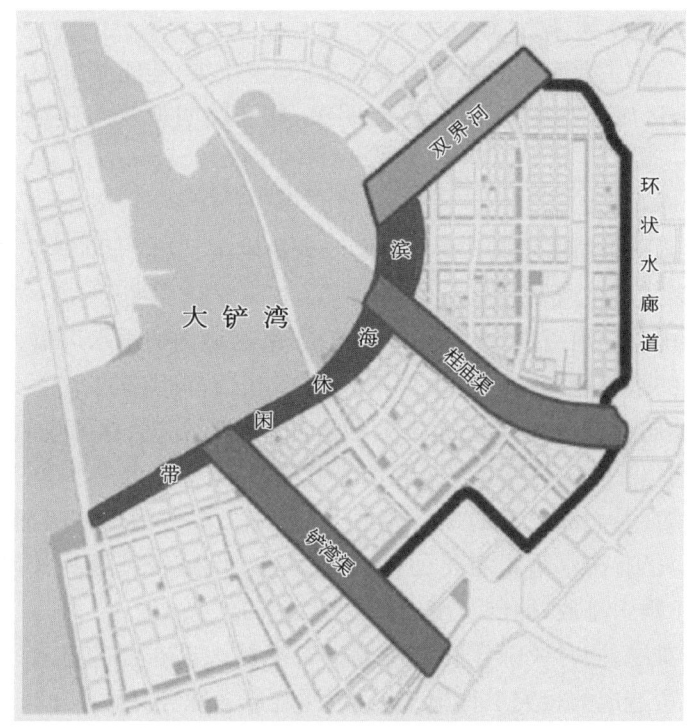

图 7-54 前海合作区水系规划图

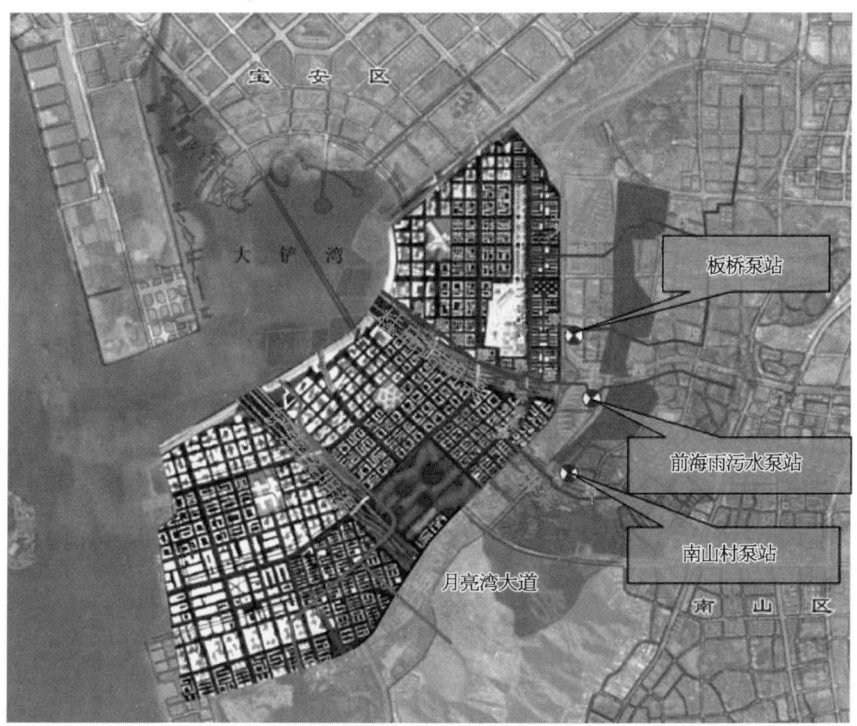

图 7-55 前海合作区规划前水系图

(1) 桂庙路明渠系统

桂庙路明渠系统主要包括旧城区的关口渠、郑宝坑渠、桂庙路渠、3号排洪渠四条排水通道，以及填海区域已经实施的12号路明渠、桂庙路明渠及内环路明渠。该系统排洪标准为50年一遇。

(2) 铲湾路明渠系统

铲湾路明渠系统上游主要为1#排洪渠、2#排洪渠。1#排洪渠主要收集大南山截洪沟洪水，箱涵穿过月亮湾大道排入2#排洪渠，汇入铲湾路明渠。2#排洪渠主要收集大南山和小南山山洪。河道按50年一遇标准治理，区域内的雨水可重力排放。

发展前遇到的水环境问题：① 关口渠、郑宝坑渠、桂庙路渠上游系统部分为合流制管网，严重污染桂庙明渠内水质，污水需要截流到污水厂处理，保障规划水廊道水环境。② 关口渠、郑宝坑渠、桂庙路渠上游区域地势低洼，频繁遭受内涝。③ 月亮湾大道下沉式改造，将打断横穿月亮湾大道的地下箱涵，箱涵需要改造为倒虹吸涵管。同时，前海合作区为填海区，已有排水箱涵需要延长到大铲湾。倒虹吸箱涵和长度延伸两方面因素，都非常不利于雨水排放，加剧了南山区内涝灾害。

为解决以上难题，同时考虑开发区东侧沿月亮湾大道布置的已有平南铁路和高压电塔迁移不及时所造成的相关工程施工困难，深隧方案优势突显。

7.17.2 工程规模

前海深隧系统平面布置见图7-56，工程内容包括：① 4.1 km 深隧，管径 4~7 m，高程为地下 40~50 m。② 隧道调蓄规模 10 万 m^3。③ 三座跌水竖井，分别接收关口渠、郑宝坑渠、桂庙渠来水。竖井前设置预处理构筑物（包括截污泵房、沉砂池、除臭设施等），截污泵截流倍数采用2，总规模 5 万 m^3/d。④ 末端泵站排涝规模 86 m^3/s，8台泵，设计扬程 9 m；初雨泵站规模 10 万 m^3/d，4 台泵（3用1备），设计扬程 46 m。

7.17.3 运营调度

前海深隧系统运营调度（图7-57）包括：

(1) 漏排污水

远期漏排污水尽量通过就近的市政污水管排除。近期漏排污水进入预处理泵房，提升至南山污水厂系统内处理。

(2) 初雨

初雨进入预处理设施，截流倍数 $n=2$，经水泵提升至南山污水厂处理排放，总规模为 15 万 m^3/d。

(3) 后续降雨

后续降雨通过跌水竖井进入隧洞，由深隧末端枢纽泵站内的初雨提升泵在 24 h 内提升至南山污水厂处理。隧洞调蓄容积 10 万 m^3。

第 7 章 国内外典型深层排（蓄）水隧道工程案例

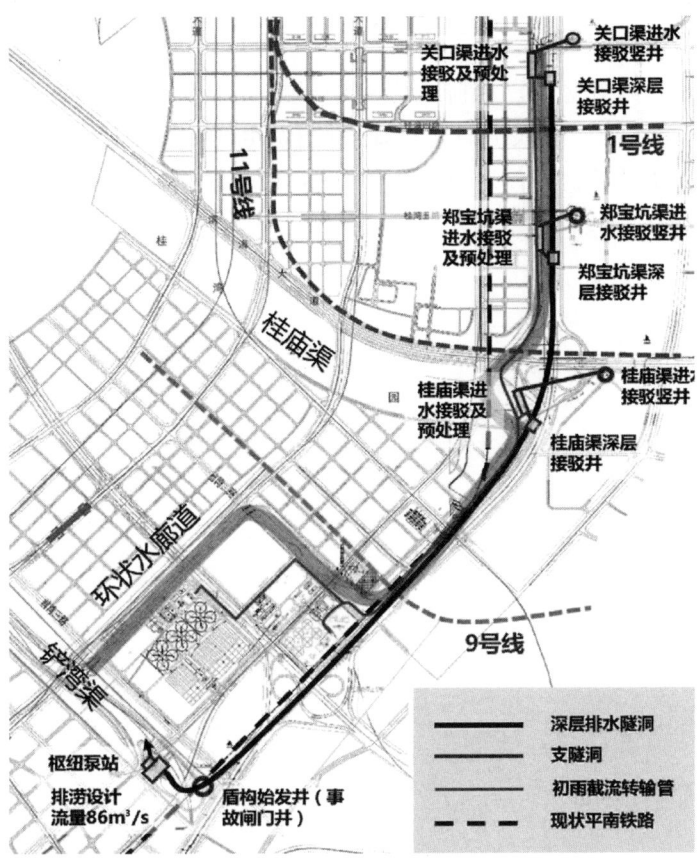

图 7-56 前海—南山排水深隧系统规划图

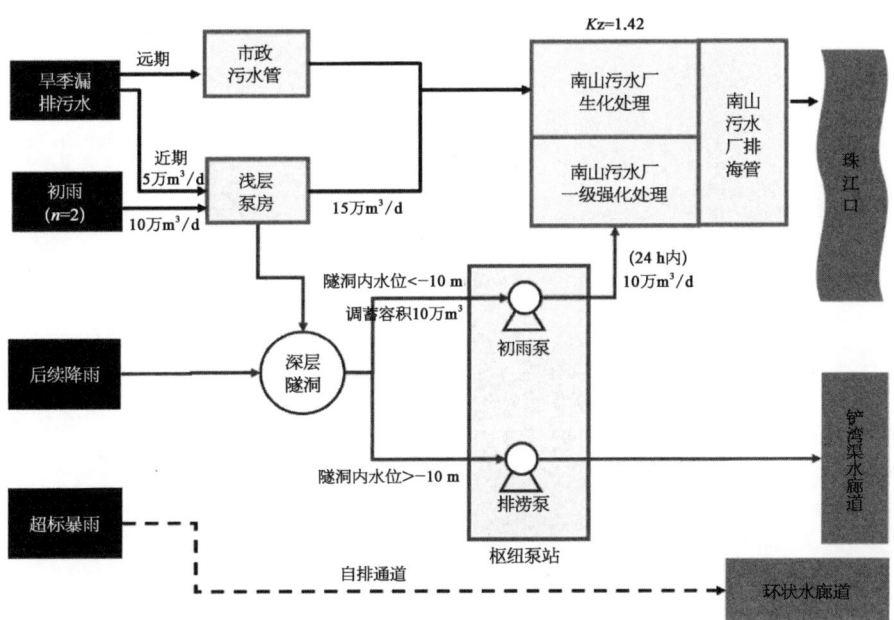

图 7-57 前海—南山深隧系统运行调度

(4) 排涝隧洞

排涝时,雨水进入到竖井。当降雨强度小于或等于 50 年一遇的标准时,经末端枢纽泵站内的排涝泵组加压排入铲湾渠水廊道;当发生超标暴雨或泵站事故时,排涝泵站同上游竖井闸门、事故检修闸门及外江水位联动,将非常规工况下的涝水排至外海。

参 考 文 献

［1］ 尹澄清,等.城市面源污染的控制原理和技术［M］.北京：中国建筑工业出版社，2009.
［2］ 上海市政工程设计研究总院,室外排水设计规范［M］.北京：中国建筑工业出版社，2016.
［3］ 董兴林,杨开林,郭新蕾,等.旋流喇叭形竖井泄洪洞水力学机理及应用［J］.水利学报,2011,42(1).
［4］ 水利部水利水电规划设计总院.水工设计手册第七卷［M］.2版.北京：中国水利水电出版社，2014.
［5］ Daeyoung Yu, Joseph H W Lee. Hydraulics of Tangential Vortex Intake for Urban Drainage［J］. Journal of Hydraulic Engineering, 2009, 135(3).
［6］ Weiss G, Brombach H, Hohl E. Hydraulic Model Tests on a Stormwater Vortex Drop Shaft: Verification of Special Conditions［M］. NOVATECH 2010.
［7］ Roberta Padulano, Giuseppe Del Giudice and Armando Carravetta. Experimental Analysis of a Vertical Drop Shaft［J］. Water, 2013, 5(3): 1380 – 1392.
［8］ Anderson Sigurn H. Model Studies of Storm-sewer Drop Shafts［R］. University of Minnesota, ST. Anthony Falls Hydraulic Laboratory, 1961.
［9］ Norman H Brooks, William H Blackmer. Vortex Energy Dissipator for San Diego Ocean Outfall［R］ Laboratory Investigations. Los Angeles, 1962.
［10］ Gabriel Echávez, Gerardo Ruiz. High Head Drop Shaft Structure for Small and Large Discharges［C］. 11th International Conference on Urban Drainage, Edinburgh, 2008.
［11］ A Jacob Odgaard, Troy C Lyons, Andrew J Craig. Baffle-Drop Structure Design Relationships［J］. Journal of Hydraulic Engineering, 2013, 139(9): 995.
［12］ 王斌,邓家泉,何贞俊,等.折板跌落式竖井设计约束条件研究［J］.中国水利水电科学研究院学报,2015,13(5).
［13］ 王志刚,张东,张宏伟,等.折板消能竖井的折板功能分析［J］.中国水利水电科学研究院学报,2015,13(4).
［14］ Cody N Pump. Air Entrainment Relationship with Water Discharge of Vortex

Drop Structures[R]. Iowa Research Online, University of Iowa, 2011.
[15] Bob Nieuwenhuysen, Alex Carcuimaru, Andrew Chan, York-Peel Sanitary Diversion System Odour Control Facility [J]. Proceedings of the Water Environment Federation, 2008(4): 642-658.
[16] Alexandru Carciumaru, Cherry Ballesteros. Odour Sampling and Dispersion Modelling for a Trunk Sewer Odour Control System [R]. WEAO 2017 Technical Conference, Ottawa, Ontario.
[17] Jay Witherspoon, Dirk Apgar, Matthew Ward, et al. Collection System Ventilation Research Report[R]. Water Environment Research Foundation, 2009.
[18] S Edwini-Bonsu, P M Steffler. Air Flow in Sanitary Sewer Conduits due to Wasterwater Drag: a Computational Fluid Dynamics Approach[J]. Journal Environmental Engineering and Science, 2004, 3(5): 331-342.
[19] Robert P G Bowker, Gerald A Audibert, Hemang J. Shah, et al. Detection, Control and Correction of Hydrogen Sulfide Corrosion in Existing Waste-water Systems. EPA 832-R-92-001[S], 1992.
[20] P Bhramara, V D Rao, K V Sharma, et al. CFD Analysis of Two Phase Flow a Horizontal Pipe — Prediction of Pressure Drop[J]. Momentum, 2009, 10(2).
[21] 王经.气液两相流动态特性的研究[M].上海：上海交通大学出版社,2012.
[22] James W Lewis, Steven J Wright, Jose G Vasconcelos. Mechanisms for Surges in Vertical Shafts in Stormwater Tunnels[J]. Journal of Water Management Modeling, 2011.
[23] Steven J Wright, Kelley V Determan, Silvana M Vargas. Pressure Transients Due to Compression of Trapped Air in Rapidly Filling Combined Sewer Overflow Storage Tunnels[C]. California, 2011 World Environment and Water Resources Congress 2011.
[24] Karen E Ridgway. Evaluating Surge Potential in CSO Tunnels[J]. Journal of Water Management Modeling, 2009(1).
[25] Karen E Ridgway, Gregory Kumpula. Surge Modeling in Sewers using Alternative Hydraulic Software Programs[J]. Journal of Water Management Modeling, 2008(1): 228-210.
[26] Steven J Wright, Jose G Vasconcelos, Karen E Ridgway. Surges Associated with Filling of Stormwater Storage Tunnels. 2003(1): 215-218.
[27] Arturo S Leon, Arthur Schmidt and Marcelo H. Garcis. Illinois Transient Model: Simulating the Flow Dynamics in Combined Storm Sewer Systems[J]. Journal of Water Management Modeling, 2011(1).

参考文献

[28] GB/T 25173—2010,水域纳污能力计算规程[M].北京:中国标准出版社,2010.

[29] 汤舒,吴学伟,孙志民,等.国外深隧排水系统调度运行方案的启示[J].隧道建设,2017,37(4).

[30] 刘遂庆.关于深层调蓄管道在排水系统中应用的若干思考[J].给水排水,2018,44(3).

[31] 陈馈,洪开荣,吴学松.盾构施工技术[M].北京:人民交通出版社,2009.

[32] 王刚,周质炎.城市超深排(蓄)水隧道应用及关键技术综述[J].特种结构,2016,33(2):74-79.

[33] 张传健,吕国梁.承受高内水压力的穿黄工程盾构隧洞结构型式研究[J].隧道建设,2007,27(z2):147-149.

[34] 杨建刚.新加坡深水排污隧道系统 DTSS-T01 标 A 大断面新奥法隧道施工技术[J].岩石力学与工程学报,2004,23(增2):5170-5173.

[35] 程斌.青草沙水源地原水工程长兴岛域输水隧道工程[J].城市道桥与防洪,2016(7):334-338.

[36] 黄明利,张志恩,谭忠盛.我国城市防洪排涝地下深隧规划设计与施工方法[J].隧道建设,2017,37(8):946-951.

[37] 肖晓春.吉隆坡 SMART 隧道工程设计与施工[J].隧道建设,2015,35(1):46-52.

[38] Terzaghi K. Theoretical soil mechanics[M]. Chapman And Hali, Limited John Wiler And Sons, New York, 1944.

[39] Berezantzew V G. Earth Pressure on the Cylindrical Retaining Wall[J]. In: Proceedings Conference on Earth Pressure Problems, 1958.v2: 21-27.

[40] Prater E G. Active Earth Pressure on Viecular Shaft Lining Obtained by Simplified Slip Line Solution with General Tangential Stress Coefficient[J]. Chinese Journal of Geotechnical Engineering, 2005, 27(1): 110-115.

[41] Cheng Y M, Hu Y Y. General Axisymmetric Active Earth Pressure by Method of Characteristics — Theory and Numerical Formulation [J]. International Journal of Geomechanics, 2007,7(1): 1-15.

[42] Schwamb T. Performance Monitoring and Numerical Modelling of a Deep Circular Excavation[D]. University of Cambridge, 2014.

[43] 翟杰群.圆形地下连续墙承载性能的理论研究及实践[D].上海:同济大学,2018.

[44] 小泉淳.盾构隧道的抗震研究及算例[M].张稳军,袁大军,译.(日)土木学会组织,2009.

[45] 张栋梁,杨林德,谢永利,等.盾构隧道抗震设计计算的解析解[J].岩石力学与工程学报,2008.

[46] 耿萍,何川,晏启祥.盾构隧道纵向地震响应分析[J].岩石力学与工程学报,2007.
[47] 林志,朱合华,杨超,等.盾构区间隧道衬砌结构的抗震计算[J].同济大学学报,2004.
[48] 苏宗贤,何川.盾构隧道管片衬砌内力分析的壳-弹簧-接触模型及其应用[J].工程力学,2007(10):131-136.
[49] Bao Z, Yuan Y, Yu H T. Multi-scale physical model of shield tunnels applied in shaking table test[J]. Soil Dynamics and Earthquake Engineering, 2017, 100: 465-479.
[50] Yan X, Yuan J Y, Yu H T, et al. Multi-point Shaking Table test design for long tunnels under non-uniform seismic loading [J]. Tunnelling and Underground Space Technology, 2016, 59: 114-126.
[51] Yu H T, Yuan Y, Bobet A. Seismic analysis of long tunnels: a review of simplified and unified methods[J]. Underground Space, 2017, 2: 73-87.
[52] 禹海涛,袁勇,顾玉亮,等.非一致激励下长距离输水隧道地震响应分析[J].水利学报,2013,44(6):718-725.
[53] 袁勇,包蒉,禹海涛,等.考虑行波效应的盾构隧道多点振动台试验研究[J].中国公路学报,2017.
[54] 先端建設技術センタ〡.内水圧が作用するトンネル覆工構造設計の手引き[M].东京:财团法人,1999.
[55] 中国工程建设协会.给水排水工程顶管技术规程[S].北京:中国计划出版社,2008.
[56] 杨振波,张津,师华,等.市政混凝土排污管道防腐涂装技术探讨[J].涂料技术与文摘,2014(6):28-33.
[57] 郭清平.市政污水管渠和污水处理构筑物混凝土结构防腐问题[J].市政技术,2016,34(3):110-112.
[58] 刘林湘.城市污水管网的腐蚀与检测修复研究[D].重庆大学,2004.
[59] 班克成.外加剂对混凝土 TSA 腐蚀的抑制作用[D].重庆大学,2010.
[60] 方祥位,申春妮,张伟.试件水灰比和胶砂比对混凝土硫酸盐侵蚀速度影响[J].后勤工程学院学报,2007,23(2):92-96.
[61] 黄战,邢锋,董必钦,等.荷载作用下的混凝土硫酸盐腐蚀研究[J].混凝土,2008(2):66-69.
[62] Klinger C. Corrosion Books: AsM Handbook Volume 11: Failure Analysis und Prevention. By: William T. Becker, Roch J. Shipley [J]. Materials & Corrosion, 2004, 55(4): 318.
[63] Scrivener K L, Capmax A. Calcium aluminate cement[M]//Hewlett P C. Lea's

chemistry of cement and concrete. 4th edition. UK：Wiley，1997：713-782.

[64] 肖佳,勾成福.混凝土碳化研究综述[J].混凝土,2010(1)：40-44.

[65] 杨钱荣,杨全兵.掺粉煤灰和引气剂混凝土的碳化性能研究[J].粉煤灰综合利用,2006(1)：3-5.

[66] 杜荣归,刘玉,林昌健.氯离子对钢筋腐蚀机理的影响及其研究进展[J].材料保护,2006,39(6)：45-50.

[67] 中国工程院土木水利与建筑学部工程结构安全性与耐久性研究咨询项目组.混凝土结构耐久性设计与施工指南[M].北京：中国建筑工业出版社,2004.

[68] 张超智,蒋威,李世娟,等.海洋防腐涂料的最新研究进展[J].腐蚀科学与防护技术,2016,28(3)：269-275.

[69] 李伟华,田惠文,宗成中,等.海洋环境钢筋混凝土腐蚀机理和防腐涂料研究进展[J].涂料工业,2008,38(8)：62-67.

[70] 周维,朱惠英.混凝土的耐久性和可持续发展问题述评[J].新型建筑材料,2007,34(9)：77-81.

[71] 康莉萍,孙丛涛,牛荻涛.海洋环境混凝土防腐涂料研究及发展趋势[J].混凝土,2013(4)：52-55.

[72] 李悦,何赫.聚合物改性水泥砂浆的研究进展[J].功能材料,2016,47(7)：7038-7045.

[73] 华卫东.聚合物防水防腐砂浆的研制[D].北京化工大学,2007.

[74] 肖晓春.吉隆坡 SMART 隧道工程设计与施工[J].隧道建设(中英文),2015(1)：46-52.

[75] 刘鹏,丁文其,等.深水超长沉管隧道接头及止水带地震响应[J].同济大学学报,2013,41(7).

[76] OHTA H, TAKEUCHI T, NISHIWAKI, YOHTA H, et al. Performance of linings for shield driven tunnels — A survey on Japanese shield tunneling[C]//International Symposium on Underground Construction in Soft Ground. New Delhi：A. A. Balkema. 1995：367-374.

[77] MASHIMO H, ISHIMURA T. Evaluation of the load on shield tunnel lining in gravel[J]. Tunnelling and Underground Space Technology, 2003, 18(2)：233-241.

[78] LI X, TIAN Z, YANG Z, et al. Observed ground pressures and internal forces of the Shanghai Yangtze River tunnel [C]//Tunneling and Underground Construction. [S. l.]：[s. n.], 2014：984-992.

[79] 吴世明,王湛,王立忠.大断面过江隧道运营期受力变形健康监测分析[J].浙江大学学报(工学版),2013,47(4)：595-601,608.

［80］ 张厚美,张良辉,马广州,等.盾构隧道围岩压力的现场监测试验研究[J].隧道建设,2006(26):8-11.

［81］ 李雪,周顺华,等,大断面深埋高水压地铁盾构隧道周边土压力作用模式评价[J].岩土力学,2015,36(5).

［82］ (财)先端建設技術センター.内水圧が作用するトンネル覆工構造設計の手引き[S].东京:ACTEC技資,第99512号,1999:3.

［83］ 中国工程建设标准化协会.给水排水工程顶管技术规程 CECS 246-2008[S].北京:中国计划出版社,2008:10.

［84］ 门绚,李冬,张杰.国内外深隧排水系统建设状况及其启示[J].河北工业科技,2015,32(5):438-442.

［85］ 贺雨辰.问水哪得清如许:在美国看水[J].绿叶,2012(7):120-123.

［86］ 上海市调蓄池设计、建设、运行及管理情况考察报告[R].2011.